Bastian Bielendorfer

Lebenslänglich Klassenfahrt

Mehr vom Lehrerkind

Piper München Zürich

Mehr über unsere Autoren und Bücher:
www.piper.de

Von Bastian Bielendorfer liegen bei Piper vor:
Lehrerkind
Lebenslänglich Klassenfahrt

FSC
www.fsc.org
MIX
Papier aus verantwortungsvollen Quellen
FSC® C083411

Originalausgabe
Juni 2013

Umschlagidee: Nadine Sinschek
Umschlaggestaltung: Eisele Grafik·Design, München
Umschlagabbildung: fotolia/imageteam (Koffer)
Satz: Kösel, Krugzell
Gesetzt aus der ITC Stone Serif
Papier: Munken Print von Arctic Paper Munkedals AB, Schweden
Druck und Bindung: CPI – Clausen & Bosse, Leck
Printed in Germany ISBN 978-3-492-30167-1

Für Nadine

»Life is funny.
But not ha, ha funny.
Peculiar I guess.«
Eels, »3 Speed«

Inhalt

Bus Stop Boxer 11
A perfect Family 15
Center of Evil 17
Ein monochromes Mädchen 20

Der Pädagogiklehrer 22

Pediculus humanus capitis 27
Der Partykeller 31

Klassenfahrten – Die Hierarchie der Hölle 37

Abendessen in Absurdistan 45

Der Klub der doofen Dichter 54

Kermit aus Südost 58
Die Transformation 62

Ein Klassenfahrtreiseführer 68

Der Native Speaker 85
One Night in Pamela 88
Pot save the Queen 92
Familienlotto 99
Calamity Jane 100

Bernie's Bounty 104
Heiße Träume 113
We are Family 118

Der Politiklehrer 122

Survival-Guide für Klassenfahrten 128

Der Erdkundelehrer – Frau Doktor sitzt im Schrank 141

Ein Himmelfahrtskommando 147
Abschied auf Westfälisch 151
Alp(en)träume 155
Jesus war Tiroler 157
Wehrsportgruppe Schmitz 161
Mettamorphose 166
Der Froschzauber 175
Aufgewacht 183
1984 185
Nach Hause telefonieren 189
Ein Job für Stronzo 193

Der Geschichtslehrer 196

Der Passat ist tot 203

Ein Klassenfahrtbericht 213
Drei schöne Tage in der Ewigen Stadt
Oder: Wie wir Rom überlebten, ohne im Knast zu landen 214

Eine Welt in Mintgrün 223
Richtung Süden 224

Der Liebesbrief 228
Eine Welt in Blutrot 232
Familienkonferenz 235
Ring frei für den Samurai 237

Der Deutschlehrer 240

Rückkehr in Mütterchens Schoß 245
Der Präsident ist gelandet 250
Red Dawn 254
Bis die Troika sie scheidet 256
Brauchtum 258
Ein kleines Fest 262
Hartes Erwachen 271
Eine Bildungsreise endet nie 274

Das doppelte Lehrerkind 276

Die Abschlussfahrt 280
Family Business 283
On the Road again 286
Hotel Dolores 288
Welkom in Amsterdam 290
Graf Koks und Don Bong 295
Minutes to Midnight 301
Loveboat 305
Nightswimming 315

Bonustrack
Oder: Elternsprechtag vor der ganzen Nation 319

Dank 327

Bus Stop Boxer

Als ich Ashley sah, war ich zum ersten Mal richtig verliebt. Was mir an ihr gefiel, kann ich bis heute nicht sagen, vielleicht war es ihr trauriger Anblick. Sie stand allein unter einem blattlosen Baum in der Schulhofmitte, über ihr glänzten ein paar fette Krähen wie schwarze Lampions in der Sonne.

Ashley war ein monochromes Mädchen, ihre Haut war kalkweiß, ihr Haar jedoch war schwarz, ebenso ihre Kleidung, ihre Nägel, ihre Lippen, und selbst ihre nussbraunen Augen wirkten im hellen Gesicht wie schwarze Punkte. Ashley hätte sich bei ihrem Farbgeschmack verlustfrei durch die Welt faxen können, doch sie war auf anderem Wege angereist.

Einige Meter hinter dem blattlosen Baum hatte kurz zuvor ein lila Reisebus englische Schüler und Schülerinnen herausgewürgt: rothaarige Jungen mit Sommersprossen, blonde Mädchen mit Haarbändern und Zahnspangen. Bilaterale Abkommen zwischen Gelsenkirchen und Hastings, einem kleinen Küstenort in Südengland, hatten uns unseren ersten Schüleraustausch beschert, und demzufolge überflutete nun eine Horde englischer Jugendlicher unseren Schulhof wie eine Dose Baked Beans eine Scheibe Frühstückstoast.

Auch die späten Neunzigerjahre hielten für Jugendliche einige modische Entgleisungen parat. Die englischen Mädchen stapften genau wie die deutschen auf absurden *Buffalo*-Plateauschuhen durch die Gegend und überragten die Jungen nun nicht mehr nur um einen, sondern gleich um zwei Köpfe. Die Jungen versuchten dem skurrilen Anblick ihres Gegenübers durch *Adidas*-Sporthosen mit seitlich angebrachten Druckknöpfen und aufgeplusterten *Helly-Hansen*-Jacken zumindest in der Breite etwas zu entsprechen. Hätten sie noch Vokuhilafrisuren und Schnurrbärte getragen, wäre die Menschenmenge auf unserem Schulhof auch gut als Razzia im Puff durchgegangen. Wo Anfang der Neunziger noch Grunge und Metal den Trend diktierten, waren in der zweiten Hälfte des Jahrzehnts Eurodance und Scooter angesagt. Als hätte man all die angenehme Andersartigkeit der ersten Dekade einmal durch den Enddarm von Godzilla geschleust. Farben zum Erblinden, Frisuren zum Verbieten und mittendrin Ashley, ein Schatten auf der Sonne.

Ashley war ein Grufti, eine Gothin oder, wie man in Gelsenkirchen sagte, ein Leichenlappen. In ihrem Outfit wirkte sie zwischen ihren Klassenkameraden wie ein Pinguin, der versucht, sich unter Kamelen zu verstecken. Unsere Blicke trafen sich, mein Herz pochte wie eine Handwerkerkolonne mit Schlagbohrern, entweder ich hatte einen Infarkt, oder ich war verliebt. Gothic war eine Subkultur, mit der ich bisher ähnlich häufig in Berührung gekommen war wie mit dem Gefühl von Erfolg. Gruftis und ihre Welt waren mir fremd, eigentlich wie jede Subkultur, bei der es darum ging, sich vom Mainstream abzuspalten, aus der grauen Masse an gesichtslosen Klonschafen hervorzuragen. Ich wäre damals nur zu gerne ein Klonschaf gewesen, der Median, der Durchschnitt, das farblose Mittel aller Nuancen, doch das klappte natürlich nicht. Ich war nicht New Wave, Emo, Punk oder Gothic. Ich war Basti, das Lehrerkind, die kleinste Subkultur der Welt.

Ich war fünfzehn und hatte mich mit meinem Schicksal arrangiert, mein Körper war ein Minenfeld der Pubertät, und »Freund« war ein Begriff, den ich im Lexikon nachschlagen musste. Ashley hingegen hatte sich ihre Andersartigkeit selbst ausgesucht, sie hatte ihre Person selbst erschaffen und hatte im Gegensatz zu mir nicht einfach den nächstbesten körperlichen Trümmerhaufen bezogen und abgewohnt. Ich winkte ihr unsicher zu, und unmerklich schien ein Lächeln über ihr Gesicht zu huschen, doch dann verschwand sie hinter einer Wand aus Mensch.

»Hey you, Faggot«, brummte mich ein Berg aus Fleisch an. Meine Augen wanderten langsam über eine Platte aus Brustmuskeln hinweg zu einem stoppeligen Hals hinauf, an dessen Ende sich statt eines Kopfs ein roter Ziegelstein mit Augen befand. Das war entweder Taylor, mein Austauschschüler, oder sie vermissten im Zoo einen Gorilla. Taylor war augenscheinlich ein englischer Rugbychampion mit eckigem Schädel und einem Gesichtsausdruck, gegen den selbst Bernd das Brot wie ein Quell der guten Laune wirkte. Vielleicht mischten sich die Engländer Testosteron ins Trinkwasser? Anders war nicht zu erklären, warum Taylor schon die Physis eines kanadischen Holzfällers hatte, während bei mir höchstens die Gesichtshaut an Holzfällersteak erinnerte.

»Fagott?«, dachte ich verwundert, komische Art der Begrüßung, Blasinstrumente zu benennen.

»Hello there, Flöte«, erwiderte ich daher unsicher und grinste verlegen.

Wenn es keinen zweiten ersten Eindruck gab,

konnte ich nur noch hoffen, dass es vielleicht einen dritten gab, sonst war das Projekt Schüleraustausch jetzt schon gescheitert. Taylor musterte mich ebenso kritisch wie ich ihn.

»Are you gay?«, beendete er seine Inspektion meines maroden Körpers, der im Gegensatz zum britischen Stahlfleisch wie kurz vor der Zwangsräumung wirkte. Sein Finger zeigte auf mein T-Shirt, auf dem Alf in Badehosen aus einem Cocktailglas trank, ich fand das Motiv irgendwie hip, Taylor nicht.

»No, it's Alf, the Alien with the long nose, you know?«, versuchte ich den Kulturtransfer und zeigte auf meine Nase, was sich sehr schnell sehr dämlich anfühlte.

»Do you like sports?«, fragte Taylor und beantwortete sich die Frage gleich selbst mit einem Blick auf mein kuscheliges Bäuchlein. Mit meinem Körper wurde man vielleicht Weltmeister im Pfahlsitzen, von Sport konnte nicht die Rede sein. Ich schüttelte den Kopf, die erste Antwort des Tages, die ich mit Bestimmtheit geben konnte. Es stellte sich heraus, dass man mir mit Taylor den Star der Rugbyjugendauswahl seiner Schule geschickt hatte. Rugby, die englische Antwort auf nonverbale Kommunikation, war der so ziemlich härteste Sport der Welt und für jemanden wie mich, der sich schon beim Minigolf beachtliche Fleischwunden zuziehen konnte, nicht gerade die erste Wahl. Na ja, vielleicht wurden wir ja trotzdem Freunde.

»Do you want to shower at my home?«, fragte ich gastfreundlich, fast zwei Tage Busfahrt mussten doch ziemlich anstrengend gewesen sein.

Ruckartig packte mich Taylor am Kragen und zog mich zu sich hinauf. Mein Alf-T-Shirt verrutschte, und unter dem schmerbäuchigen Besucher aus Melmac lugte ein echter irdischer Bauch hervor. Irgendetwas schien im Dialog verloren gegangen zu sein.

»Don't fuck with me, gayboy«, spuckte mir Taylor ins Gesicht. Okay, mein Austauschschüler war ein Psychopath. Na ja, vielleicht wurden wir auch keine Freunde.

A perfect Family

Als wir in unsere Straße einbogen, warteten meine Eltern schon im Vorgarten unseres Reihenhauses und grinsten wie die Manson-Familie. Mein Vater hatte seinen Arm um meine Mutter gelegt, zur Feier des Tages trug er einen Schlips, auf dem ein Comicpinguin auf eine Leiter kletterte. Auch nicht besser als Alf. Meine Mutter, ebenfalls sehr aufgekratzt, trug ein Sommerkleid und ihre schicksten Pumps. Sie schienen sich richtig auf die Völkerverständigung zu freuen. Wie sie da strahlend vor dem Reihenhaus standen, wirkten sie allerdings ein wenig wie Versuchspuppen für einen Atomwaffentest.

Taylor hatte die gesamte Busfahrt zu uns nach Hause nicht viel von Verständigung gehalten und kein Wort mit mir gesprochen. Auch meine Versuche als Touristenführer durch Gelsenkirchen (»Look over there, that's the Arbeitsamt, most of the people go there daily« oder »Look, that was once a church, now it's a porn shop«) hatte er mit ausdrucksloser Miene ertragen, mein Gast hatte anscheinend das Emotionsspektrum einer Zahnbürste.

Mein Dasein gestaltete sich auch ohne Taylor derzeit nicht sonderlich erfolgreich, ich hatte eine Allergie gegen alles entwickelt, was mit meiner Schule zusammenhing. Wo andere von Gräserpollen Ausschlag und Reizhusten bekamen, sträubte sich mein ganzer Körper gegen mein Dasein als Lehrerkind. Ich hatte weniger Freunde als der Mond Einwohner, und die Omnipräsenz meines Vaters in der Schule machte es nicht eben leichter, welche zu finden. Kaum ein Tag, an dem mir kein Puddingbecher an den Kopf flog oder ich mein Deutschbuch nicht aus dem Klo fischen konnte. Ich war ein Außenseiter mit dem Alleinstellungsmerkmal Lehrerkind, nicht mal die klassischen Zufluchtsgruppen aller Jugendlichen, wie Punks, Gothics oder Nerds, wollten mich haben. Zeitweise kam ich mir vor wie der Letzte einer Art, ein Dodo mit Akne und Brustbeutel.

Als Taylor meine Eltern sah, hellte sich seine Miene plötzlich auf. Er rang sich sogar ein Lächeln ab, dann verbeugte er sich steif, als würde es sich bei meinem Vater nicht um einen Deutschlehrer, sondern um den Honorarkonsul von Sambia handeln.

»It's a pleasure to meet you, sir«, sagte der Modellsoldat förmlich und ging dabei fast in die Knie. Dass mein Vater ihm nicht gleich noch den Handrücken zum Kuss hinhielt, erleichterte mich.

»I hope you had a pleasant journey«, warf mein Vater ein Phrasenschwein zurück. Taylor bejahte förmlich und smalltalkte freundlich, während ich danebenstand wie ein zurückgebliebener Hausmeister und mit meinen Sandalen Muster in den Kiesboden malte.

»Maybe you want to shower?«, fragte meine Mutter und kündigte danach an, dass es selbst gebackenen Erdbeerkuchen geben würde. Selbst bei meinem letzten Geburtstag hatte sie einen Kuchen vom Vortag gekauft und auf ihre Mehlallergie verwiesen. Langsam kam mir der Verdacht, dass dieser Schüleraustausch auch endgültig sein könnte und ich ab nächsten Monat in England leben sollte.

»Sure, Miss, that would be fantastic!«, antwortete Taylor enthusiastisch und warf mir dabei einen mahnenden Blick zu. Es bestand eine nicht geringe Chance, dass mein Haus nun die Zelle eines Schläfers war, dachte ich, während ich Taylor nachsah.

Center of Evil

Taylors Einweisung in mein Jugendzimmer war schnell erledigt, er hatte meine komplette Einrichtung innerhalb weniger Sekunden als »gay« identifiziert, und auch unser kurzer Dialog über seine Schlafstätte hatte nicht im übermäßigen Dissens geendet. Dann schlief ich halt auf der Matratze neben meinem Bett, war bei den sommerlichen Temperaturen im Zweifelsfall eh kühler.

Nicht nur in meinem Kinderzimmer, auch in der sozialen Hackordnung der Schule nahmen ich und Taylor gegensätzliche Positionen ein. Er war so etwas wie der unerreichbare Gipfel der Nahrungskette, der Löwe, der weiße Hai, ein Spitzenjäger, der keine Gefahren fürchten musste. Ich hingegen war eher so etwas wie ein Hühnerküken mit Hüftschaden, im Zweifelsfall verspeiste mich jedes andere Tier, die meisten sogar mit Begeisterung.

Mich Schülern wie Taylor zu erwehren, nahm ohnehin schon einen Großteil meines Tages ein, dass man mir so jemanden nun auch noch in mein Bett gelegt hatte, war natürlich ein ziemlicher Treppenwitz der Geschichte. Taylor und ich arrangierten uns, was bedeutete, dass ich vermied, ihn anzusprechen, und er mich einmal weniger am Tag verprügelte. Das war schon mal ein Kompromiss.

Über Hastings erfuhr ich nicht viel, außer dass es »fucking boring« war und wohl am Meer lag, was ja im Gegensatz zu Gelsenkirchen an der Emscher schon als klarer Standortvorteil erschien. Taylor und ich lebten schon nach zwei Tagen wie ein altes Ehepaar, das sich nach 40 Jahren entzweit und effektiv nichts mehr zu erzählen hatte. Gegenüber meinen Eltern verhielt sich Taylor weiterhin ausnehmend höflich, beim Abendessen würgte er mit Begeisterung die kreativen Kochideen meiner Mutter (»Ravioli und Rührei«) herunter, und auch die Unterhaltungen über seine Heimat waren von jedem Schimpfwort und »Fuck« befreit, selbst die Quizfragen meines Vaters über die englische Monarchie beantwortete Taylor mit einer Engelsruhe.

An unserem ersten gemeinsamen Schultag hatte sich Taylor ebenfalls sehr schnell zurechtgefunden und seinen Platz bei meiner Mobbingbrigade eingenommen. Er war direkt in der ersten Pause zu Gökhan Mutlu und Rene Maurer gegangen und hatte sich wortlos nickend eingereiht. Ablehnung verbindet. Gökhan Mutlu war ein kurzer, stämmiger Junge mit fast schon abstruser Körperbehaarung und der bösartigen Fiepsstimme eines Kastraten. Rene Maurer hatte eine ähnliche Physis wie Taylor, ein zur Höchstleistung gepeitschter Pennälerkörper, bei dem jede Muskelfaser im Tausch gegen eine Gehirnzelle entstanden war.

Während Taylor die Schulterroristen verstärkte, hielt ich Ausschau nach Ashley, die den deutsch-englischen Freundschaftsbeziehungen auch nicht wirklich zugearbeitet hatte. Der Kontakt zu ihrer Gastgeberin Martina Drökelmann schien, gelinde gesagt, eher oberflächlich, die beiden standen auf den genau entgegengesetzten Seiten des Schulhofs und würdigten sich keines Blickes. Martina war die Tochter eines Küsters und ein so bemerkenswert spaßbefreites Wesen, dass selbst ein Skatabend im Altersheim lustiger war als ein Nachmittag mit ihr. Für Martina war bereits bei ihrer Geburt ein Platz als Sachbearbeiterin in einer Behörde reserviert worden, wofür sie schon jetzt im grauen Twinset übte und als Mitglied der Schulbibliotheks-AG für das Mahnwesen zuständig war. Ich hätte gerne das Gesicht von Martinas Musterchristeneltern gesehen, als die tiefschwarze Austauschschülerin aus England das erste Mal am Esstisch Platz nahm und sich den Schleier aus dem Gesicht strich. Wahrscheinlich hatte ihr Vater telefonisch einen Exorzisten beim Vatikan geordert und ihre Mutter mit einem ausgestreckten Holzkreuz in der Hand versucht, den Dämon aus ihrem Esszimmer zu vertreiben.

Mein inständiges Starren schien Erfolg zu haben, denn Ashleys und meine Blicke trafen sich, und einen Augenblick wirkte es, als setzte die Drehung der Erde aus, als würde der Lauf des Trabanten in der unendlichen Tiefe des Raumes für einen Augenblick gestoppt, ein kosmischer Zwischenfall, hervorgerufen durch diese einzigartige Verschmelzung zwischen mir und ihr.

Als Ashley dann auch noch schüchtern lächelte, war es endgültig um mich geschehen. Langsam hob ich meine Hand zum Gruß, meine Finger schnitten durch die dicke Sommerluft wie Messer, gleich würde es zum Erstkontakt kommen. Wie warmes Leder legte sich die freudige Erwartung über mein pickliges Gesicht, ich konnte spüren, wie meine Beine den Halt verloren und weich wurden wie Toastbrot im Ententeich.

Dann gab das warme Leder beim Aufprall einen dumpfen Laut von sich, als hätte man mit einem Pfannenwender auf ein Schnitzel geschlagen.

Kurz bevor ich auf dem dreckigen Schulhofboden aufschlug wie ein Meteor aus Mett, konnte ich noch sehen, wie sich Taylor mit seinen neuen Freunden abklatschte und sie ihm dazu gratulierten, dass er einen Fußball so zielgerichtet über den halben Schulhof genau in mein Gesicht schießen konnte. Das war also das warme Leder der freudigen Erwartung gewesen. Mitten in die Fresse.

Nun war ich mir sicher: Wir würden ganz bestimmt keine Freunde werden.

Ein monochromes Mädchen

»Are you okay?«, flüsterte eine Stimme durch die Dunkelheit meiner Bewusstlosigkeit. Bevor meine Augen sich wieder bereiterklärten, Informationen an mein Gehirn zu senden, war das Schmerzzentrum schon dabei, Alarm zu schlagen. Mein Gesicht fühlte sich pelzig an, wie die Brüste von Pamela Anderson, unecht, nicht zu meinem Körper gehörig. Plötzlich nahm ich ein weißes Licht wahr, aus dessen Mitte mich zwei Augen neugierig betrachteten. Wenn das eine Nahtoderfahrung war, hatten sich die Katholiken und Bibelforscher geirrt. Gott hatte Brüste. Gott war ein Mädchen. Ein ausnehmend hübsches, weiß geschminktes Mädchen.

»Are you okay?«, fragte das Mädchen erneut. Das konnte definitiv nicht Gott sein, mein Befinden hatte den ja zuvor auch nie interessiert.

»Sure«, antwortete ich und ignorierte, dass in meinem Kopf ein besoffener Elefant zu Metallica Polka tanzte. Ich sprang auf, jetzt bloß keine Schwäche zeigen, Haltung bewahren, es war noch nicht alles verloren, auch wenn meine Hose voller Dreck war, an meinem Kopf nasses Laub klebte und ich sabberte wie eine Zuchtdogge. Okay, vielleicht war doch alles verloren.

»My name is Ashley, what's yours?«, sagte Ashley und schob ihre Hand aus dem schwarzen Umhang heraus, den sie entweder gegen die herbstliche Kälte oder zum Schutz gegen fremde Mächte trug, und hielt sie mir hin. Alles an ihr wirkte zerbrechlich, das schmale Handgelenk ging in einen dünnen Arm über, das Gesicht war weiß wie Elfenbein und so fein und seiden, dass schon eine kleine Windböe eine ernsthafte Gefahr darzustellen schien.

»Basti, I'm Basti«, sagte ich und griff nach ihrer Hand, die sich ganz kalt anfühlte, vielleicht war mein Blut aber auch am Siedepunkt, zum einen vor Scham, zum anderen vor Aufregung.

»There's a party tomorrow, will you be there, too?«, fragte Ashley, während ich immer noch ihre Hand schüttelte, als wollte ich Wasser an die Erdoberfläche pumpen. Martin Siekmann machte eine Fete in seinem Partykeller. »Sure«, wiederholte ich. Natürlich war ich nicht zu der Party eingeladen, aber mit einer ausreichend großen Menge Alkohol im Gepäck konnte ich mir den Eintritt vielleicht erkaufen.

»Okay, see you there«, sagte Ashley und lächelte mir erneut zu. Wenn das Gesetz der Regelmäßigkeit zutraf, hätte mich innerhalb der nächsten fünf Sekunden der nächste Ball am Kopf treffen müssen. Doch nichts passierte. Ich nahm das mal als gutes Omen: Ab morgen würde ich nicht mehr Single sein, die Klassenfahrt der Engländer würde mir meine erste Freundin bescheren.

Name

Der Pädagogiklehrer

Klasse | Datum | Blatt

Die Schule ist ein Ort steiler Hierarchien. Der Abstand zwischen Lehrer und Schüler wird bewusst groß gehalten, die Respektsperson Pädagoge hat diese Distanz im Sinne eines Lehrerfolgs zu wahren. Der Lehrer soll Begleiter, Beobachter und Korrektor sein. Das Wichtigste am Lehrberuf ist, sich dieser Distanz jederzeit bewusst zu sein, um das Gefüge zwischen Lehrer und Schüler zu wahren und ein beidseitiges, von Respekt geprägtes Verhältnis zu ermöglichen. So weit die Theorie.

»Guten Morgen, du Arsch!«, brüllte Gökhan Mutlu, als Thomas Kippel zum ersten Mal durch unsere Klassentür trat. Herr Kippel nickte nur freundlich, als wäre das eine angemessene Anrede. Thomas Kippel war unser Pädagogiklehrer, und er war in der Schule ungefähr so gut aufgehoben wie Hansi Hinterseer als Vorband von Marilyn Manson. Herr Kippel galt als vogelfrei. Nicht nur, dass Herr Kippel durch sein naives und nahbares Wesen ohnehin kein besonders geeignetes Pädagogenmaterial abgab, zusätzlich vernachlässigte er von vornherein ein paar der wichtigsten Regeln im Umgang mit Schülern.

Regel Nummer 1: Lass dich nicht duzen.

»Morgen, ich bin der Tommy!«, duzte Herr Kippel in seiner ersten Stunde vergeblich am Humorverständnis der Vollpubertisten vorbei. Damit brach er das Erste Gebot. Schüler wollen Lehrer nicht duzen, die

Name	Klasse	Datum	Blatt

Distanz, die Lehrer für sich beanspruchen, ist durchaus beidseitig gewünscht, anders fällt das Lästern über die Fehler der Lehrer, schlechte Noten und empfundene Unfairness viel zu schwer. Auch der angedeutete »Highfive« mit der ersten Stuhlreihe, der von niemandem erwidert wurde, war peinlicher, als in die Dampfsauna zu kacken. Herr Kippel versuchte dies jedoch umgehend durch eine noch erbärmlichere Geste gutzumachen und zeigte uns das Peace-Zeichen. Das Peace-Zeichen! Herr Kippel war Mitte vierzig, trug einen Haarkranz, Hawaiihemden, kurze Hosen oder ein T-Shirt mit dem ausgeblichenen Logo von Roxette. Er war so nah am Puls der Zeit wie die englische Monarchie. Und jetzt auch noch das »Du«. Was anheimelnd und menschlich wirken sollte, wirkte verzweifelt und unecht.

Regel Nummer 2: Nicht auf jede Diskussion einlassen

Dass Herr Kippel auch noch »Pädagogik« unterrichtete, war der letzte Nagel in seinem Sarg. Ein Fach, das von einem Großteil des Klassenkörpers als »Pussykram« bezeichnet wurde, denn manche Mitschüler vertraten in Erziehungsfragen eher reaktionäre Thesen, was Rene Maurer mal mit der schönen Aussage zusammenfasste: »Immer montags kriegen meine Blagen auffe Schnauze.«

»Aber du hast doch noch gar keine Kinder, oder?«, fragte Herr Kippel und outete sich damit ein zwei-

Name	Klasse	Datum	Blatt

tes Mal, denn in Gelsenkirchen verbot sich diese Frage gegenüber einem Vierzehnjährigen, hier hatten manche in dem Alter schon die zweite Scheidung hinter sich.

»Nö, aber wennse kommen, kriegense montags«, philosophierte Rene weiter gegen jede pädagogische Verantwortung an.

»Und warum gerade montags?«, versuchte Herr Kippel dem großmäuligen Schwachsinn mit Diskurs beizukommen.

»Für alles, wasse inne nächste Woche verbrechen«, argumentierte Rene und lachte.

»Das kannst du doch nicht mit deinem Gewissen verantworten!«, echauffierte sich der Du-Typ Tommy, auf dessen Pädagogenwangen sich erste rote Spannungsflecken bildeten.

»Doch. Besser Vorsorge als nachher Sorgen, ne?«, erwiderte Rene. »Und wennse dann nich hören, halt ich die Fäuste hin und sach: Die Linke riecht nach Krankenhaus, die Rechte riecht nach Friedhof. Dann haltenses Maul, feddisch!«, baute er sein pädagogisches Konzept aus.

»Aber Rene, das würdest du doch nie tun«, versuchte es Tommy abermals mit einer pädagogischen Wunderwaffe. Spätestens hier hätte in der wirklichen Welt jede Diskussion geendet. Nicht aber im Pädagogikunterricht:

»Klar, aufs Maul, sag ich.«

»Ach Quatsch.«

»Ich schwöa, Herr Kippel.«

»Tommy, ich bin der Tommy.«

Name	Klasse	Datum	Blatt

Regel Nummer 3: *Jugendkultur bleibt Jugendkultur*

Generationsunterschiede bilden eine natürliche Grenze zwischen den Altersgruppen. Ähnlich wie Erwachsene Kinder nicht ernst nehmen, die versuchen, die Gepflogenheiten der Erwachsenenwelt zu imitieren, und dabei zum Beispiel übertrieben höflich Handküsse verteilen, nehmen Kinder Erwachsene nicht ernst, die mit Hawaiihemden und Roxette-T-Shirts auftrumpfen wollen. Das war unter den Jungs in meinem Alter ungefähr so hip wie Kniestrümpfe oder Dressurreiten.

Auch wenn »Tommy« immer wieder versuchte, unsere Unterrichtsstunden mit aktuellen Themen und Trends zu würzen, vergriff er sich dabei leider im Jahrzehnt. So zum Beispiel, als er der Klasse vorschlug, den Inhalt von Pink Floyds »Another Brick in the Wall« auf pädagogische Konzepte hin zu untersuchen. Dazu zeigte er uns das weltbekannte Video mit der Industrieästhetik und den marschierenden Hämmern.

»Was meint ihr, was das hier ist?«, fragte er, um allen Assoziationen freien Lauf zu lassen.

»Werbung für Hornbach?«, erklang es aus dem Klassenzimmer.

Dass Tommy nach dieser Antwort keinen weiteren Analyseversuch mehr unternahm, verwunderte selbst uns nicht.

»Das ist PINK FLOYD!«, brüllte er stattdessen ungewohnt energisch, was ihm von einem Großteil der Klasse aber nur ein Schulterzucken einbrachte.

Name	Klasse	Datum	Blatt

»Syd Barret? Roger Waters? ›The Wall‹?«, versuchte er abermals unsere Gehirnzellen zum Klingen zu bringen.
»Walla?«, formulierte Gökhan wohlgewählt.
»›The Wall‹, nicht Walla, Gökhan, kann doch nicht wahr sein, dass ihr das noch nie gehört habt!«, rief er entgeistert und versuchte noch einmal, den Videorekorder in Gang zu setzen.
Doch leider war es wahr, die meisten hatten noch nie davon gehört. Für den Rest der Klasse, die wie ich bereits als Kind vom Vater mit Klassikern der Rockmusik beschallt wurden, war »The Wall« zwar vertraut, aber es wäre reiner Selbstmord gewesen, das offen zuzugeben. Denn das Album erschien 1979, zu einer Zeit, als das Gökhan-Spermium noch andere Spermien vermöbelte und auch der Rest der Klasse noch nicht auf dem Planeten wandelte. Damit lag Tommys Versuch, den Zeitgeist in unser Klassenzimmer zu lassen, nur schlappe zwei Jahrzehnte daneben und war damit so weit von unseren Interessen entfernt wie Chopin oder Schädelvermessung.
Das war selbst für Tommy Kippel zu viel, und kurz bevor er anfing, mit dem Kopf eine Kuhle ins Pult zu hämmern, gab er uns mit dem Worten »Jetzt ist Pause« frei und stürmte aus dem Klassenzimmer in die Wärme eines Frühlingstages.
Gerade als sich die Tür schloss, gab ihm die Endlosschleife des Videorekorders noch den Refrain von »Another Brick in the Wall« mit auf den Weg: »We don't need no education«, brüllte der Kinderchor.

Pediculus humanus capitis

Um mir Zugang zu Martin Siekmanns Party zu verschaffen, »borgte« ich mir auf Lebenszeit eine Drei-Liter-Flasche Lambrusco in Form einer griechischen Säule, die mein Vater als Entschuldigung von einem Lieferdienst erhalten hatte, weil eine tote Maus in der Bolognese Rückenschwimmen geübt hatte. Da niemand sich traute, den »Chateau Frostschutzmittel« zu vertilgen, entwendete ich ihn unbemerkt aus dem Keller.

Als ich aus meinem Zimmer trat, in dem ich die riesige Flasche deponiert hatte, hörte ich Schmerzensschreie aus dem Badezimmer. Ich rannte hinüber und sah, was auch mir gleich blühen würde: Mein Vater zog an den Haaren meiner Mutter und fuhrwerkte an ihrem Kopf herum, als wollte er eine Autobatterie ausbauen. Ob die Nachbarn wohl auch dieses Mal wieder wortlos an ihren Wohnzimmerfenstern stehen und hinterher behaupten würden, nichts mitbekommen zu haben? Ich ließ mutlos den Kopf hängen und setzte mich neben meine Mutter auf den Badewannenrand. Ich würde der Nächste sein.

Was klingt, als müsste Barbara Salesch besorgt an ihrem Brillenbügel kauen, war bei uns halbjährliche Routine.

Wir litten unter *Pediculus humanus capitis*. Kopfläusen.

Eine ganze Armee dieser winzigen Biester hatte uns mal wieder zum *Club Med* der Parasiten auserkoren. Der erste Wirt war wie immer meine Mutter, die als Grundschullehrerin eine perfekte Brutstätte für alle Arten von Krankheiten und Infektionen war, es gab kaum einen Morbus, den ihr nicht irgendein rotznasiges Kind auf Kuschelkurs schon mal zum Abschied geschenkt hatte. Gegen die meisten körperlichen Fisimatenten wie Röteln, Windpocken oder Masern war man immerhin nach einer Infektion oder Impfung immunisiert, dies galt jedoch nicht für die gemeine Kopflaus, die trotz mehrmaliger Auslöschung jedes Lebens auf der Schädelplatte mit fiesester Chemie immer wieder zurückkehrte und sich wahrscheinlich sogar freute, dass ihre Vorgänger noch Kochgeschirr und Teetassen zurückgelassen hatten. Ich stellte mir die Neubesiedlung meines Kopfes immer ein wenig wie eine verspätete Mondmission vor, bei der sich die Astronauten über das zurückgelassene Equipment ihrer Vorgänger freuten. Jetzt fuhr also ein heiterer Erkundungstrupp behelmter Läuse mit dem Mondbuggy durch das dichte Gestrüpp meiner Haare und suchte nach einer schnieken Stelle zur Besiedlung. Wenn die gefunden war, fingen die Läuse an zu pimpern wie die Wollnys, aus den paar Neuankömmlingen waren nach ein paar Tagen ganze Hundertschaften geworden, die gemeinschaftlich Löcher in die Köpfe unserer Familie bohrten, als würden sie darunter Öl vermuten.

Ein chemischer Nebel lag bleischwer in der Luft, der unser Badezimmer zur Kampfmittelräumzone gemacht hatte. Ein Großteil der Tinkturen und Wässerchen, die mein Vater einem angeekelten Apotheker abgekauft hatte, merzte jedoch nicht nur die Läuse aus, sondern trieb auch die Haarwurzeln aus ihren Verankerungen und ließ einen tagelang wie ein Biber in Paarungsstimmung riechen. Von ranzig wie »Butter in der Bodenheizung« bis unerträglich wie »*Herbal-Essences*-Napalm« waren alle Duftrichtungen dabei. Um sich diese schreckliche Selbstfolter zu ersparen, gab es nur ein Mittel, das kaum besser war: den Nissenkamm.

Diese vom Teufel persönlich entworfene Metallreuse war mit so engen Zacken ausgestattet, dass die Läuse und ihre Eier unweigerlich darin hängen bleiben. Leider waren sie nicht die Einzigen. Das Ding war so eng, scharf und hartkantig, dass sich meist auch die Hälfte des Scheitels darin verfing und die heillose Verknotung nur zu lösen war, indem man fester nachzog. An diesem Punkt waren wir gerade. Mein Vater hatte meiner Mutter mithilfe des Nissenkamms einen Seemannsknoten in die Fontanelle geflochten, um den sie die meisten Matrosen beneidet hätten. Jetzt gab es nur noch die Möglichkeit, den Nissenkamm eisenhart durchzuziehen, was meine Mutter mit einer lauten Mischung aus Schmerzensschreien und nicht jugendfreien Beschimpfungen goutierte. Bei mir hatte sich der Nissenkamm bereits vor Jahren schon als falsches Bekämpfungsmittel erwiesen. Meine Mutter hatte damals beim Versuch, mir die Nissen aus den Haaren zu kämmen, fast die Hälfte meiner Naturkrause mitgenommen, weshalb ich jetzt schon mal wortlos den Langhaarschneider holte.

Denn es blieb im Zweifelsfall nur der komplette Kahlschlag. Nach einem prüfenden Blick auf meine Kopfhaut griff meine Mutter daher wortlos nach der surrenden Schermaschine. Ein solches Gerät sollte man Grundschullehrerinnen eigentlich zum Staatsexamen dazuschenken, dachte ich, während sie sich ans Werk machte. Das wäre dann schon das dritte Mal in meiner Schulzeit, dass ich wie ein aufgedunsener Feldwebel ohne Haare zum Unterricht erschien. Eigentlich hatte ich mich ja schon daran gewöhnt, dass meine Physis mich immer wieder auf die Probe stellte, doch diesmal waren die Umstände anders. Heute Abend war schließlich die Party bei Martin Siekmann, und ich war ein einziges pubertäres Gefühlsbündel, eine Supernova kindischer Verliebtheit. Ich konnte Ashley nicht als pickeliger Buddha gegenübertreten, da trug ich lieber für die nächsten zwei Wochen der Austauschs eine Mütze.

Taylor betrachtete das Schauspiel um die Köpfe meiner Familie mit einigem Abstand, sein Drei-Millimeter-Kurzhaarschnitt hatte ihn vor der Invasion der Blutsauger bewahrt. Hoffentlich erzählte er seinem Begleitungslehrer nicht, dass in seiner Gastfamilie die Läuse grassierten, sonst kam wahrscheinlich noch das Gesundheitsamt und räucherte unser Wohnzimmer aus.

»Du musst schon still halten«, motzte meine Mutter und schob meinen Kopf vor dem Spiegel wieder zurecht. Auch ihre Laune hatte unter den jährlichen Angriffen der Kopfparasiten sichtlich gelitten, wahrscheinlich trug sie in der Schule jetzt zur Abwehr immer eine Badekappe. Und schon fielen die kümmerlichen Reste meiner Frisur dem Rasierer zum Opfer, links und rechts meines Sichtfelds regnete es Haare. Keine fünf Minuten später sah ich mit meiner gereizten Gesichtshaut und der runden Schädelplatte wie ein Streichholz aus.

»Komm schon, die wachsen ja nach«, versuchte meine Mutter vergeblich, mich aufzumuntern. Mit gesenktem Kopf wankte ich aus der Tür, noch schlechter konnte ich mich kaum fühlen.

»Hey, Kojak, got cancer?«, schleuderte es mir aus Taylors Richtung noch fester an den Kopf als jeder Fußball, als ich an ihm vorbei in mein Zimmer ging.

Ich hatte mich geirrt, noch schlechter ging immer.

Der Partykeller

Mit noch immer juckender Fleischmütze unter einem faltbaren orangefarbenem Jägermeistercowboyhut stand ich wenig später vor der verschlossenen Kellertür von Martin Siekmann. Von innen drangen die dumpfen Bässe plumper Eurodance-Musik durch das Schlüsselloch, und Disconebel schob sich unter dem Türspalt hindurch, wie in einem schlechten Horrorfilm. Obwohl hinter dieser Tür kein irrer Axtmörder auf mich wartete, sondern nur ein Haufen Teenager mit Gesichtskirmes und unfertigen Körpern, war ich aufgeregt, wie damals, als beim Vorsingen mit dem Schulchor mein Stimmbruch einsetzte.

Ich schaute an mir hinab und war einigermaßen zufrieden damit, was ich aus der schwachen Ausgangslage herausgeholt hatte. Das Einzige, was meiner konischen Körperform und dem pickeligen Gesicht so richtig geschmeichelt hätte, wäre zwar eine Burka gewesen, doch in Ermangelung dessen hatte ich auf die partykompatibelste Kleidung zurückgegriffen, die ich in meinem Schrank finden konnte. So trug ich nun ein schwarzes Polyesterhemd mit chinesischen Schriftzeichen und eine Krawatte mit einem grünen Feuer speienden Drachen. Kombiniert mit einer Dreiviertelkakihose und Doc Martens, sah ich nun dezent pflegebedürftig aus. Auch die Vermutung, ich hätte mit einem Rudel Psychiatrie-Insassen einen KIK-Textildiskont geplündert, war bei meinem Anblick nicht ganz unbegründet. Auch olfaktorisch hatte ich vorgesorgt und mir eine komplette Dose *AXE*-Moschusdeodorant über den Körper verteilt. Schweißflecken waren somit zwar ausgeschlossen, allerdings hatte unser Hund direkt nach meinem Bad im Deo versucht, sich mit meinem Bein zu paaren.

Ich hatte meine Dreiliterflasche Lambrusco in der Armbeuge. Ein feiner Tropfen, der sehr wahrscheinlich nach Motorenöl schmeckte und zu Erblindung führte, aber immerhin war die Flasche schön.

Ein letztes Mal einatmen, Haltung annehmen, Bauch einziehen. Klopfen.

Ein junger Mann öffnete und schielte mich durch den Türspalt an, anscheinend war der Billig-Lambrusco hier bereits verkostet worden.

»Was is?«, seiberte Martin Siekmann, bei dem mein Kommen keine besondere Freude hervorzurufen schien.

»Ich muss Taylor, meinem Austauschschüler, was sagen. Außerdem hab ich jede Menge Fusel dabei«, biederte ich mich an. »Na dann, komm mal rein. Du siehst aus wie das hässliche Kind von Jürgen von der Lippe und Hella von Sinnen«, textete mir der Gastgeber kreativ entgegen und traf mein Outfit damit wohl recht gut. Egal, ich musste da rein, irgendwo da drinnen war Ashley, das Mädchen meines Herzens, der warme Punkt im Universum.

»Ja, du siehst auch scheiße aus, du Sackspaten«, murmelte ich und drückte Martin die Flaschen in die Hand, Bezahlung für meinen Aufenthalt, die er gerne annahm.

Als ich den Keller betrat, tat sich das klassische

Panorama einer Neunzigerjahre-Kellerparty unter Minderjährigen auf. Überall lagen und standen Pärchen herum, die sich gegenseitig die Lungenflügel mit den Zungen massierten, während ein unterdimensionierter CD-Player den Raum mit dem Brei einer »Kuschelrock«-CD beschallte, was dem Ganzen den Charme einer tschechischen Partnertauschbörse bescherte.

Mit 15 glaubt man, Küssen bedeutet, dass sich zwei Partner gegenseitig darin überbieten, das größte Vakuum in der Mundhöhle des anderen zu erzeugen. Da wurde gesaugt, gezogen und gepümpelt, als gelte es, einen verstopften Abfluss zu befreien. Das größte Zeichen von Leidenschaft war das Markieren des Partners mit einer Art persönlichem Emblem. Ähnlich wie beim Branding texanischer Kuhherden wurden absurde Blutungen in den Hals des Gegenübers gesaugt, die dann als Knutschflecke Zeichen der Reife darstellen sollten. Gefürchtet war dabei ganz besonders Robert Zinker oder »Der Sauger«, wie man ihn auch nannte. Robert Zinker war vom lieben Gott mit einem besonders breiten Mund ausgestattet worden, den er vornehmlich dazu benutzte, sich wie ein Egel an dem Hals seiner Auserwählten festzusaugen. Warum sich Mädchen dieser Tortur unterzogen, war nicht ganz klar, auch jetzt hatte Robert Zinker schon wieder ein Opfer gefunden. Er lag neben Martina Drökelmann auf einer speckigen Matratze und vakuumisierte ihr fast das Gehirn heraus.

Der Partykeller war eigentlich nur ein Souterrain mit vergitterten Fenstern und einer Kiefernholzdecke, ausgestattet mit Ohrensesseln und einer Minibar. Normalerweise feierten hier Martin Siekmanns Beamteneltern mit ihren spaßfreien Freunden. An Samstagabenden tanzten hier vom Alkohol enthemmte Sparkassenfilialleiter mit dünnen Haupthaar und hochgestellten Hemdkragen zu »My Generation« von The Who und versuchten sich mit Pommesgabel und Headbangen an der Wiederbelebung einer wilden Jugend, die sie bei genauer Betrachtung nie gehabt hatten. Doch da Martins Eltern sich für zwei Wochen mit ihrem Campingwagen im Harz langweilten, hatte er sturmfrei und den Keller für diese Zeit zu einer Paarungsstätte für Pubertisten ernannt. Wenn sie gewusst hätten, dass ihr Kind und seine Freunde sich während ihrer Abwesenheit mit widerlichen Drinks der Marke *Batida de Coco* und Kirschsaft oder *Blue Curaçao* und O-Saft den IQ dezimierten, wären sie wahrscheinlich zu Hause geblieben und hätten ihren Thronfolger an der Heizung festgekettet.

In der Mitte des Kellers hing schlaff ein Scheinwerfer, der den Raum abwechselnd in drei Farben hüllte, und ein kleiner Nebelautomat hustete unregelmäßig Qualm in den Raum. Es roch nach Bier, Schweiß und Käse. Romantisch wie eine Hornhautentfernung, aber mit genug Alkohol bekam selbst dieses Interieur ein ansprechendes Flair.

Dann sah ich sie. Hinter einer Wand aus Nebel stand Ashley, wie immer schwarz wie Sonja Zietlows Seele. Sie trug Lederstiefel mit riesigem Absatz, unter den Löchern der Netzstrümpfe glänzte milchweiße Haut. Wie auf einem Laufband rollte ich in Ashleys Richtung, meine Füße meldeten die Schritte nicht ans Hirn, ich schwebte durch den Raum und stand plötzlich vor ihr.

»Hi«, sagte sie und lächelte mich tatsächlich an.

Jetzt wurde es schwierig, nun musste ich etwas Geistreiches sagen, am besten etwas mit Mehrwert, etwas Witziges, etwas, das Ashley spontan von meinen Qualitäten überzeugte, das ihr zeigte, dass ich der Richtige für sie war.

»Hi«, sagte ich und winkte mit meiner Hand in der klammen Kellerluft hin und her wie ein Verkehrspolizist. Um mich endgültig lächerlich zu machen, konnte ich ja noch ein bisschen meinen Namen tanzen.

Als hätte Ashley meine Gedanken gelesen, fragte sie: »Do you want to dance?« und traf damit zielsicher meine größte Schwachstelle. Denn neben meiner Minderbegabung für Sport jeder Art konnte ich auch überhaupt nicht tanzen. Natürlich behauptet jeder Mann von sich, nicht tanzen zu können, in meinem Fall war diese dahingeworfene Floskel allerdings wörtlich zu verstehen. Meine Eltern hatten mich bereits nach der ersten Stunde wieder in der Tanzschule abgemeldet, weil ich meiner Tanzpartnerin einen Mittelfußbruch in den Schuh gestampft hatte. Angeblich sollen meine Verwandten auf der Hochzeit meiner Cousine in Erwägung gezogen haben, einen Notarzt zu rufen, weil sie meine Verrenkungen für Schüttelkrämpfe oder einen epileptischen Anfall hielten.

Ich nickte schicksalsergeben, vielleicht hatte ich sie ja auch falsch verstanden und sie wollte nur etwas trinken. Leider nicht. Ashley nahm mich an der Hand und zog mich auf die Tanzfläche.

Der CD-Player schepperte »Wish you were here« von Rednex in den Raum, das war Waterboarding für die Ohren. Stocksteif wie ein Bügelbrett wippte ich von einem Fuß zum anderen, während ich meine Hände brav an Ashleys Hüfte tackerte. Bisher lief das doch ganz gut, Ashley brauchte immerhin noch keine ärztliche Hilfe, dachte ich und machte einen mutigen Ausfallschritt.

Dann zog mich meine Tanzpartnerin plötzlich zu sich heran, sodass mein Kopf auf ihrer Schulter auflag. Ashley roch ein wenig wie frisch exhumiert, nach Patschuli, dem Parfüm aller Gruftis. Ich mit meiner Jahresration Moschus war anscheinend nicht nur für brünftige Elche attraktiv, denn Ashley flüsterte wahrhaftig »You are so sweet« in mein Ohr. Ich schaute ihr tief in die Augen und begriff, dass meine Chance jetzt gekommen war. Auch wenn ich in meiner Kleidung aussah, als bräuchte ich dringend eine Delfintherapie, nahm ich in diesem Moment all meinen Mut zusammen und küsste Ashley inbrünstig. Beherzt schaltete ich den oralen Traktorstahl ein und zog Ashley noch enger an mich. Meine Zunge schoss hervor wie eine halbgare Fleischwurst und landete direkt in Ashleys Rachen.

Das also war Romantik. Endlich wusste ich es. Romantik schmeckte nach Gyros und Kaugummi.

Klassenfahrten – Die Hierarchie der Hölle

So wie es bei Lehrerkindern unterschiedlich starke Ausprägungen des sozialisationsbedingten Schadens gibt, können auch Klassenfahrten in drei Stufen der Monstrosität eingeteilt werden. Je nachdem, welche Stellung man innerhalb der schulischen Hackordnung bekleidet, kann die staatlich subventionierte Freizeitbereicherung von Stufe 1 (super, einen Tag schulfrei!) bis hin zu Stufe 3 (Guantanamo) reichen.

Die Kenntnis der Eskalationsstufen einer Klassenfahrt hilft Eltern, Lehrern und Schülern dabei, sich vor der Abreise zügig in Sicherheit zu bringen. Die Ursprünge dieser Erkenntnisse entstammen übrigens dem überlieferten Sagenschatz wandernder Gemeinschaften wie Wikingern, Raubrittern oder Aushilfslehrern.

Klassenfahrt Stufe 1

++

Merkmale

Kurze Ausflüge zu kulturell bedeutsamen Stätten im Umkreis von 400 Kilometern, Dauer meist nicht länger als zwei bis drei Tage, was aber auch schon reicht, damit manche Pädagogen danach die häusliche Tagespflege beantragen und sich bis 2019 krankschreiben lassen.

Mögliche Ziele

Deutschland und seine Anrainerstaaten bieten ein unendliches Repertoire an Zielen mit kulturhistorischer Bedeutung, beispielsweise Xanten oder Trier. Dort lassen sich kulturelle Entwicklungen sehr schön nachvollziehen – außerdem liegt Trier bei Bitburg, in Bitburg gibt es Bier und mit der Bierverkostung einer Brauereiführung reißt man noch den faulsten Schüler aus der Lethargie.

Nötiges Budget

Die Kosten sind recht überschaubar, sie fallen eigentlich nur für Bus und Unterbringung an, die meist irgendwo zwischen Schweinestall und dem Verlies vom Phantom der Oper angesiedelt ist. Vorsicht bei der Berechnung der Buskosten. Sollten die zu fahrenden Kilometer nicht exakt kalkuliert worden sein, macht der Busfahrer entweder so lange Pause, bis die Lehrer ihm ihre Uhren, Portemonnaies und Ringe aushändigen – oder man hat zu viel einkalkuliert und eiert dann stundenlang durch die hinterletzte Pampa, während der Lehrer jede Fahrbahnmarkierung kommentiert (»In dem Wald links von euch gibt es die größte Population von Hühnerhabichten in Westdeutschland, rechts seht ihr einen stillgelegten Braunkohletagebau«), bis bei manchen Schülern vor Langeweile der Puls aussetzt.

Problemfaktor

Für vom Aussterben bedrohte Tierarten und stillgelegte Braunkohletagebauanlagen interessieren sich Schüler im Normalfall so sehr wie für Klöppelkurse und Frischkäsezubereitung. Das heißt, dass der Pädagoge sehr wahrscheinlich drei Tage eine Gruppe lahmender Pickelgesichter durch Ruinen treiben muss, die die ganze Zeit damit beschäftigt ist, heimlich besoffen zu werden oder aus Not anfängt, aufgeklaubtes Laub vom Boden zu rauchen.

Schlechte Vorzeichen

Wenn die Schüler schon im Bus einstimmig »WIA FAHRN IN PUFF NACH BATZELOOOONA« anstimmen und sich an der Raststätte statt eines überteuerten Schnitzels mit Pommes lieber Tequila und Zitronen kaufen, heißt es: Obacht, liebe Pädagogen.

Klassenfahrt Stufe 2

++

Merkmale

Hier wird es schon ernster. Nicht, dass sich die Ziele dieser Fahrten zwingend durch eine größere Distanz zum Heimatort auszeichnen, aber sie bergen dennoch ein höheres Potential, in der totalen Katastrophe zu enden. Grund dafür ist der immer lobenswerte Gedanke der Lehrer, den Schülern Erlebnisse fern des Alltags zu bieten. Dabei schwingt immer die Gefahr mit, dass der Lehrer danach nur einen Teil des Klassenkörpers wieder mit nach Hause bringt – die Unsportlichen, Völkerballopfer und Bilderbuchausmaler bleiben meist auf der Strecke.

Mögliche Ziele

Der Klassiker ist hier natürlich die Fahrt zum Reiterhof, die meist in der Unterstufe durchgeführt wird und den Stadtkindern nicht nur die Schönheit der Natur vermitteln will, sondern auch Physis und Koordination trainieren soll. Alternativ werden zu diesem Zweck auch Zooausflüge oder Fahrten ins Naturschutzgebiet unternommen. Der Reiterhof wird ein zweigeteiltes Echo im Klassenverband hervorrufen, das ungefähr so aussieht:

Mädchen: »Reiterhof? Jaa! Juchuu!« (gekrönt von Tränen und Freudentänzen).

Jungen: »Reiterhof? Nein! Bloß nicht!« (auch gekrönt von Tränen, aber ohne Freudentänze).

Nötiges Budget

Gehobene Budgetklasse. Die Pflege und Unterbringung der Tiere erzeugt ja einiges an Kosten. Die der Klassenfahrer eher weniger, da sowohl die sehr übersichtlichen

Hygieneeinrichtungen (eine Dusche und ein Klo für alle) und die Zimmer (oder »Löcher« wie sie spätestens nach einer Nacht heißen) an der Grenze des Unzumutbaren sind. Bei Beschwerden über die Verpflegung mit Erbsensuppe, die wie ein Badezimmerteppich schmeckt, werden die Zimmer immerhin mit einem Salzleckstein ausgestattet, zumindest bei Pferden hilft das immer. Auch können nach so einer Fahrt ganz schöne Kosten für einen Chiropraktiker auf die Schule zukommen. Na ja, wenn das Pony überhaupt noch zu retten ist, nachdem ein zwei Zentner schwerer Pommesbomber namens Pascal eine Falte hinein gesessen hat.

Problemfaktor

Hoch. Wo mehr erlebt wird, da muss auch mehr *über*lebt werden. Erstens denken die meisten Stadtkinder, Pferde seien einfach sehr große Hunde, zweitens schlägt sich der zivilisationsbedingte Mangel an Bewegung stark in der mangelnden Reitfähigkeit nieder.

Da wird versehentlich der Hintern statt des Kopfes gestreichelt oder konstant geschrien, noch bevor das Tier überhaupt losgetrabt ist. Wenn es sich dann in Bewegung setzt, fällt spätestens nach zwei Metern der Erste runter, bleibt im Steigbügel hängen und wird so lange mit der Fresse über die Sägespäne geschleift, bis man ihn nur noch »das Gesichtsparfait« nennen kann.

Schlechte Vorzeichen

Wenn im Bus ein Best Of von »Fury in the Slaugterhouse« läuft und ein Großteil der Schüler einen dreistelligen Body-Mass-Index hat, sollte man sich als Pädagoge darauf vorbereiten, dem Reiterhof einige Tiere ersetzen zu müssen und das nächste halbe Jahr in der Schulkantine Lasagne essen zu müssen.

Klassenfahrt Stufe 3

Merkmale

In Stufe drei wird es jetzt härter als die Lache eines Nussknackers. Solche Touren, oder Torturen, sind nur für die abgebrühtesten Pädagogen geeignet, die physisch sowie psychisch am absoluten Limit der Leistungsfähigkeit agieren. Bei Klassenfahrten der Stufe 3 wird nicht nur eine beachtliche Distanz überwunden, es werden auch die körperlichen Leistungsgrenzen aller Beteiligten abgefragt. Sesselschoner, Bärchenwurstesser und Ingwerteenipper müssen hier gar nicht erst antreten, sie werden es nicht überstehen. Klassenfahrten der Stufe 3 konfrontieren die Lehrer und Schüler immer mit der größten Kraft unseres Planeten: der Natur, die sich auch von einer Dose Ungezieferspray und einem Thermoschlafsack nicht aufhalten lässt.

Mögliche Ziele

Klassenfahrten der Stufe 3 führen die Schulverbände beispielsweise auf den Campingplatz oder an das wärmende Feuer einer Berghütte zum Skifahren. Klingt idyllisch, mag man jetzt denken. Doch weit gefehlt, denn den Klassenfahrern stehen Tage bevor, an denen es Ausfälle an allen Enden gibt. Nach spätestens zwei Tagen fiebern die ersten Kinder auf dem Niveau eines Heißwasserboilers, wenn sie nicht längt mit Knochenbrüchen oder von einem verirrten Stockbrot gekreuzigt im Krankenhaus liegen. Die Pädagogen versuchen sich derweil in Schadensbegrenzung, die Eltern am Telefon fachgerecht zu beruhigen (»Ja, ihrem Sohn geht es gut, nur seinen Armen nicht«) und die Schulleitung von der Schnapsidee abzubringen, dass alle Kinder zum Skifahren geeignet wären. Sind sie nicht!

Nötiges Budget

Vergleichsweise hoch, die Ausrüstung muss beschafft werden, ebenso werden meist abgelegene Destinationen gewählt, zu denen man in miefenden Reisebussen fährt, deren Instandhaltung (auch des Miefs!) anscheinend sehr teuer ist. Dieses Haushaltsloch lässt sich nur stopfen, indem man am Verzichtbaren spart. Auch wenn das bedeutet, dass die Kinder mit geworfenen Reisekoffern Enten erlegen oder der Sportlehrer mit seinem Ballonseidensportanzug ein Reh erdrosseln muss, anstatt Lebensmittel kostenintensiv zu erwerben.

Problemfaktor

Der Mensch. Bei einer Klassenskifahrt ist es fast unmöglich, dem Begabungs- und Interessensgefälle der Schüler gerecht zu werden. Während manche schon auf die Beherrschung des aufrechten Ganges stolz sind, möchten andere am liebsten mit Doppelsalto übers Matterhorn schweben und langweilen sich deshalb beim Wandertag ein Loch in die Stirn.

Weiterer Problemfaktor: Das Wetter. Dass der Wetterbericht meist nur eine ungefähre Annährung an die Wirklichkeit darstellt, hat jeder schon mal gemerkt. Bei einer Klassenfahrt ins Zeltlager kann man ihn aber getrost komplett ignorieren. Denn egal, was die großbusige Wetterfee vor dem Bluescreen verspricht, es wird regnen. Es wird kalt. Petrus wird das komplette Programm veranschlagen: Windböen, Sturzregen, Tornados. Nach wenigen Minuten gleicht der Boden des Campingplatzes einer eingeweichten Panade, jeder Schritt lässt einen tiefer im Matsch versinken, es ist nass, kalt und fies. Es ist also empfehlenswert, sein Zelt direkt in einem aufgeblasenen Schlauchboot zu errichten, so kann man heiter winkend an seinen Klassenkameraden vorbeisegeln, während die sich in der Sintflut an ein leeres Faxe-Pils-Fässchen klammern.

Darüber hinaus wird die ansonsten sinnstiftende Kluft zwischen Lehrer (mit Aktentasche hinter dem Tisch) und Schüler (mit Kopf auf dem Tisch) durchbrochen. So kann es durch die Überwindung räumlicher Grenzen schon einmal vorkommen, dass die Jungen beim Gruppenduschen realiseren, dass sich unter dem grauen Strickpullover des Politiklehrers ein noch dichteres Model aus Eigenwolle verbirgt. Oder dass eine einzelne Lehrerin mit Nasennebenhöhlenproblematik einen ganzen Zeltplatz wach schnarchen kann.

Schlechte Vorzeichen

Wenn die Schüler bereits beim Anblick der Berge wegen akuter Höhenkrankheit kollabieren oder nach der ersten Nacht auf dem Zeltplatz wie von Mücken leer gesaugte Mumien umherwandeln, weiß der Pädagoge: Das wird eine Klassenfahrt Stufe 3. Jetzt heißt es Augen zu und durch.

Abendessen in Absurdistan

Unsere Dogge Adenauer hustete würgend einen Haufen Tortellini auf den Perserteppich, während vor dem Fenster ein Gewitter aufzog. Ashley schaute genauso betreten drein wie ich. Langsam zweifelte ich daran, dass es eine gute Idee gewesen war, sie zum Abschied zu uns nach Hause zum Abendessen einzuladen. Bisher lief es eher mittelmäßig. Mittelmäßig in dem Sinne, dass der worst case ein Dinner bei Idi Amin war, bei dem es zum Hauptgang Menschenherz in Soße gab. Es war der letzte Abend des Schüleraustauschs, und morgen früh würde Ashley schon wieder in einem ratternden Reisebus Richtung Hastings sitzen.

Dabei hatte der Abend eigentlich gar nicht so schlecht begonnen, denn als wir das Haus betraten, frönten meine Eltern gerade ihrem einzigen Laster, dem Privatfernsehen. Genauer gesagt: dem knuffigen Oberlehrer der Nation Günther Jauch und seinen meist grenzdebilen Gästen bei »Wer wird Millionär«. Eine angemessene Begrüßung war also nicht zu erwarten, stattdessen ließ sich nur ein schmales Kichern vernehmen, unter der geschlossenen Tür des Wohnzimmers drang ein fahler Lichtschimmer hervor.

Ich öffnete die Tür, meine Eltern saßen auf der Wohnzimmercouch, die meist als Bett für unsere absurd großen Hunde diente, Adenauer hockte zwischen ihnen und atmete eine Spuckeblase zwischen seine Lefzen. Meine Eltern starrten wie gebannt auf den Fernseher, meine Mutter schlug lächelnd die Hände zusammen, während mein Vater mit gekräuselter Stirn durch seine Lesebrille Richtung Bildschirm lugte.

»So ein dummes Huhn«, knurrte er und griff blind zur Kaffeetasse, die auf einem kleinen Tablett neben ihm stand.

»Ja, aber Herr Jaaaauch, hihihi«, plärrte da eine dicke Frau mit Dauerwelle und Knollennase aus dem Fernseher, gurgelnd vor Begeisterung griff sie nach ihrem Maskottchen, einem goldenen Delfin, der an einer Kette von ihrem Handgelenk baumelte.

»'n Aaaabend«, versuchte ich erneut das Begrüßungsritual zu starten, aber meine Eltern waren in 60 Minuten hochwertigen Privatfernsehens gefangen, selbst der Hund hatte es sich unter der wohligen *RTL*-Käseglocke gemütlich gemacht.

»Ah, ›Wer wird Millionär‹?«, fragte ich jenseits aller Doofheit ins Offensichtliche, nur um irgendeine Reaktion zu provozieren, schließlich hatte ich, wie angekündigt, meine erste Freundin (!) mitgebracht.

»Das ist so ein dummes Huhn, unmöglich, schau dir das mal an«, zeterte mein Vater und deutete vorwurfsvoll auf den Fernseher, als hätte ich die ahnungslose Kandidatin da selbst hingesetzt. »Hallo, Schatz«, knuddelte mich meine Mutter und drückte mir einen Schmatzer auf, während eines ihrer Augen wie fest getackert an der Mattscheibe kleben blieb, auf der Sabine Hubermöller, eine Sekretärin aus Passau, gerade mit völliger Ahnungslosigkeit im Trüben fischte.

»Also Robert, wenn die das schafft, musst du dich da auch mal bewerben«, stichelte meine Mutter, die genau wusste, dass mein Vater mit seiner ironisch-kühlen Art jeden Talkmaster in Grund und Boden schweigen würde.

Erst als sich die nächste Werbepause ankündigte, lösten sie ihre Blicke vom Fernseher – und husteten kurz, als sie Ashley erblickten.

Meine Eltern, die es schon als »flippig« empfanden, im Sommer kurze Hosen zu tragen, schauten meine erste Freundin an, als käme sie von einem anderen Planeten. Der Abstand zwischen England und Deutschland betrug in diesem Fall nicht nur einen Ozean, sondern sogar mehrere Sonnensysteme. Auch Taylor war ab morgen wieder weg, allerdings hielt sich meine Trauer über diese Tatsache stark in Grenzen, immerhin konnte ich dann wieder in meinem eigenen Bett schlafen.

Ashley hatte im kosmetischen Bereich wirklich etwas übertrieben, denn sie war stärker geschminkt als eine Busladung voller Drag Queens. Ihre Haut war kalkweiß, unter dem rechten Auge funkelten ein paar schwarze Tränen, der rote Lippenstift war verschmiert und machte den Eindruck, als hätte sie eben noch einen frischen Eimer Schweineblut getrunken.

»Ich glaub, sie hat da ein Aua«, fasste meine Oma ihre Verwunderung über das Aussehen meiner Freundin beim anschließenden Abendessen in eine dadaistische Wortstafette und fuchtelte mit ihrer Serviette in Ashleys Gesicht herum.

»Lass das, Oma, das ist Schminke«, sagte ich und schob ihre Hand beiseite, bevor sie das Gesicht meiner Freundin zu einem Jackson Pollock würdigen Farbbrei verrührte. Meine Oma schaute Ashley verwundert an und begann dann, sich zu bekreuzigen. Sonst verlief das Tischgespräch eher schleppend, als wäre Darth

Vader bei den Amish eingeladen. Meine Mutter hatte gekocht, Tortellini mit Schinken. Ashley war Vegetarierin und knabberte zaghaft die Außenseiten der Nudeln ab. Eigentlich hatte ich sie während ihres ganzen Aufenthalts noch nicht essen sehen, vielleicht ernährte sie sich von Schwermut – wir hatten bereits entdeckt, dass der Hauptmoment unserer Anziehung auf der generellen Ablehnung von allem basierte.

Der hormonelle Ausnahmezustand in unseren Gehirnen hatte sogar die Sprachbarriere aufgeweicht, und so hatte ich trotz meines mangelhaften Englischs die zwei schönsten Wochen meines bisherigen Menschseins erlebt. Eine Freundin zu haben hatte den Kompass meines Lebens irgendwie eingenordet. Jetzt verstand ich auch, warum Knutschflecke so einen hohen Stellenwert bei Teenagern einnahmen, Ashley und ich sahen mittlerweile aus, als würden wir unter einem späten Ausbruch der Röteln leiden, so sehr hatten wir die Haut des anderen zersiebt. Der Knutschfleck war eine Art offizielle Verpfändung des Herzens, der Kuckuck unserer Generation. Ashley hielt unter dem Tisch heimlich meine Hand, die Fremdheit der Situation war für sie sicherlich nicht leicht.

Als meine Eltern auch noch krampfhaft versuchten, Konversation zu machen, wurde das Ganze für Ashley nur noch schlimmer.

»Do you like KISS?«, fragte mein Vater und durchbrach damit die Stille, die bleischwer über dem Esstisch lag.

»Excuse me?«, flüsterte Ashley unsicher, die Frage war nicht so anzüglich gemeint, wie sie wohl geklungen hatte.

»The Band … KISS, you know?«, half er nach, wahrscheinlich glaubte er, dass die kosmetische Ähnlichkeit zwischen meiner ersten Freundin und der amerikanischen Partykapelle absichtlich war. Ich vergrub mein Gesicht in meinen Händen, das war schlimmer, als seine Physiklehrerin am FKK-Strand zu treffen.

Ashley schaute immer noch unsicher. Für jemanden, der Gothic mochte und zur Beruhigung Slayer hörte, war KISS eine Todsünde. Eine Band, die alles, wofür Gegenkultur stand, in Zuckerwatte getaucht und mit amerikanischer Oberflächlichkeit erstickt hatte. Sie schüttelte fast unmerklich den Kopf und suchte meinen Blick. Mein Vater stand begeistert auf und hechtete in seinen Keller, subtile Signale waren in meiner Familie fehl am Platz.

»And you and Taylor are friends at school?«, fragte meine Mutter zielsicher Fettnäpfchen Nummer eins von der langen Liste möglicher verbaler Verfehlungen ab. Schon ein kurzer Blick auf die Platzwahl hätte zur Beantwortung dieser Frage eigentlich gereicht, denn Taylor und Ashley saßen auf gegenüberliegenden Seiten des Tisches und würdigten sich keines Blickes. Auch die Begrüßung, als sie unser Esszimmer betreten hatte, war mit einem Grunzen aufseiten Taylors eher schmal ausgefallen. Zwischen einem Mädchen im Gothic-Outfit, das in seiner Freizeit todessehnsüchtige Haikus schrieb, und einem Spitzensportler, der einen Großteil des Tages auf die Ausbildung seines Trizepses verwendete, gab es keine Anknüpfungspunkte, die das Wort »Friends« ermöglichten. Genauso wenig wie zwischen Taylor und mir, der glatzköpfigen Knackwurst. Weder Taylor noch Ashley antworteten auf die Frage, und so schaute meine Mutter wieder auf ihr Essen. Es war so still, man hätte einen Maulwurf im Vorgarten furzen hören können. Nun konnte es nicht mehr peinlicher werden, dachte ich ... und irrte mich.

Denn plötzlich kehrte mein Vater mit einer Schallplatte unter dem Arm zurück, und noch bevor jemand einen Sprengstoffgürtel zünden konnte, dröhnten schon die ersten Akkorde eines »KISS – Best of« aus den Boxen in unser Wohnzimmer.

»Rooobert!«, brüllte meine Mutter wie ein Feueralarm den Namen meines Vaters über den Esstisch. Der wiederum machte mit gebeugten Knien vor dem Tisch Tanzbewegungen und faselte irgendetwas von »Wir waren auch mal rockig«. Es ist ein Naturgesetz, dass alle Teenager ihre Eltern peinlich finden, in diesem Fall brauchte man aber keine Naturwissenschaft, um zu erklären, warum ich vor Scham fast im Stuhl versank.

Das Abendessen war damit wohl endgültig beendet, meine Eltern hatten das Dessert durch einen Kessel bunter Peinlichkeiten ersetzt, es fehlte nur noch, dass mein Vater zu »Macarena« strippte. Ich nickte Ashley zu, meine Augen sendeten ein unmissverständliches Signal des Aufbruchs, der Zeitpunkt des Abschieds war gekommen. Sie stand auf, verbeugte sich vor meinen Eltern, die immer noch in einem Dialog zwischen Brüllen und Tanzen gefangen waren, und ging mit mir zur Haustür.

»I'm so sorry«, kramte ich eine englische Floskel hervor, doch sie sah mich nur ungläubig an.

»For what?«, fragte sie arglos und streichelte mir über die Glatze.

Wenn ihr der heutige Abend keine Zweifel an der Zurechnungsfähigkeit meiner Familie beschert hatte, herrschte ab sofort Narrenfreiheit, dann konnten meine Eltern in Zukunft auch mit der Kalaschnikow das Licht ausmachen und die ganze Zeit rückwärtsgehen.

Schließlich besannen wir uns auf die Völkerverständigung, die wir auf diesem Schüleraustausch gelernt hatten, und knutschten wieder wie die Elche, während im Hintergrund KISS ihren größten Smash-Hit »I was made for loving you« plärrten. Sechs lange Monate noch, dann würden wir uns wiedersehen.

Der Bus, der die englischen Schüler vor zwei Wochen auf unserem Schulhof abgeladen hatte, saugte sie nun auch wieder ein. Einer nach dem anderen verschwand in der Türöffnung und tauchte dann wild winkend hinter der Zweifachverglasung wieder auf. Der Herbstwind schob die Gastfamilien zu einem Haufen Menschen zusammen, und während mein Vater murrend seinen Schal enger zog, schniefte meine Mutter in ein Taschentuch, was wohl nicht unwesentlich dem Abschied von Taylor, meiner Nemesis und ihrem Lieblingsgast, zuzuschreiben war.

Mir war auch zum Heulen, was aber bestimmt nicht an Taylor lag, sondern vielmehr an dem Mädchengesicht, das sich schluchzend in meine Brust drückte und dabei einen hartkantigen Abdruck seiner Schminke auf mir hinterließ. Ashley war meine ganz große Liebe, so jedenfalls hatten sich mein Herz und mein Gehirn geeinigt, und demzufolge war ihr Abschied eine Katastrophe für mich. Auch wenn wir es in den letzten zwei Wochen geschafft hatten, Dialoge aufgrund der Sprachbarriere erfolgreich durch Zungenpantomime zu ersetzen, war ein Band zwischen uns entstanden, das bald durch eine riesige Landmasse und einen Ozean zerschnitten werden sollte. Die genaue Entfernung war egal, man hätte

Ashley statt nach England auch auf den Mars schießen können, in unserer Verbindung, die doch sehr stark auf Haptik aufbaute, war sie so oder so ab sofort unerreichbar.

Bevor er in den Bus stieg, verbeugte sich Taylor in ebenso weltmännischer Manier vor meinen Eltern, wie er es schon zur Begrüßung getan hatte, und schüttelte erst meinem Vater die Hand, bevor er meiner Mutter einen Handkuss gab. Mir dagegen warf er nur einen kurzen, abschätzigen Blick zu, der die komplette Botschaft »Warte nur, Bielendorfer, wenn du in sechs Monaten in England vor meiner Tür stehst, mach ich nicht auf« enthielt.

Sechs Monate! In kosmischen Zusammenhängen nicht mal ein Wimpernschlag, aus der Sicht verliebter Teenager aber eine Ewigkeit, hämmerte es synchron mit Ashleys Zunge durch meinen Kopf, während meine Eltern und Taylor sich schamvoll von uns Frischverliebten abwendeten.

»I will miss you so much«, radebrechte ich mein Denglish, die Nachricht war aber wohl angekommen, denn eine echte Träne rann über Ashleys Gesicht und verschmierte die unechten, aufgemalten Tränen der reizenden Gothin.

»C'mon, kids, let's go«, gab Ashleys Lehrer das Signal zum Aufbruch. Ich klammerte mich an Ashley wie ein Koala an den letzten Eukalyptusbaum, bis mich letztlich die Hand meines Vaters von ihr löste. Er legte seinen Arm um mich und brummte ein verständnisvolles »Junge, komm schon« in mein Ohr. Ashley glitt langsam aus meiner Umarmung und schwebte wie in Zeitlupe rückwärts Richtung Bustür. Ashley war wie ein Blinzeln in ein anderes Leben gewesen, ein Sekundenbruchteile dauernder Ausflug in ein Leben, in dem ich nicht nur ein dickes Lehrerkind, sondern ein ganz normaler Junge war.

Nun war Ashley nur noch eines der Gesichter aus dem Businneren, ihr Atem beschlug an der Glasscheibe, wir winkten uns wortlos zu. Die Hand meines Vaters lag noch immer auf meiner Schulter, als der Busmotor röchelnd ansprang und der Auspuff schwarzen Qualm über den Schulhof spuckte. Ich konnte nicht anders und lief dem Bus nach – gerne würde ich erzählen, dass es, wie aus dem Kino bekannt, in Zeitlupe geschah, begleitet und getragen von schwerer Streichmusik. Doch statt eines Orchesters begleitete meinen Lauf nur das seelenlose Röhren des Busmotors, statt stilisierter Ästhetik in Schwarz-Weiß lief ich mit hochrotem Kopf an der Busseite entlang und klopfte, sinnlose Worte brabbelnd, gegen das Metall, bis ich, Gesicht voraus, im Matsch landete.

Plötzlich sah ich Taylors hämisches Grinsen neben Ashley auftauchen, er hatte sich für den Abschied eine besonders liebevolle Geste ausgesucht: Sein ausgefahrener Mittelfinger wurde in dem sich entfernenden Busfenster nur langsam kleiner. Gut, dass ich mir zum Abschied etwas Schönes hatte einfallen lassen und ihm als kleines Souvenir die Überreste meiner verlausten Haare in den Koffer gestreut hatte.

Triumphierend streckte ich meine Faust in die Höhe, es fühlte sich wie ein kleiner Sieg in einer großen Pfütze aus Leben an.

Der Klub der doofen Dichter

Ashley, Ashley, Ashley, dachte ich, als ich den Umschlag aufriss.

Endlich Antwort, drei Wochen hatte ich gewartet, und nun lächelte mich unterhalb der rotblauen Luftpostumrahmung die Queen würdevoll an. Hastig kippte ich den Inhalt auf meinen Schreibtisch.

Aus dem Umschlag glitten zwei Papierschnipsel und ein Brief, den ich sofort wiedererkannte. Es war derselbe, den ich ihr vor drei Wochen zugeschickt hatte. Das Schreiben lag vorwurfsvoll und unkommentiert auf meinem Tisch. Jedoch brauchte es auch nicht vieler Worte, um zu erkennen, dass meine Karriere als Liebesbriefschreiber ein jähes Ende gefunden hatte. Dafür reichte das Foto als Botschaft. Die mitgelieferten Papierschnipsel waren nämlich die Überreste eines Polaroids, das ich Ashley vor unserem Abschied geschenkt hatte. Auf der einen Seite des zerrissenen Bildes grinste ich dümmlich unter meinem Jägermeisterhut hervor, auf der anderen Seite lächelte Ashley mir weißgesichtig zu. Obwohl das als Botschaft schon recht deutlich war, hatte sie zum tieferen Verständnis noch ein »Fuck off« mit rotem Lippenstift quer über meinen Brief gekritzelt.

Was war hier schiefgelaufen? Reichte es nicht, dass ich in den letzten Wochen jede Minute damit verbracht hatte, an Ashley zu denken? Meine Eltern dachten schon, ich hätte mir beim Knutschen einen kapitalen Hirnschaden zugezogen, da ich auf jede Frage nur noch mit einem dösigen Grinsen und einem gehechelten »Jap« antwortete, mein Vokabular war auf simpelste Kommandos zusammengeschrumpft.

Ich hatte alles richtig machen wollen, meine Gefühle für Ashley in der reinsten Form zu destillieren, die die Sprache hergab, nichts anderes als wahre Lyrik war mein Ziel. Doch irgendwas schien bei Ashley falsch angekommen zu sein. Natürlich war das Versmaß meiner Liebesbotschaft nicht ganz sauber, und auch am dreihebigen Jambus war ich gescheitert, aber dafür reimte sich alles schön und war mit ausreichend Romantik zugekleistert, sodass ein Mädchenherz dabei eigentlich warm aufschäumen sollte.

Geschäumt hatte sie tatsächlich, mit den Worten »Fuck off« hatte ich dabei allerdings nicht gerechnet, als ich mein Liebesgedicht abschickte.

Etwas hilflos hielt ich die Reste meiner ersten Liebe in der Hand und überlegte, ob ich Ashley einfach anrufen sollte. Was aber sollte ich ihr mit meinem Mittelstufenenglisch erzählen, was ich in meinem Brief nicht schon viel eloquenter beschworen hatte? Ein erneuter Brief würde zu lange brauchen, wenn ich noch etwas retten wollte, musste ich gleich handeln.

Auch wenn meine Eltern Computer strikt ablehnten, hatte ich mir vor einiger Zeit eine E-Mail-Adresse zugelegt. Als ich meinen Vater zu Weihnachten darum bat, einen Computer anzuschaffen, um dieses Internet auch mal von zu Hause aus nutzen zu können, lehnte er mit den Worten ab: »Der Bildschirm der Schreibmaschine ist das weiße Blatt Papier, Bastian. Und dieser neumodische Quatsch kann das Briefeschreiben nicht ersetzen und wird es auch nie.«

Also radelte ich in die Schule, wo es seit einer Finanzspritze des Schulministeriums sogar einen Computerraum gab, der frei zugängliches Internet bot.

Als ich mich unter den strengen Augen des Aufsichtslehrers Herrn Rottner einloggte, war mein Mut schon wieder geschwunden. Was sollte ich ihr nur schreiben? Und was hatte ich da eigentlich schon geschrieben? Eines dieser Online-Übersetzungsprogramme könnte mir zumindest auf diese Frage eine Antwort geben, also gab ich den Text Wort für Wort in das betreffende Feld ein.

I like your spots
Wherever it rocks

I love your wimps
Whenever you blink

I must confess
I wear a dress
Of joy and happiness

Let me be the undertaker of your love
Let's become gay of caress

Eigentlich echt gut, gratulierte ich mir nochmals zu den schönen Zeilen, die ich mir zuerst auf Deutsch ausgedacht und dann sinngemäß übersetzt hatte.

Doch das Resultat des Übersetzungsprogramms stimmte nicht ganz mit meinem Ausgangstext überein. Na ja, eigentlich überhaupt nicht. Vielmehr stellte sich nun eher die Frage, welcher meiner Verse bei Ashley wohl keine Irritationen hervorgerufen hatte. Denn da war sie nun, die Erklärung für das prägnante »Fuck off« meines britischen Augensterns:

Ich mag deine Pickel
Überall dort, wo es rockt

Ich liebe deine Weicheier
Wenn du blinkst

Ich muss gestehen,
Ich trage ein Kleid
Von Freude und Glück

Lass' mich der Bestatter deiner Liebe sein
Lass' dich homosexuell Liebkosung

Gut, Ashley hielt mich jetzt für eine notgeile, wild gewordene Dragqueen mit Wortfindungsstörungen. Konnte sein, dass das nicht gerade die beste Basis für unsere Beziehung war. Spontan rann mir eine Träne übers Gesicht. Ich klebte die beiden Hälften des Polaroids wieder aneinander, doch es wollte nicht haften. Das Entlieben war für Ashley ähnlich schnell wie das Verlieben gegangen, bei mir würde es länger dauern, bis ich diesen Rückschlag überwunden hatte, davon war ich überzeugt.

Kermit aus Südost

»Der Wind scheint aus Südost zu kommen, das gibt kein gutes Wetter«, sagte Herr Löser, kniff dabei die Nasenflügel zusammen und schaute in den wolkenverhangenen Himmel. Über uns kreisten ein paar Schwalben und fraßen die letzten Mücken, die der langsam abkühlende Spätsommer noch hervorgebracht hatte. Ich schaute Herrn Löser verständnislos an, denn auch wenn seine meteorologische Voraussage sicherlich gut gemeint war, brachte mich das bei meinem Problem nicht wirklich weiter.

»Und was mache ich jetzt mit meinen Turnsachen?«, fragte ich mit weinerlicher Stimme, doch er schüttelte nur den Kopf und stapfte davon – er war wohl nur zur Wetterprognose an der Schule angestellt worden.

»Keine Ahnung, geh doch mal zum Direktor«, teilte er mir im Weggehen noch in einem klassischen Fall von Verantwortungsdiffusion mit. Toll, zum Direktor, da hätte ich ja gleich eine Tageszeitung anrufen und sie bitten können, morgen schon mal die Titelseite für die Schlagzeile »Übergewichtiger Schüler stirbt beim Versuch, seinen Sportbeutel vom Fahnenmast zu knoten« zu reservieren. Unter den fett gefressenen Schwalben hing nämlich mein grüner Sportbeutel, auf dem Kermit der Frosch lachend Kniebeugen machte, am

Fahnenmast unserer Schule in acht Meter Höhe. Da kam ich nicht mal mit Bergsteigerausbildung hoch.

Noch sieben Minuten, dann war die große Pause zu Ende, und der schlimmste Teil meines Schultages begann: Sportunterricht bei Herrn Schmitz. Diesem wöchentlichen Ereignis hätte ich sogar ein öffentliches Bad in Mett vorgezogen. Wenn ich bis dahin nicht meinen Sportbeutel zurückhatte, konnte ich mich schon mal darauf vorbereiten, vor versammelter Klasse in Jeans und Pulli Strafliegestützen machen zu dürfen. Okay, eine Liegestütze zur Belustigung von Herrn Schmitz zu machen, bevor mir die Herzklappe abbrach.

Wie war mein Turnbeutel überhaupt da hochgekommen? Ich konnte nur mutmaßen, aber der breit grinsende Mund von Gökhan Mutlu, der ein paar Meter entfernt mit seinen Freunden stand und sich totlachte, gab meinen Vermutungen eindeutig Anlass. Gökhan versteckte eigentlich wöchentlich meinen Turnbeutel, normalerweise war er aber aufgrund seiner naturgegebenen Stirnlappendumpfheit nicht sonderlich kreativ dabei, und ich entnahm schon mit einer gewissen Routine meinen Beutel aus dem Klassenschrank, dem Sportspind oder dem Lehrerpult. Doch diesmal war Gökhan ein wirklicher Geniestreich gelungen.

Nur noch fünf Minuten … ich konnte schon meine schweißgebadete Stirn auf dem Turnhallenboden aufschlagen hören – und all das auch noch unter den Augen von Hanna Sommer, dem neuen Opfer meiner unerwiderten Liebe, das ich nach dem Übelsetzungsdebakel mit Ashley auserwählt hatte. Das Herz eines Teenagers ist wirklich eine Wanderhure.

Es galt zu handeln, die Uhr am ideenlosen Backsteinbau meiner Schule tickte unbarmherzig die Minuten hinunter.

Ich sprang an den weißen Fahnenmast und klemmte die Beine zusammen. Zahllose Male hatten wir uns bei Herrn Schmitz am gezopften Juteseil so in die Höhe ziehen müssen, und ich war jedes Mal grandios gescheitert. Doch diesmal musste es klappen, die Blamage war schon so groß genug, und der einzige Weg, Gökhan und seine mental spröden Freunde sprachlos zu machen, war, diesen verdammten Fahnenmast zu erklimmen. Mit aller Kraft zog ich mich unter bestialischem Keuchen am Fahnenmast hoch, mein Turnbeutel fing an zu verschwimmen, nur sehr langsam wanderte Kermit auf mich zu. Armmuskeln anspannen, Beine um den Fahnenmast klemmen, ziehen. Und noch mal! Mit allen mir zur Verfügung stehenden Kräften zog ich mich am Fahnenmast hoch. Kermit verharrte in seiner nicht enden wollenden Kniebeuge und machte den Anschein, als würde er mich mit seinen spindeldürren Ärmchen anfeuern und »Quak, quak, Basti Phantasti« rufen … anscheinend bekam mein Hirn nicht mehr genug Sauerstoff. Nur noch wenige Zentimeter, ich streckte prustend meinen Arm aus, gleich würde ich nach dem Turnbeutel greifen können.

Doch dann knackste der Fahnenmast verräterisch, massiver Stahl, der konnte selbst unter meinem Gewicht nicht einknicken, dachte ich. Und ich hatte recht, denn es war nicht der Fahnenmast, der so geknackst hatte. Es war meine Hose, sie hatte aufgegeben, noch bevor ich es konnte, und sogleich glitt ich, während mir mein Arsch wie ein fleischfarbener Ballon vorauseilte, mit einem Quietschen zu Boden.

»Ey, Bielendorfer, mach uns das Sparschwein«, brüllte mir Gökhan Mutlu zu, während ich nach den

Überresten meiner Hose und meiner Würde tastete und versuchte, nicht auf den Boden zu knallen.

Als ich unten ankam, sah ich, dass Patrick Bergmann dort auf mich wartete. Patrick hatte die Schule gewechselt und war erst vor einer Woche in unsere Klasse gekommen. Er hatte bisher mit niemandem gesprochen, schaute meist recht unbeteiligt, und wir alle waren neidisch auf den Bartschatten, der das Grübchen an seinem Kinn umwucherte, das wie eine verblasste Narbe aussah. Er trug die ganze Zeit eine Mütze, die er selbst nach Aufforderung unseres Klassenlehrers nicht absetzte, was ihm schon mehrere Ermahnungen eingebracht hatte, die er mit einem Schulterzucken hinnahm.

Was konnte er wollen, vielleicht ein Fünfmarkstück einwerfen oder mir den Rest meiner Hose vom Körper reißen? Als ich mich endlich aufrappelte und spürte, wie ein kalter Wind durch das Loch in meiner Hose pfiff, schaute mich Patrick ausdruckslos an. Dann nickte er, trat gegen den Fahnenmast, woraufhin eine kleine Klappe in Kniehöhe aufsprang. Er bückte sich, fummelte den Seilzug heraus und zog an der Schnur, die sich im Inneren des Fahnenmasts nach oben bewegte. Langsam glitt mein Sportzeug herab und landete direkt in meinen Armen.

»Danke«, stotterte ich und schaute auf meinen Turnbeutel. Mir blieb noch eine Minute bis zum Sportunterricht. Patrick nickte nur müde, in sein Gesicht hatte sich eine Gelassenheit gebrannt, die mir schon fast unheimlich war.

Dann löste sich Gökhan aus seiner Gruppe und ging auf uns zu. Er schien nicht gerade zufrieden damit zu sein, dass ich meinen Turnbeutel wieder in den Händen hielt.

»Ey, du Spacko, was soll das …«, brüllte er Patrick an und baute sich vor ihm auf.

Klatsch, da lag Gökhan schon auf dem kalten Zement, Patrick hatte seine Faust wie eine Gewehrkugel durch die Luft schnellen lassen, Gökhan direkt auf die Nase getroffen und ihn glatt von den Füßen katapultiert.

»Lass ihn in Ruhe, klar?«, fragte Patrick rhetorisch, und Gökhan nickte.

Ich stand wortlos da, während sich Patrick stumm umdrehte und Richtung Sporthalle ging. Ich ging in seinem Windschatten und spürte, dass heute etwas Besonderes geschehen war.

Ich hatte einen Freund und Gökhan Mutlu einen Feind gewonnen.

Die Transformation

»Spring doch, Schwuli, spring!«, brüllte Gökhan, während mir die Knie schlotterten.

Patricks Knock-out am Fahnenmast hatte Gökhan leider nur vorübergehend ausgeschaltet, denn schon am nächsten Morgen war er noch bösartiger zurückgekehrt – mein Jüngster Tag machte anscheinend Überstunden. Gökhans Rache für die gestrige Aktion entlud sich nun, gut abgehangen, mit zweifacher Kraft. Schon als ich morgens den ersten Schritt auf den Schulhof setzte, begleitete mich ein lang gezogenes »Schwuuuuuli« wie der Balzgesang eines homophoben Papageis.

Gökhan hatte mein Verhältnis zu Patrick kreativ uminterpretiert – in seiner von eigenartigen Gesten der

Maskulinität durchsetzten Welt war »schwul« wohl die schlimmste Beleidigung – gleich nach »schlau«. Allerdings war davon auszugehen, dass Gökhan von »schwul« eine ähnlich verschwommene Vorstellung hatte wie der Rest von uns geistig und körperlich unfertigen Teenagern, die eigentlich schon beim Gedanken an Sex rot anliefen.

Während ich sonst versuchte, Gökhans gut gemeinte Ratschläge zu ignorieren, die mir entgegenschallten, sobald ich dem Lehrer-Passat meines Vaters entstieg, war mir das nach dem gestrigen Vorfall heute irgendwie nicht gelungen. Doch das Resultat meines irrtümlich erstarkten Selbstvertrauens ließ mich sofort an der Richtigkeit dieses Zwergenaufstands zweifeln.

Denn was hatte ich mir nur jetzt schon wieder eingebrockt? Mit schlotternden Knien stand ich auf dem Dach eines Transformatorhäuschens, der Herbstwind zerrte an meiner Hose, meine Schuhspitzen waren wie festzementiert an der grauen Betonkante, ein Schritt weiter, und ich landete im blanken Nichts.

»Spring schon, Homo!«, skandierte Gökhan abermals und klatschte Beifall heischend in die Hände, um seine Freunde zum Mitmobben zu animieren. Die städtische Tristesse Gelsenkirchens bot dem Auge kaum Futter, um von meiner misslichen Lage hoch oben auf einem Transformatorhäuschen abzulenken. Die grauen Fassaden der Nachkriegsarchitektur waren im besten Fall zweckmäßig, hier wuchsen in der Regel keine Schöngeister auf. Auch unser Schulhof war nicht gerade das Abbild eines reformpädagogischen Selbsterfahrungsortes, er erinnerte mehr an den Freiganghof eines Gefängnisses. Neben dem grünen Maschendrahtzaun, der die lokalen Junkies vor uns

Schülern schützen sollte, stand ein defektes Klettergerüst – und besagtes Transformatorhäuschen, auf dem ich stand und zitterte.

Immer mehr Schüler versammelten sich um den sonst so uninteressanten Klotz, an dessen Seite ein großes Schild mit »Achtung, Lebensgefahr« wenig einladend darauf hinwies, was für eine Schnapsidee es war, dort hinaufzuklettern. Und alles nur wegen einer pastellfarbenen Angoramütze, die meiner großen Liebe Hanna Sommer gehörte.

Gökhan und sein Gefolge waren vor meinem morgendlichen Erscheinen auf dem Schulhof etwas unterbeschäftigt gewesen und hatten sich zu den Mädchen an die Tischtennisplatte gesellt. Da die Mädchen ihnen aber weniger Beachtung schenkten als ihren French-Nails, schnappte sich Gökhan frustriert Hannas Angoramütze und pfefferte sie auf den nächstbesten Baum.

»Schwuuuli, komm schon, hol dir den Lappen«, rief er mir zu und nahm Kurs auf eine alte Linde am Rande des Schulhofs, auf die er das Wollungetüm schließlich hochschleuderte.

Es war naiv zu glauben, dass mit Patricks Auftauchen mein Martyrium in der Schule enden würde, ich musste schon selbst dafür sorgen, mir Respekt zu verschaffen. Die Gelegenheit bot ausgerechnet Gökhan, ich hatte den Schulhof nicht mal zur Hälfte überquert, da stellte er sich mir in den Weg, wie ein haariges Monument der Feindschaft.

»Na, Mädchen, wo ist deine Freundin jetzt?«, spuckte er spöttisch, Patrick war nicht da, sein Bewusstsein für den Begriff »Schulpflicht« schien nur gering ausgeprägt zu sein.

»Wetten, dass du da nicht raufkletterst?«, sagte Gökhan und zeigte auf das unspektakulär wirkende Transformatorhäuschen.

Genau, dachte ich, ich klettere da jetzt hoch und hechte dann in drei Meter Höhe zu dem Baum rüber. Das wäre ja total bescheuert. Nur um so einen haarigen Hanswurst zu beeindrucken. Doch dann dachte ich an Hanna Sommer, das schönste Mädchen unserer Schule. Hanna hatte eine Anmut, die andere Mädchen hilflos zu kopieren versuchten, jede ihrer Bewegungen war seiden. Auch wenn ich vor Kurzem noch über alle Maßen in Ashley verliebt gewesen war, hatte sich schon wieder genug hormonelle Verwirrung aufgestaut, um für Hanna zu schwärmen.

Das Transformatorhäuschen befand sich direkt neben dem Baum und war vielleicht drei Meter hoch, eine Zahl, die sich in der subjektiven Wahrnehmung vervielfachte, als ich schließlich doch die Sprossen der Notleiter an der Rückseite hochkletterte. Jetzt stand ich in der kühlen Herbstsonne, der Schulhof miniaturisierte sich, ich konnte die gestreckten Hälse meiner Klassenkameraden sehen, die zu mir heraufschauten. Selbst in der gegenüberliegenden Fensterwand unseres Schulgebäudes konnte ich immer zahlreicher werdende Gesichter erkennen. Die Schulhofaufsicht war nirgendwo zu finden, wahrscheinlich suchte Herr Löser irgendwo nach den Überresten seines Engagements.

Um an die Mütze zu kommen, musste ich einen scheinbar unüberwindbaren Abgrund überwinden. Vor dem Genickbruch bewahren konnte mich bei einem Absturz nur ein goldgelber Laubhaufen unter dem Baum, pflichtbewusst zusammengekehrt von einer Gruppe zu Sozialstunden Verurteilter, die alle paar Tage ambitionslos den Schulhof säuberten.

»Schwuuuli, spring doch, Schwuuuli«, grölte Gökhan abermals, die Möglichkeit ignorierend, dass ich am Ende als Pflegefall auf dem Beton aufkam. Plötzlich tauchte an der Fensterfront der Aula ein weiteres vertrautes Gesicht auf, hinter der Zweifachverglasung waren die Züge meines Vaters zu erkennen, der mich strafend anschaute. Allein sein Blick reichte aus, um telepathisch folgenden Dialog mit ihm auszutauschen: »Sohn, du bist doch wohl bescheuert, da kannst du nicht rüberspringen.«

»Ich muss aber, Papa, sonst werde ich diesen geistigen Tiefflieger nie los.«

»Das wird nichts ändern, außer vielleicht, dass deine Mutter und ich uns einen neuen Sohn suchen müssen. Vergiss nicht, wir sind noch im zeugungsfähigen Alter. Alles ist möglich.«

»Ihr versteht das nicht, ihr wisst nicht, wie es ist, jeden Tag gepiesackt zu werden.«

»Nein, können wir auch nicht wissen ... Letztlich sind wir nämlich nur die strafende Stimme in deinem Kopf, die du dir einbildest.«

»Aha.«

Das war's dann also mit meinem Heldenmut. Ein böser Blick meines Vaters reichte, um mich auf meine angestammte Rolle im Humus der Nahrungskette zu verweisen. Unter dem tosenden Gegröle von Gökhan und seinen Freunden stieg ich die Leiter wieder hinab, jede Sprosse fühlte sich wie eine zusätzliche Niederlage an. Verloren. Schon wieder. Gerade als ich wieder Bodenkontakt hatte, fühlte ich eine Hand auf meiner Schulter, so schnell konnte selbst mein Vater nicht von der Aula zum Transformatorhäuschen gerannt sein.

»Lass ma vorbei«, sagte Patrick und zog sich an der Leiter hoch wie ein Hochseilartist. Eigenartigerweise fühlte ich mich beim Anblick Patricks nicht feige, sondern stolz. Gökhan war verstummt, auch die anderen Schüler hielten den Atem an, für einen kurzen Augenblick schienen selbst die paar an den Bäumen verbliebenen Blätter stillzuhalten. Patrick ging die paar Schritte über den Kiesbelag auf dem Dach des Häuschens und machte dann einen Ausfallschritt dem Abgrund entgegen, als würde er einfach weiterlaufen. Er schnappte sich im Vorbeisegeln die Mütze und fiel geräuschlos herunter. Mit dem Hosenboden zuerst kam er auf dem darunterliegenden Laubhaufen auf und stand innerhalb eines Augenblicks wieder neben mir, als wäre nichts geschehen. Dann strich er sich das feuchte Herbstlaub von der Hose, drückte mir Hannas Mütze in die Hand und ging schnurstracks auf Gökhan Mutlu zu. Noch bevor dieser ein Wort sagen konnte, fragte Patrick schmallippig: »Okay, so?« und haute Gökhan zum zweiten Mal in zwei Tagen aus den Stiefeln, sodass er weitaus unsanfter auf dem Schulhofboden landete als Patrick.

Unter den weit aufgerissenen Augen der gesamten Schule gingen wir nebeneinander durch die grüne Haupteingangstür, nun war ich mir endgültig sicher, wir waren Freunde.

Ein Klassenfahrtreiseführer

Klassenfahrten sind verregnet, lebensgefährlich und ein unausweichliches Ereignis jeder Schülerkarriere. Wenn man also schon Hunderte Euro dafür ausgibt, dass man selbst oder das eigene Kind danach einen Psychotherapeuten oder einen Exorzisten braucht, sollte man wenigstens das Ziel sorgfältig auswählen. Sei es die besondere kulturelle Güte des Reiseorts, die möglichst kostengünstigen Unterbringungsmöglichkeiten oder einfach, weil die Lehrer schon immer mal davon geträumt haben, von französischen Jugendlichen überfallen zu werden – es gibt eine Vielzahl attraktiver Gründe, die für ein bestimmtes Reiseziel sprechen.

London

++

Attraktionen

London ist mit kulturellen Höhepunkten so vollgestopft, dass es für eine Unzahl an Klassenfahrten reichen würde. Die nötige Ehrfurcht vor den Kulturschätzen der Insel fehlt den jugendlichen Besuchern allerdings oft, weshalb Wiederholungen meist durch Einreiseverbote erschwert werden. Vorher sollte man sich folgende Höhepunkte aber nicht entgehen lassen:

Der Wachwechsel der Beefeater

»Walla, was'n das für Biber?«, ist meist der erste Kommentar, den ein historisch interessierter Englischlehrer von seinen Schülern zu hören bekommt, wenn diese die traditionelle Uniform der Leibgarde sehen. Die Eliteeinheit der Beefeater, die nicht so genannt wird, weil sie kleine Kinder frisst (obwohl sie wahrscheinlich auch dafür vorbereitet wäre), wurde selbst in Mangelzeiten mit hochwertigem »Beef« versorgt, um ihre Kampfstärke zu erhalten. Die Soldaten bewachen unter anderem den Buckingham-Palast und führen mehrmals am Tag zu festgelegten Zeiten den Wachwechsel durch.

»Guckma, da tanzen se, die schwatten Tampons«, ist noch das Netteste, was den meisten Schülern bei der Beschau der Kopfbedeckungen der Beefeater einfällt, deren Kampftauglichkeit mit diesen Fellpuscheln wirklich anzuzweifeln ist. Ebenso gerne werden entwürdigende Erinnerungsfotos neben den Wachkabinen der Soldaten gemacht, die zu völliger Regungslosigkeit verpflichtet sind.

Tipp an alle Lehrer: Vermeiden Sie diesen Tagesordnungspunkt einfach! Es ist UNMÖGLICH, mit einem Haufen Halbstarker Erinnerungsfotos zu schießen, für die man früher nicht mit einer sofortigen Verbringung in die Katakomben des Towers bestraft worden wäre. Entweder werden dem Soldaten Hasenohren gemacht, sie werden seitlich angebumst, oder einer der Schüler wagt es schlussendlich, dem Beefeater den Hut zu stehlen. Vorsicht, die Männer sehen zwar aus, als hätten sie sich verrückte Hutmacher auf einem LSD-Trip ausgedacht, aber unter der schwarzen Bommelmütze sitzt im Zweifelsfall ein schwer bewaffneter Elitekämpfer, dem irgendwann, nach Monaten in Regen und Sturm, vielleicht auch mal der Geduldsfaden reißt. Dementsprechend sei jedem Pädagogen geraten, unter den Schülern vorher schusssichere Westen zu verteilen, man sollte auf jede Situation vorbereitet sein.

Big Ben

Fälschlicherweise herrscht der Irrglaube vor, dass es sich beim Big Ben um den weltbekannten Glockenturm am Palace of Westminster handelt, jedoch ist damit die schwerste der fünf Hauptglocken gemeint, die 13,5 Tonnen wiegt und damit so schwer wie vier ausgewachsene Elefanten ist. Dabei ist die im Turm befindliche Glocke bereits die zweite, da die erste bei ihrer Generalprobe zerbrach und eingeschmolzen werden musste. Dieser Umstand sowie die Tatsache, dass der Glockenturm im Jahr 2012 anlässlich des sechzigsten Thronjubiläums der Queen in Elizabeth Tower umbenannt wurde, ist aus Sicht der Schüler genau das, was Martin Siekmann mal beim Besichtigen des Turms formulierte:

»Laaangweilig!«

National Gallery

Seit 2001 ist der Zutritt zu allen großen Museen in der Londoner Innenstadt gratis. Allen Bürgern soll so unabhängig von ihrem Einkommen der Zugang zu den Meisterwerken gewährt werden. Pubertierende Mädchen interpretieren diesen ernst gemeinten Kulturauftrag kreativ um, indem sie die Garderobe der National Gallery mit ihren *H&M*-Tüten schmücken, die man dort problemlos bunkern kann, anstatt ein sündhaft teures Schließfach an der Central Station zu mieten. Kulturelle Einrichtungen können so nützlich sein!

Madame Tussauds

Das Wachsfigurenkabinett ist einer der zentralen Besuchermagnete. Auch wenn inzwischen viele Niederlassungen in anderen Großstädten der Welt eröffnet worden sind, ist Madame Tussauds in London immer noch der ursprüngliche, traditionelle Familienbetrieb, den Marie Tussaud im Jahre 1823 eröffnet hat. Gut, bis auf die Geisterbahn. Und den Folterkeller. Und die Ticketpreise für Scheichs aus Abu Dhabi. Aber sonst ist wirklich alles beim Alten geblieben.

Auch wenn nur die wenigsten Klassenverbände nach ein paar Tagen in London noch das Budget übrig haben werden, um Madame Tussauds zu besuchen, lohnt es sich wirklich. Allerdings muss man damit rechnen, mehrere Stunden im klassischen Londoner Sommerwetter (auch »Regen« genannt) zu stehen, bevor man die altehrwürdigen Hallen des Kabinetts besuchen darf. Doch währenddessen wird man wenigstens von einem schlecht geschminkten Charlie-Chaplin-Double unterhalten, das spätestens nach zehn Minuten mehr nervt als die Krätze und sich höchstens unter Waffengewalt verscheuchen lässt. Die Wachsfiguren sind größtenteils wirklich meisterhaft, bei manchen der weiblichen Hollywoodstars ist man den wächsernen Look nach einem Putzeimer voll Botox ja ohnehin gewohnt, doch auch für die männlichen Klassenfahrer gibt es eine wilde Auswahl an Actionhelden, die sich hier versammelt haben und direkt im Raum neben der Königsfamilie warten.

Angeblich sollen sich auch schon ausgemusterte D-Prominente als Wachsfigur getarnt und mit einem eigens gebastelten Schild selbst ausgestellt haben, um zumindest noch etwas öffentliche Aufmerksamkeit zu erfahren. Tot stellen und lächeln wäre wenigstens eine Aufgabe, der selbst Lothar Matthäus noch mental gewachsen wäre.

Kosten

London ist astronomisch teuer, da die meisten Restaurants ihre Preise dem nicht enden wollenden Strom an Touristen anpassen. Mit »essen gehen« wird es also nichts, was für die meisten Schüler allerdings nicht weiter schlimm ist, da die englische Küche dem deutschen Gaumen eh völlig fremd ist. Bis auf in Zeitung eingeschlagene Pommes mit frittierten Fischstücken lösen neunzig Prozent der Gerichte spontane Übelkeit aus. Zum Glück gibt es einen interkontinentalen Konsens zwischen allen Schülern, dass es zumindest in jeder Stadt ein »Restaurant« gibt, das immer gleichbleibende Qualität liefert: *McDonald's*. Auch wenn die meisten Gerichte aus Schlachtabfällen und Styropor zusammengerührt werden und die Mitarbeiter weltweit den gleichen grenzsuizidalen Eindruck machen, gibt es für ausgehungerte Schülermägen nichts Besseres als einen Big Mac und eine Jumbopackung Chicken McNuggets. Da neben der Rezeptur auch die Preisgestaltung des Burgerbraters weltweit einheitlich ist, lässt sich für das schmale Budget der

Klassenfahrer die Grundversorgung sehr gut über diese Einrichtung regeln. Dass die Schüler meist adipös, haarlos und ohne Zähne zurückkehren, ist da nur ein zu vernachlässigender Nebeneffekt.

Unterbringung

Die Mietpreise in London sind in den letzten Jahrzehnten derart gestiegen, dass viele Einwohner mittlerweile gezwungen sind, zur Untermiete in einen Kleiderschrank zu ziehen. Für die Klassenfahrt ist es aufgrund der begrenzten Mittel meist nicht möglich, einen Kleiderschrank zu organisieren, deshalb werden kleine Pensionen und Hotels am Stadtrand aufgesucht, die nicht minder eng und stickig sind. Allerdings tragen sie oft besonders euphemistische Namen wie »Majestic Hotel« oder »Hotel Queen Victoria«, wobei Letzteres diesen Namen bekommen hat, weil die Sanitäranlagen unverändert aus der Zeit Königin Victorias übernommen wurden. Meist ist angeraten, sich nach jedem Besuch der mit Teppich ausgelegten Flurtoilette, bei der man sich mit einer Ratte um das Klopapier streiten muss, mit Sagrotan abzuduschen.

Prag

++

Attraktionen

Prag ist nicht umsonst eines der Schmuckstücke des östlichen Europas. Der immer noch intakte mittelalterliche Stadtkern, die alles überragende Prager Burg und das Kafka-Museum sind nur einige der Anziehungspunkte, die internationale Touristen in die tschechische Hauptstadt locken.

Besonders die Geschichte Franz Kafkas, eines der wohl bedeutendsten Literaten des 20. Jahrhunderts und Erstplatzierten bei der Wahl zum depressivsten Seelenwracks des Jahres, hat es vielen Besuchern angetan, das Erforschen menschlicher Abgründe muss touristisch wohl sehr reizvoll sein. Der Besuch in Kafkas Wohnhaus, einem kleinen Verschlag in einer Nebenstraße an der Prager Burg, gehört zum Pflichtprogramm einer jeden Klassenfahrt, auch wenn manche Schüler wegen der bedrückenden Enge schnell ebenso depressionsanfällig und lungenkrank aussehen wie Kafka selbst. Pädagogen seien daher ausdrücklich gewarnt, sich zu lange mit Kafkas rekordverdächtiger Schwermut zu beschäftigen, das würde selbst die immer fröhliche Biene Maja in den Selbstmord treiben. Wenn man die Stimmung der Klassenfahrer also auf den Gefrierpunkt absenken will, reichen ein paar Minuten im Kafka-Museum, und die ersten Teenager stehen kurz vorm Ritzen.

Kosten

Preislich ist Prag das Klassenfahrtparadies unter den europäischen Großstädten. Hier müssen Schüler sich nicht tagelang von Fast-Food und selbst gefangenen Kleintieren ernähren, sondern können jeden Tag mehrmals feste Nahrung zu sich nehmen. Und noch wichtiger: Der Preis für Bölkstoff ist erschreckend niedrig. Ein Bier bekommt man am Tresen bereits für unter einem Euro. Noch bekannter als für den Gerstensaft ist Prag aber für seine weite Verbreitung von Absinthdestillen. Dieses grünliche Gesöff, mit dem sich angeblich bereits Van Gogh die Ohrenschmerzen weggetrunken hat, gibt es hier in jeder Kneipe. In früheren Zeiten soll Absinth durch den hohen Gehalt von Thujon, einem Bestandteil des Wermutöls, sogar halluzinogene Wirkung besessen haben (und sie dachten, Van Gogh wäre kreativ gewesen?), mittlerweile ist es aber in handelsüblichen Mengen unschädlich und genießbar. In nicht handelsüblichen Mengen konsumiert, wie es bei sechzehnjährigen Klassenfahrern zu erwarten ist, die sich nachts aus der Jugendherberge stehlen, um sich in einer nahen Bar abzuschießen, kann das Gebräu trotzdem noch dazu führen, dass man Slayer auf der Blockflöte spielt.

Hier ein kleiner Hinweis für alle Pädagogen, den sie zurate ziehen können, wenn sie sich fragen, ob ihre Schüler zu viel Absinth getrunken haben:

1) Sie lachen im Kafka-Museum. Da gibt es nichts zu lachen.
2) Sie tragen in der U-Bahn Sonnenbrillen, beantworten jede Frage mit »Yeah« und beginnen sich gegenseitig zu lausen.
3) Sie hören freiwillig den Wendler im Reisebus.

Für die Mädchen der Klasse könnte auch ein Hinweis auf Prag als Shopping-Metropole interessanter sein als der organisierte Vollrausch. Zahllose Läden buhlen um die Gunst der Kunden, und große Ketten sind hier natürlich auch ansässig. Das führt unweigerlich dazu, dass die meisten weiblichen Klassenfahrer nach zwei Tagen zwar mit kompletten Garderoben für ihre restlichen Lebensjahre eingedeckt sind, das gesparte Geld aber spätestens wieder am Flughafen loswerden, wenn der Aufschlag für die dreißig Kilogramm schweren Reisekoffer anfällt, die sie beim Check-in aufs Band hieven.

Unterbringung

In Prag muss nicht in antiken Hochbetten mit Gitterrost und einer nach Harzer Roller riechenden Matratze übernachtet werden, vielmehr ist selbst beim geringen Budget der Klassenfahrer echter Luxus finanzierbar. Ein eigenes Bad, in dem anders als sonst keine Ente in der Badewanne schwimmt, und sogar ein Fernseher sind auf den Zimmern zu finden, der natürlich zweckentfremdet wird, um die tschechische Version der »Sexy Sport Clips« von DSF zu empfangen. Statt nackter Frauen beim Darten zeigt die hiesige Version allerdings martialischere Motive, die wohl dem örtlichen Geschmack entsprechen. Besonders hervorgehoben sei hier »Drei nackte Frauen und ein Panzer«, ein wirklich großartiges Stück Filmgeschichte.

Kopenhagen

++

Attraktionen

In Kopenhagen kostet ein Bier im Durchschnitt 6,50 Euro. Hat sich also erledigt.

Unterbringung

Tut nichts zur Sache … 6,50 Euro! Die sind wohl bekloppt!

Kosten

SECHS EURO FÜNFZIG! Da ist ja das Badewasser von Lady Gaga billiger!

Sauerland

+++

Attraktionsfaktor

Ist eine Schule pleite, droht das Sauerland. Das bedeutet Schullandheim, abwaschbare Linoleumfußböden, Jägerhütten, Erbsensuppe.

Das »Erlebnis« besteht hier größtenteils in der Entschleunigung der übernervösen Stadtkinder durch ländliche Gelassenheit. Viele Schüler machen hier aus der Not eine Tugend und helfen sich mit Alkohol über die Trostlosigkeit der Umgebung hinweg, frei nach der Devise »Besoffen sein kann man ja überall«.

Der ereignislose, grüngraue Hort des erzkatholischen Bauerntums, in dem man höchstens gemeinsam im Regen herumstehen kann, mag für viele Schüler einer Parkbank in der Hölle gleichkommen, doch weit gefehlt! Das Sauerland bietet neben seiner landschaftlichen Schönheit (besonders im Winter) einige wirklich bemerkenswerte kulturelle Highlights.

... Also, na ja, es gibt immerhin den Panorama-Park. Beim Panorama-Park weist schon der Name auf den bodenständigen Charakter der Sauerländer hin, die ihre Freizeitparks nicht mit unnötigem Schnickschnack wie »Fantastic« oder »Superduper« betiteln, sondern ihn schlicht »Panorama-Park« nennen, was sich daraus ableitet, dass der Park auf einem Berg liegt und man dementsprechend das ganze Sauerland überblicken kann.

Dem Sauerländer an sich wird eine bodenständige Nüchternheit nachgesagt, die je nach Zeugenbericht von liebenswert bis verschroben reicht. Nein, natürlich stehen nicht alle Sauerländer in Gummistiefeln und blauer Latzhose auf dem Acker herum und sagen, wenn still eine Wolke vorbeizieht: »Aha, 'ne Wolke.« Aber viele.

Natürlich fällt durch den Zielort der Klassenfahrt auf deutschem Hoheitsgebiet der Reiz der Fremde weg, die Sprache ist die gleiche, zumindest vordergründig. Denn vom »Sauerländer Platt« verstehen Zugereiste ähnlich viel, als würden die Einheimischen Klingonisch sprechen. Will man Land und Leute richtig ergründen, lohnt sich daher ein Dolmetscher, der eventuell auch eine Antwort darauf hat, warum der Sauerländer Frischvermählte als »frisch bestattet« bezeichnet.

Kosten

Das Sauerland ist für weniger begüterte Schulen besonders geeignet, die aufgrund von Budgetkürzungen bereits einmal die Woche statt Schulmilch einen Eimer Tapetenkleister verteilen. Der finanzielle Aufwand für die Versorgung vor Ort hält sich in Grenzen, das Essen besteht meist aus deutscher Hausmannskost, wobei besonders die muslimischen Mitschüler einen Großteil der Zeit damit verbringen werden, Kassler und fetten Speck aus der Erbsensuppe zu fischen. Morgens gibt es steinharte Weißmehlbrötchen mit Nutella-Ersatzstoff im Gruppensaal, beschienen vom klinischen Licht flackernder Leuchtstoffröhren. Abends lässt man den Tag dann bei ungesüßtem Hagebuttentee und Cervelatwurst auf Roggenmischbrot ausklingen. Größere Ausflüge sind nicht vorgesehen. Kleinere auch nicht. Eigentlich kann man neben dem Freizeitpark nur die Kartbahn besuchen, was aber oft damit endet, dass eine angetrunkene Clique von Fünfzehnjährigen durch die Wellblechwand brettert und knatternd in der Sumpfwiese verschwindet.

Unterbringung

Hier übernachtet man nicht in der Jugendherberge oder im Hotel, sondern im »Schullandheim«, was zumindest von der Begrifflichkeit her an »Kinderlandverschickung« erinnert. Allerdings sind es hier mehr die Eltern, denen zu Hause ein bis zwei Wochen Erholung von ihren Sprösslingen gegönnt wird, als dass es um die Erholung der Jugendlichen ginge. Wie denn auch, mit sechs Schülern pro Zehnquadratmeterzimmer, ausgestattet mit platzsparenden Hochbetten aus dem Nachlass einer geschlossenen US-Kaserne? Ein Schullandheim kann einfach nicht attraktiv sein. Wenn die Klassenfahrt nach Mallorca Bruce Willis wäre, ist ein Urlaub im Sauerland Rolf Töpperwien.

Trotzdem gilt es auch hier, die kleinen Freuden zu genießen. Morgens wird man von den Paarungsrufen verliebter Kolkraben geweckt (klingt wie ein Maschinengewehr mit Ladehemmung), auf den langläufigen Weiden grasen schon unzählige Hirsche und Rehe (okay, um die Uhrzeit steht kein Schüler freiwillig auf), während am Ende des Ackers ein fleißiger Landwirt die Urlauber freundlich mit dem Gestank von frischer Gülle begrüßt.

Mallorca

++

Attraktionsfaktor

Ja, richtig gelesen, in Zeiten von Billigfliegern sind selbst die Balearen in greifbare Nähe gerückt. Mallorca ist keine zwei Flugstunden entfernt und dementsprechend venenschonender als eine zwanzigstündige Busfahrt in die Toskana, die meist von absurd hohen Verkehrsbußen der Carabinieri gekrönt werden, die ungeahnten Ehrgeiz entwickeln, sobald sie ein deutsches Nummernschild sehen.

Dann doch lieber Schinkenstraße, Ballermann, Oberbayern. Mallorca bietet kulturelle Highlights am laufenden Band, die Schüler werden begeistert sein. Allein um den Geschichtslehrer einmal oberkörperfrei mit Jürgen Drews im Arm »ein Bäääättt im Kornfeld« grölen zu sehen, lohnt sich die Reise.

Auch landschaftlich hat die Insel einiges zu bieten, die zerklüfteten Berghänge, die weitläufigen Pinienwälder und die teilweise spektakulären Klippenformationen laden zum Staunen ein. Allerdings werden nur die wenigsten Klassen diese Naturschauspiele jemals erblicken, da sie längst an einem Zehnlitereimer Sangria erblindet sind.

Natürlich ist auch der Aspekt des Fremdsprachenerwerbs aus pädagogischer Sicht nicht von der Hand zu weisen. Gut, nach zehn Tagen auf Mallorca können die Schüler maximal ein Herrengedeck auf Spanisch bestellen. Dafür sind sie auf ihrer Reise aber einer bunten Wundertüte an Nationalitäten begegnet, haben Grundbegriffe des Schwedischen beim Zungenküssen erworben, sind auf Polnisch beschimpft worden und haben Schweizerdeutsch gelernt, als sie von einer sympathischen Rattenfängerin aus Bern in einen total hippen Club mit megabilligen Cocktails ab zwanzig Euro gezerrt wurden.

Kosten

Der Notarzt ist auch auf Mallorca nicht gratis, am besten stimmt man sich vor der Abreise mit der heimischen Krankenversicherung ab – ein ins Telefon gegröltes »Saaauufen« oder »Hey Baby, I wanna knooooow« lässt den Sachbearbeiter fast schon blind das Antragsformular für die Auslandskrankenversicherung aus der Schublade fingern.

Die Bars und Clubs haben sich preislich inzwischen auf den Touristendrang eingestellt, sodass ein zünftiger Vollrausch nur für die wenigsten Schüler überhaupt zu finanzieren ist. Da kann das Portemonnaie bereits nach einem Eimer Sangria leer sein, und das, obwohl das teure Zeug schmeckt, als hätte Opa Erwin mit den Füßen Pampelmusen zerdrückt.

Bei der Anreise muss man bedenken, dass die Flugzeuge genauso betankt werden, dass sie exakt die Strecke Düsseldorf-Mallorca schaffen, was dazu führt, dass man entweder aus Spritmangel mit vollem Karacho durch einen sonst zu umfliegenden Sturm donnert oder irgendwo in der Walachei notlanden muss. Dementsprechend kann sich die Anreise ein wenig hinziehen, ebenso sind sonstige Annehmlichkeiten, die bei Pauschalreisen sonst üblich sind, in Billigfliegern nicht kostenlos. Getränke oder muffige Käse-Schinken-Brötchen müssen extra bezahlt werden, und die Spirituosenpreise führen dazu, dass die Klasse ausgenüchtert am Flughafen von Palma de Mallorca landet. Trösten kann sich die Klasse aber dafür mit mannshohen *Ryan-Air*-Aufblasboeings zum Planschen im Mittelmeer, man will ja auf nichts verzichten.

Wenn man nach Sangria-Eimer und einem Besuch im

Oberbayern noch Geld übrig hat, sollten sich gutgläubige Teenager vor den zahllosen Rubbel-Los-Verschenkern und Gewinnspielständen in Acht nehmen. Dort gewinnt man zwar immer den Hauptgewinn, meist eine Videokamera oder einen Laptop. Wenn der Schüler dann begeistert seinen Gewinn einlösen will, wird er vor den Augen der versammelten Klasse in ein Taxi bugsiert und kehrt erst am späten Abend wieder zurück. Dann hat er zwar eine Videokamera gewonnen (die sich später als Schuhkarton mit Loch entpuppt), zugleich aber auch Anteilsscheine einer Ferienanlage erworben, die er nach den Regularien der Time-Sharing-Firma, bei der er zuvor einen vierzigseitigen Vertrag unterschrieben hat, nun zwei Stunden im Jahr frei nutzen darf.

Unterbringung

Natürlich erlauben die finanziellen Umstände nur klassische Bettenbunker, aber auch wenn die Plattenbausünden aussehen wie die Silhouette eines Vororts von Wladiwostok, sind die Schüler schon überglücklich, dass sie nicht das x-te Mal durch die Überreste einer römischen Siedlung in Xanten oder das deutsche Tapetenmuseum gescheucht werden.

Die meiste Zeit verbringt die Klasse ohnehin am Strand, so ist das Elend der eigenen Unterbringung weniger präsent. Sollten Schüler aus Hygienegründen vorsorgen wollen, sei ihnen geraten, sich vorher mit einer Laminiermaschine komplett in Plastik hüllen zu lassen. Anders kann man der Keimbelastung der siffigen Badezimmer und der Matratzen, die meist wie das Lätzchen von Rainer Calmund aussehen, nicht entgehen.

Doch Vorsicht mit dem Reisezeitraum! Sollte der Klassenlehrer das überraschend günstige Sternehotel zwischen November und März in Betracht ziehen, bietet sich alternativ auch ein einwöchiger Besuch in der Müllverbrennungsanlage an. Denn im Winter ist Mallorca toter als Elvis. Die Touristenscharen weichen ein paar abgehärteten Wanderurlaubern und Senioren, die ihren Lebensabend unter mediterraner Sonne genießen wollen, die es im Winter aber erstaunlich selten zu bestaunen gibt. Auch das Meer ist im Winter nur für Hartgesottene zu empfehlen. Wo im Sommer noch Hunderttausende Urlauber begeistert im badewannenwarmen Wasser schwimmen, entsteigen die Schüler im Winter als Eiszapfen dem Mittelmeer, wenn sie nicht vorher von einem planschenden Eisbären gerissen werden.

Der Native Speaker

»Okay Sören, please tell us where we are going for our exchange«, näselte Herr Jünschke in seinem jahrelang trainierten Oxford-Dialekt, den er wohl wie seine Pullover im Pringle-Muster bei Land's End bestellt hatte.

»We go to the Great Britain, Herr Jünschke!«, sagte Sören stolz – immerhin war er nach fünf Jahren Englischunterricht schon bald so weit, einen Big Mac im Drive-in bestellen zu können. Die straffe Haut um Herrn Jünschkes erwartungsvoll aufgerissene Augen schrumpelte auf einen Schlag zurück, als wäre sein Gesicht plötzlich erodiert.

»No Sören, Great Britain is not a person, it's a country, and we don't use the word ›the‹ in front of a country!«, sagte Herr Jünschke mit erhobenem Zeigefinger.

»Watt?«, transkribierte Sören das englische Fragewort in Ruhrpottdeutsch und brachte damit zum Ausdruck, was die Hälfte von uns dachte.

Denn Herr Jünschke hatte die besonders bei Englischlehrern auftretende Angewohnheit, nie aus der Rolle des Sprachmissionars zu fallen. Sobald er unseren Klassenraum betrat, vergaß er seine Muttersprache Deutsch und wurde zu einem Native Speaker, der uns right away from the Motherland of descent language ins geistige Sparprogramm führte. Wir waren uns sicher: Selbst wenn das Gebäude in Flammen gestanden oder ein Rohrbruch Tausende Liter Abwasser in die Schulflure gepumpt hätte, wäre ihm das höchstens ein »The school is burning« wert gewesen oder ein »We're about to drown in shit« entfleucht, bevor ihn die ankommende Flut vom Lehrerpult gespült hätte.

Diese Engstirnigkeit führte dazu, dass die Hälfte der Klasse Herrn Jünschkes Ausführungen mangels Sprachkenntnis nicht folgen konnte. Wenn der andere, etwas begabtere Teil versuchte, zumindest seine Fragen korrekt zu beantworten, endete das meist mit ausufernden Korrekturen vonseiten des Pädagogen, die der Antwortende dann doch wieder nicht verstand. A vicious circle, hätte Herr Jünschke gesagt, wenn ihm dieses Problem je aufgefallen wäre.

»You wanted to say, we go to Hastings in Great Britain, right?«, beendete Herr Jünschke die Diskussion, indem er Sören die richtige Grammatik in den Mund legte.

Mittlerweile hatte selbst der dümmste Backfisch gemerkt, dass man sich nun leicht aus der Affäre ziehen konnte, indem man das Codewort für Frontalbeschuler rief: »REIT«, brüllte Sören daher radebrechend, als würde er den Imperativ auf einem Pferdehof üben. Herr Jünschke nickte zufrieden, so machte Unterrichten Spaß – nur dass Herr Jünschke mit dieser Methode problemloser einen Sack voll Kies unterrichtet hätte als eine zehnte Klasse. Solange jemand zwischendurch auf seine Frage »REIT« antwortete, war er glücklich.

Hastings, ein in den harten Küstenfels getriebenes Städtchen an Englands Südküste, sollte das Ziel unserer Klassenfahrt sein. Den genauen Grund, warum unser Schüleraustausch ausgerechnet mit dem eher unspektakulären Hastings stattfand und wir uns alternativ nicht einfach eine Fabrik zur Herstellung von Wellpappe ansahen, hatte er der Klasse noch nicht hinreichend erklären können. Es musste wohl irgendwas mit den wilden Schlachten auf einem Acker in der Grafschaft zu tun haben, denn Herr Jünschke war gänzlich euphorisiert, wenn er von Hastings als Schauplatz der Schlacht zwischen Wilhelm dem Eroberer und Harald dem Zweiten erzählte. Dass von der kriegerischen Hochkultur der Briten mittlerweile nur noch eine im europäischen Vergleich übergewichtige, segelohrige und sommersprossige Bevölkerung übrig war, die selbst Herr Jünschke mit einem »The Englishmen are very special« euphemisierte, schien seiner Vorfreude keinen Abbruch zu tun.

Und eigentlich war es doch auch egal, wohin uns dieser arme Lord of the Lost verschleppte, Hauptsache, ich würde Ashley nicht zufällig über den Weg laufen und irgendwie meine Zeit mit Taylor, meinem Austauschschüler, überstehen.

»Warum fahn wa denn nicht nach Chelsea?«, maulte Fabian Brock noch ein letztes Mal.

»In English, PLEASE!«, erhob Herr Jünschke seine Stimme. Fabians Frage war durchaus berechtigt, denn für die meisten von uns war England allein durch seine Fußballklubs kartografiert, Manchester United, Arsenal, Chelsea, der FC Liverpool – alles andere waren nur Randmarken auf dem Globus, unsere Landkarte kannte nur die Premier League.

»Why don't we go to Chelsea, Herr Jünschke?«, fragte Fabian noch mal standesgemäß, worauf ihn Herr Jünschke sofort aufklärte: »Because Chelsea is no town to travel to, it's just a part of the biggest City in the UK … which city do I mean?«

Es herrschte eisiges Schweigen in der Klasse, die meisten wussten sehr wahrscheinlich die Antwort, aber freiwillige Mitarbeit war seit dem Einsetzen der Pubertät abgeschafft.

»I'm speaking about London, right?«, gab sich Herr Jünschke mal wieder selbst die Antwort.

»Reit«, brüllte jemand aus der ersten Reihe. Schule konnte so schön sein.

One Night in Pamela

Monoton zog die orangefarbene Beleuchtung einer belgischen Autobahn am Fenster vorbei, während der Reisebus, der uns nach England bringen sollte, donnernd über die leeren Straßen rollte. Holland war wohl schon im Bett, und auch Herr Jünschke saß schnarchend auf dem Lehrersitz direkt hinter dem Busfahrer. Frau Möbus hatte sich in eine Shakespeare-Originalausgabe vertieft und blätterte in regelmäßigen Abständen mit sorgfältig beseibertem Zeigefinger um.

Neben mir saß Patrick und schmökerte mit zusammengekniffenen Augen in einem Gitarrenmagazin, das fahle Lichtkegelchen, das von der Minilampe über unseren Köpfen kam, flackerte wie ein asthmatisches Glühwürmchen.

Bevor Herr Jünschke in einen traumlosen Schlaf gestürzt war, hatte er noch eine alte VHS-Kassette mit Sketchen von Mr Bean in den Rekorder neben Manfred dem Busfahrer geschoben. Jetzt versuchte der biedere Klischeeengländer zum geschätzt hundertsten Mal, sich vor einem blinden Mann im Klappstuhl umzuziehen. Nur Martina Drökelmann, gegen die selbst Margot Käßmann noch eine wilde Partysau war, konnte über diese abgestandene Comedy noch lachen. Plötzlich drehte sich zwei Sitze vor uns Kemal Agatürk um. Seine zusammengewachsene Monoaugenbraue wackelte wie eine breakdancende Raupe, das konnte kaum etwas Gutes heißen.

»Ey, wollta ma watt Geiles sehen«, fragte er. Sehr wahrscheinlich drückte er gleich eine Furzsalve durch den Spalt zwischen den Bussitzen.

Patrick schaute von seinem Gitarrenmagazin auf, seine zusammengekniffenen Augen weiteten sich, er lächelte erwartungsvoll.

»Guckt ma, watt ich hier hab, die Pamela Anderson«, sagte Kemal und schwenkte eine schwarze Kassette vor unseren Augen, auf die er mit weißem Edding »Geilomat-Tape« gekritzelt hatte.

»Echt?«, fragte Patrick plötzlich sehr interessiert, das Gitarrenmagazin hatte seine magische Anziehungskraft verloren.

»Jo, hab ich von meinem Bruder gezockt ... dreißig Minuten echte Gefühle, hatta gesagt«, fachsimpelte Kemal, der sich immer für unsere Unterhaltung verantwortlich fühlte.

»Und ... wie ist es?«, wollte nun auch ich wissen. Die Sage vom legendären Sex-Tape, auf dem Pamela Anderson und Tommy Lee Matratzensport betreiben, hatte sich in der zehnten Jahrgangsstufe voller Fünfzehnjähriger schneller verbreitet als Lippenherpes. Die Kassette hatte für uns somit einen höheren Schwarzmarktwert als waffenfähiges Uran.

»Hab's noch nicht gesehen, er hat ja den Rekorder ...«, sagte Kemal kleinlaut, und eine seltsame Schwere legte sich über sein Gesicht. Wahrscheinlich musste er damit rechnen, bei seiner Heimkehr erst mal drei Tage am Stück verkloppt zu werden.

»Leg's doch ein«, schlug Patrick vor.

Mein Kopf drehte sich wie in Zeitlupe zu ihm.

»Wo, bei Mr Bean?«, fragte Kemal ungläubig und schaute auf den flimmernden Bildschirm, auf dem das Frettchengesicht gerade einen Fisch aus seinem Anzug kramte und ihn in eine Bratpfanne in der Auslage eines Supermarkts legte.

»Schieeesch, kann ich nicht machen«, knurrte Kemal.

Patrick riss ihm die Videokassette aus der Hand und ging wortlos an den anderen Sitzreihen vorbei. Wir sahen ihm nach wie einem Bombenentschärfungskommando.

»Manfred, du, können wir mal die Kassette wechseln, Mr Bean dreht sich schon im Kreis«, fragte Patrick freundlich. Unser Busfahrer grunzte nur ein »Sicha« und starrte weiter auf die Straße.

Dann kam mein bester (und einziger) Freund zurück und ließ sich lächelnd auf seinen Sitz fallen. Kemal stand der Mund offen, in dem eine Reihe bemerkenswert ungerader Zähne zu bewundern war.

Während wir also von der freiwilligen Selbstkontrolle Gebrauch machten und in freudiger Erwartung unseres ersten Pornos auf die schwarze Mattscheibe starrten, als würde gleich Jesus persönlich eine Ansprache halten, war das Aufsichtspersonal in Form unserer Lehrkörper anderweitig beschäftigt. Herr Jünschke sägte einen kompletten holländischen Mischwald nieder, Frau Möbus leckte sich immer noch durch ihren Shakespeare, und zum Glück gab es so weit vorn im Bus ohnehin keinen Bildschirm, denn den Anblick hätten die beiden nicht verkraftet.

Da war sie, wahrhaftig, Pamela Anderson grinste uns mit schwarzen Pupillen durch die Nachtsicht einer wackligen Handkamera entgegen und wand ihren schlangenhaften Körper hin und her. Sie erzählte irgendetwas, der Ton war aber seit Mr Bean glücklicherweise heruntergedreht, damit Herr Jünschkes Schönheitsschlaf nicht vom wortlosen Glucksen der englischen Spaßikone gestört wurde.

»Geilomat«, seufzte Kemal und versank in seinem Sitz, er war wohl der Einzige, der nicht befürchtet hatte, dass uns jetzt doch noch eine alte Folge »Dalli Dalli« oder »Schwarzwaldklinik« entgegenflimmerte, auf so einer Kassette konnte ja alles sein.

Doch was folgte, konnte selbst Kemals Hochgefühl nicht halten. Die anorektische Nixe quatschte erst mal irgendeinen unverständlichen Müll in die Linse, schmiegte das Kinn an ihre Schulter und versuchte, unschuldig auszusehen, was in seiner Künstlichkeit kaum zu überbieten war.

»Laber, Rhabarber«, resümierte Kemal und winkte ab. Der Flitterwochensex der Bademeisterin und des Trommlers hatte bisher einen größeren Gesprächsanteil als eine spanische Telenovela.

Dann ging endlich der Teil los, der von uns männlichen Pubertisten so sehnlich erwartet wurde. Doch das, was wir da bestaunen durften, hatte ungefähr den Reizwert einer Endlosfolge Eisenbahnromantik oder einer Dokumentation über Rollrasenherstellung.

Ein nur an seinen Tätowierungen näher identifizierbarer Herr mühte sich da an der kichernden Busenhalterung ab und klemmte sich hinter sie wie ein Mantelpavian, während die Besprungene zu ihrem Handy griff und anfing zu telefonieren.

»Alta, die telefoniert«, brüllte Kemal und verstummte dann. Wahrscheinlich konnte man froh sein, wenn sie nicht gleich auch noch anfing zu faxen.

Patrick und ich saßen nebeneinander und wurden kreidebleich. Wenn Sexualität so aussehen sollte, zerplatzten gerade einige Träume im Bus, man konnte das Bersten der Teenagerherzen fast hören. Das war ja schrecklich! So etwas Kaltes, Mechanisches und Emotionsloses brachte man vielleicht mit der industriellen Schlachtung von Mastputen in Verbindung, aber doch nicht mit der selbst ernannten Sexgöttin des Boulevardplaneten!

»Iiiii, ist das eklig«, blökte Martina Drökelmann und merkte wohl gerade erst, dass es nicht mehr Mr Bean war, der versuchte, sich zu bekleiden, sondern ein Rockstar, der mit dem Gegenteil beschäftigt war. Gerade als wir über die Grenze Frankreichs fuhren und am Horizont eine blasse Sonne aufging, war der Spuk zu Ende, und der Bildschirm belohnte unsere Geduld mit einem satten Schwarz. Gott sei Dank.

»Mach ma' einer wieda Mr Bean an«, brüllte der kleine Pornopapst Kemal müde und sprach damit aus, was wohl alle dachten.

Pot save the Queen

Wir hatten Calais erreicht und erwarteten die eineinhalbstündige Kanalüberquerung auf einer Autofähre. Doch der Bus stand nun schon seit über einer halben Stunde an der Zollabfertigung des Fährhafens herum, anstatt einfach in den riesigen Schiffsbauch einzufahren. Durch die zugige Einfachverglasung des Busses konnten wir beobachten, wie Herr Jünschke auf die unangenehmsten Minuten seines Lebens zusteuerte. Der Grund für unsere Verzögerung und Herrn Jünschkes wachsende Schweißflecken unterm Mohair war ein Zöllner, der wild gestikulierend auf unseren Englischlehrer einredete, während Herr Jünschke die Hände hob, als hätte der Mann statt seines behaarten Zeigefingers eine Kalaschnikow im Anschlag. Irgendetwas schien an der Sprachbarriere aufgelaufen zu sein, Lost in Translation.

Der kleine französische Zöllner, der aussah, als hätte man Jean Reno in der Mikrowelle getrocknet, beäugte Herrn Jünschke wie einen Drogenschmuggler und zog bereits die Latexhandschuhe zur Leibesvisitation über.

Unsere Reise nach Großbritannien stand massiv auf der Kippe, und das alles nur, weil Sören Becker seine doofe Fahne mit dem Emblem des Hanfzeichens in das Rückfenster gehängt hatte und man so glauben konnte, wir wären der Tourbus von Bob Marley. Die Zöllner in Calais waren recht störrische Gesellen, die über diesen kleinen Gag kaum lachen konnten, und stattdessen durfte Herr Jünschke nun mit der Möglichkeit rechnen, dass ihm vor der Weiterfahrt ein behandschuhter Mann mit Metallspachtel und Taschenlampe in allen Körperöffnungen herumstocherte.

Ich schaute aus dem Fenster und betrachtete skeptisch die riesige Fähre, die ihr Maul sperrangelweit in Richtung unseres Busses geöffnet hatte. Dahinter schlugen die Wogen der unruhigen See unter einem grauen Himmel an den Bug des Schiffes, und selbst wenn wir es noch an Bord schaffen würden, standen die Chancen nicht schlecht, dass wir noch heute Abend irgendwo auf den Boden der Nordsee hinabsanken.

»Passport … Passport«, forderte uns nun ein Kollege von Jean Reno mit akkurat getrimmtem Schnauzbart auf und schritt die Reihen des halbdunklen Innenraums des Busses ab. Ein paar Schüler, die noch im

Zwielicht zwischen Traum und Wirklichkeit in ihre zusammengeknüllten Jacken sabberten, wurden unsanft von dem hellen Kegel seiner Taschenlampe geweckt. Unsicher hielten wir alle die Pässe neben unsere zerzausten Schädel, während der Mann kraft seines zuckenden Schnauzbarts die einzelnen Identitäten abnickte. Doch kurz vor Patrick und mir blieb er stehen und musterte Kemal. Die nussbraunen Augen unseres pubertären Pornopapstes suchten unruhig nach einem Fixpunkt im Gesicht des Mannes. War es das Pamela-Anderson-Video, das er ungeschickt unter seiner Jacke verbarg? Nahmen es einem die Franzosen übel, wenn man billige Sexfilmchen mitführte, die keine französische Softpornodarstellerin mit dem Namen Emanuelle beinhalteten?

Der Inspektor griff nach Kemals Ausweis, beleuchtete ihn mit der Taschenlampe und schnäuzte sich mit einem lauten Rasseln, das an einen keuchenden Esel in Deckstarre erinnerte. Dann drehte er sich um und trat wortlos aus dem Bus und auf Herrn Jünschke zu, der daraufhin präventiv in Angstschweiß ausbrach.

»Oh Kacke«, sprach Kemal etwas verloren und schaute uns ratlos an.

»Wir decken dich, egal, watt is«, sagte Patrick todernst. Wie wollte er das machen? »Nein, Monsieur Inspecteur, wir kennen diese Pamela Anderson gar nicht, wir dachten, das sei eine Reisedokumentation«?

»Kemal, komm mal«, wurde der Delinquent gerufen, und mit unsicheren Schritten und gespreizten O-Beinen wankte unser Topterrorist zum Ausgang.

»Dein türkischer Pass ist abgelaufen, die wollen dich so nicht ausreisen lassen«, sagte Herr Jünschke im klassischen Beerdigungston, den er sich sonst für die Notenvergabe aufsparte. Er hatte sich also wieder gefangen.

Vor der Tür wurde diskutiert, der Pass sei erst seit drei Tagen abgelaufen, ein Umstand, der vonseiten unserer französischen Staatsbeamten wohl nicht zu tolerieren war, eine Einreise in das United Kingdom sei für Kemal so geradezu undenkbar. Außerdem war es auch eigenartig, dass Kemal zwar problemlos einreisen, aber nicht wieder ausreisen durfte. Wahrscheinlich lag es an den offensichtlich angetrunkenen belgischen Zöllnern, die uns bei der Einfahrt in die Grande Nation einfach fröhlich durchgewinkt hatten. Auch Herrn Jünschkes ambitioniertes Argument, man könne den Jungen ja jetzt schlecht irgendwo in einen Zug zurück Richtung Heimat schicken, stieß auf taube Ohren. Der Delinquent Kemal stand schuldbewusst neben ihm, später erzählte er uns, dass er Herrn Jünschke die ganze Zeit zu signalisieren versucht hatte, dass jetzt nur noch Bestechung helfe. Woher Kemal solches Fachwissen besaß, verriet er nicht. Herr Jünschke verstand jedenfalls irgendwann Kemals nonverbale Zeichen, der die ganze Zeit mit seinem Finger auf sein Portemonnaie deutete, und kramte einen Teil seines Reisegeldes hervor. Unter lautem »Non!« schüttelten die Zollbeamten jedoch sofort synchron die Köpfe. Wahrscheinlich wurde unser Englischlehrer jetzt gleich getasert und Kemal in Abschiebehaft gesteckt.

Aber nein, nachdem die Beamten ausdrücklich betonten, dass sie Bestechung in Form von Geld auf keinen Fall annehmen könnten, warfen sie hinterher, dass Völkerverständigung durch Geschenke hingegen eine andere Sache sei. So war Herr Jünschke zwar wenige Minuten später um seine Armbanduhr erleichtert, doch immerhin saß nun wieder ein grinsender

Kemal im Bus und machte Furzgeräusche auf seinem Handrücken.

Schlussendlich schluckte uns das Schiff doch noch, und um uns herum stapelten sich VW-Busse und andere Familienmobile, die direkt nach der Einfahrt in die Fähre gähnende Kinder, sich streckende Väter in albernen Jogginghosen und Mütter mit Tupper-Dosen ausspuckten. Herr Jünschke wirkte immer noch leicht unsicher auf den Beinen, die wenigen Stunden Klassenfahrt hatten ihn wohl jetzt schon mehr Nerven und Gehirnzellen gekostet, als wenn er einfach eine Flasche Terpentin getrunken hätte.

Die Fähre war eine schwimmende Tristesse, abgelaufene rote Brokatböden, verblichene Werbeanzeigen für Alkohol aus dem Duty-free-Shops, Spielautomaten, in die ein paar verschlafene Lkw-Fahrer Geldstücke einwarfen.

»Bleibt in Gruppen zusammen, pünktlich in einer Stunde treffen wir uns wieder hier … und macht keinen Quatsch!«, quiekte Frau Möbus affektlos, die Aufforderung verhallte in der Filterluft der Innenkabine. Erschöpft ließ sie sich neben Herrn Jünschke in eine Sitzschale fallen, kurz darauf klappte ihr Kopf in den Nacken wie bei einem *PEZ*-Spender. Eine Gruppe Teenager um zivilen Gehorsam zu bitten war ähnlich hoffnungslos, wie einer Horde brandschatzender, bluttrinkender Wikinger »Jetzt aber ma' schön lieb sein, sonst gibbet keine Sahne auf den Kakao vorm Schlafengehen« zuzurufen. Unser Lehrerkörper schien sich dessen bewusst zu sein, denn nach wenigen Augenblicken schnarchte der *PEZ*-Spender selig, während Herr Jünschke immer noch erschüttert auf die braune See starrte.

Die Wikinger hatten mittlerweile einen Großteil der Fähre erobert, Kemal bekniete einen niederländischen LKW-Fahrer, ob er auch mal ein Pfund in den Einarmigen Banditen einwerfen dürfe, die Mädchen besprühten sich mit einer Mischung aller Parfüms, die der Duty-free-Shop anzubieten hatte, und rochen nun wie ein Fischmarkt in der Sonne.

»Komm, lass mal an Deck gehen«, sagte Patrick und schob sich seine Mütze noch etwas tiefer ins Gesicht, ein schmaler Schatten fiel nun über seine Augen.

Der Ärmelkanal begrüßte uns schmucklos und braun, das Schiff schnitt rauschend eine Schneise in das Meer, als wäre es ein riesiger Pudding. Hinter einer Wand aus Nebel lag England, eine kleine Gruppe Möwen flog parallel zu unserem Deck und kreischte pflichtbewusst.

»Bin mal gespannt, wie unsere Gastfamilie ist ...«, sagte Patrick und klopfte auf einen grünen Metallklotz, in dem sich die baumdicke Ankerkette aufgerollt hatte.

»Ich auch ...«, log ich, das Gastfamilienkonzept war eine Idee Herrn Jünschkes, er meinte, die Engländer kennenzulernen, Lokalkolorit zu schnüffeln und wirklich in die Kultur abzutauchen sei nur möglich, wenn man in einer Gastfamilie wohnte. Er schlief im Hotel.

Seit ich »Die Asche meiner Mutter« gelesen hatte, in dem Frank McCourt von seiner harten Kindheit in einer irischen Kleinstadt der Dreißigerjahre erzählte, hatte mein Bild Großbritanniens einen Grauschleier bekommen. Gegen das Zuhause des Jungen in dem Buch war selbst ein Schlafsack in einer Müllverbrennungsanlage ein Einrichtungstraum aus *Schöner Wohnen*. Ein ganzer Straßenzug teilte sich ein Plumpsklo, es regnete ganzjährig ganztägig, und die Menschen sahen aus, als würden sie sich abends in Formaldehyd einlegen. Gut, das war Irland, und die Geschichte spielte vor siebzig Jahren, aber für mein jugendliches Gehirn, das sich größtenteils aus Vorurteilen ernährte, machte das keinen großen Unterschied.

»Ich hab eigentlich gar keine Lust, zurückzugehen«, sagte Patrick und starrte auf die Nebelwand. Ich lachte. Doch dann sah ich sein Gesicht, in dem sich nichts regte, seine Augen waren erstarrt, sein Mund verengte sich zu einem Schlitz. Die Fröhlichkeit schien aus ihm gewichen wie aus einem undichten Gefäß. Ich wusste nichts zu sagen außer: »Warum?«

»Ey, guckt ma' … wer bin ich?«, brüllte Kemal plötzlich vor uns, der schmerbäuchige Junge hatte sich an den Bug des Schiffes gestemmt, seine Beine zwischen die Gitter der Reling geklemmt und sollte wohl so etwas wie eine türkische Version von Leonardo DiCaprio darstellen.

»ISCH BIN DER KÖNIG DER WEEEELT!«, brüllte er in Richtung England, und es klang wie eine Kampfansage. Dann donnerte es aus der Nebelwand, ein Blitz zuckte über den Himmel und schlug irgendwo vor uns auf der Meeresoberfläche ein.

»Und am Ende waren sie alle tot«, sagte Patrick und spuckte lachend in die Gischt. Der Nebel schluckte nicht nur sein Spucken, sondern auch seinen verzagten Unterton. Ungewissheit lag vor uns.

Es blitzte erneut, und unsere Möweneskorte drehte um und flog zurück nach Frankreich. Neidisch blickte ich ihr nach.

»Oh Scheiße, Alta, ich steig nicht aus, Herr Jünschke!«, brüllte der König der Welt durch die abgestandene Luft des Busses. Kemal hatte beim Familienlotto offensichtlich nicht den Hauptpreis abbekommen. Der war auch schon vergeben, denn eben hatten wir Hanna Sommer und ihre Freundin Mona an einem herrschaftlichen Anwesen mit Meerblick aussteigen lassen. Hinter dem Landsitz grasten sogar ein paar Pferde, die uns desinteressiert ansahen. Anscheinend gab es Menschen, die das Glück abonniert hatten, Kemal gehörte aber wohl nicht dazu. Ähnlich gleichgültig wie die Pferde zuvor blickten nämlich seine Gasteltern drein, als wir uns ihrem Haus näherten. Die bucklige Frau sah aus wie Kurt Beck im Blümchenkleid, der kleine, hagere Mann neben ihr trug eine rote Baskenkappe, eine Augenklappe und seinen Arm in einer Schlinge. Zu seinen Füßen saß ein Hund in der Größe eines Nilpferds und sabberte. Kurt Beck und Captain Hook lebten also als schwules Paar inkognito in Hastings.

»C'mon, Kemal, no discussion«, sagte Herr Jünschke noch recht sanft, selbst er hatte die Manson-Familie vor dem Fenster bereits erblickt.

»Die sehen total psycho aus, Herr Jünschke!«, motzte Kemal, während sich sein Mitbewohner Martin Siekmann seinem Schicksal bereits ergeben hatte und mit seinem Rucksack in der Hand Richtung Ausgang wankte. Kemals Urteil war hart, allerdings wirkten seine Gasteltern, wie sie da vor ihrem winzigen Reihenhaus mit sechs Quadratmeter Vorgarten standen, schon recht eigenwillig. Kemals Meckern nutzte nichts, ein paar Minuten später schlossen ihn Kurt Beck und Captain Hook in ihre Arme, und der dicke Hund schaute die neuen Bewohner an, als wären gerade zwei Säcke Pedigree geliefert worden.

»Das kann was werden«, grummelte Patrick prophetisch, während der Bus wieder ansprang und langsam bergab rollte.

Calamity Jane

»Oh well, that's ya room«, sagte Jane Connor und lächelte über ihr silbernes Piercing hinweg, das vor ihren Frontzähnen klimperte.

Die kleine fleischige Frau, die sich in den Körper eines irischen Preisringers verirrt hatte, war unsere Gastgeberin und Taylors Mutter. Sie zeigte in Richtung des schwarzen Lochs, in dem wir nun wohnen sollten.

»Das is 'n Heizungskeller«, resümierte Patrick recht scharfsinnig. Neben dem Wasserboiler und einer Unzahl von Rohren und Gerätschaften wiesen eigentlich nur zwei Feldbetten auf den zweiten Bestimmungszweck als Gästezimmer hin. Immerhin fiel durch ein schmales Gitter an der Decke ein Spinnennetz aus Licht auf die graue Wand.

»Nice …«, hustete ich und schob meinen Koffer vor mir durch die Tür, vielleicht konnte man ja noch mal den Diskurs suchen, nachdem man sich ein wenig frisch gemacht hatte.

»Das is 'n Heizungskeller«, wiederholte Patrick. Hier trocknete man im Optimalfall seine Unterhosen, für Gäste waren die zehn Quadratmeter Kellerverlies eigentlich nicht unbedingt geeignet, allerdings herrschte in Janes Haus ein gewisser Platzmangel, was daran lag, dass sie und ihr Mann Jerry die Reproduktionsrate eines Grippeerregers besaßen.

Schon als wir das Wohnzimmer des kleinen, windschiefen Backsteinbaus betraten, begrüßten uns schätzungsweise sechs verschiedene Kinder unterschiedlicher Altersklassen, ganz an der Seite hockte Taylor vor einem großen Fernseher, der anscheinend den Dienst verweigerte. Mehrmals schlug er mit der Handfläche genervt dagegen, doch der Bildschirm blieb einfach schwarz.

Ich hustete pflichtbewusst ein halbwegs höfliches »Hello«, woraufhin mein ehemaliger Hausgast mechanisch den Kopf drehte und sofort ein Schatten auf die Züge seines Gesichts fiel, er hatte die Läuse in seinem Koffer anscheinend gefunden. Nicht nur sein Gesichtsausdruck, auch seine raspelkurzen Haare ließen dies zumindest vermuten.

Bevor Jane die Namen ihrer Kinder aufzählen konnte, schob sich Taylor wie ein Eisbrecher wortlos dazwischen, rannte die Treppe hoch und knallte theatralisch die Tür hinter sich zu. Ich vermutete, dass das Umdrehen seines Zimmerschlüssels sehr wahrscheinlich das Letzte war, was wir in den nächsten Tagen von ihm zu hören bekommen würden.

»Was hast du denn dem getan?«, zischte mir Patrick zu. Ich antwortete mit einem Schulterzucken, die Läusegeschichte wäre jetzt sicherlich ein wenig ausschweifend gewesen.

In einer Ecke des Raumes saß eine alte Frau mit eingefallenen Wangen und strickte gedankenverloren an einem Strampelanzug.

Patrick winkte der alten Frau zu, sie hob ihren Kopf, und fast glaubte ich ihren Hals wie ein altes Scharnier quietschen hören zu können. Dann öffnete sie ihren Mund und strickte sprechend einfach weiter, so als würden ihre Hände schon lang keine Signale vom Gehirn mehr benötigen. Was die alte Dame sagte, kann ich nur lautmalerisch wiedergeben, ihre Sprache klang ein wenig, als würde man den Radetzkymarsch rückwärts abspielen.

»Dwaarfs ... Jööörmän Dwaaarfs, Naaaazi Dwaaarfs.«

»Mother!«, ermahnte Janet sie entsetzt.

»Uuuu damb Jööörmän, teik ya bag end go hooo-ome!«

»Welchen Dämon beschwört die denn?«, flüsterte mir Patrick zu, während ich versuchte, mir die kulturellen Unterschiede der Begrüßungsgesten einzuprägen. Immerhin schien das in England etwas anders abzulaufen als bei uns, wo mein Vater jeden Besucher an der Tür abnickte, als wäre er Arzt beim Kreiswehrersatzamt.

Jane versuchte es nun noch engagierter: »Mother, shut up!«

»What did she say?«, fragte ich unschuldig.

»She likes you«, sagte Jane und warf ihrer Mutter einen bösen Blick zu, die uns immer noch mit Abscheu musterte, als wären wir Gerichtsvollzieher und würden ihr gleich den geblümten Ohrensessel unter dem Hintern wegpfänden.

»What about your husband?«, fragte ich beiläufig, Patrick starrte die alte Frau mittlerweile gleichsam durchdringend an, als würde er damit rechnen, dass die Oma jeden Moment mit ihren Stricknadeln des Todes auf uns losging.

»Oh yeah, that's Jerry«, sagte Jane und nahm ein Foto von der Anrichte, nun lächelte uns ein glatzköpfiger Hüne an, auf seinem Arm biss eine Kobra in einen Totenschädel, die kleine Cindy krabbelte um seine Beine herum und zupfte an seinen ... Fußfesseln. Im Hintergrund des Bildes konnte man den halb abgeschnittenen Körper eines uniformierten Wächters sehen, die Wände waren anders als unser Kellerverlies immerhin in einem hellen Eierlikör gestrichen, das beruhigte ja angeblich. Unser Gastvater lebte derzeit anscheinend auf Staatspension, Patrick und ich nickten höflich und taten so, als hätte uns Jane gerade einen netten Schnappschuss vom letzten Familiengrillen gezeigt.

»Jerry is in prison, but he's innocent«, sagte Jane müde, als wäre dieser Satz ein Bausatz ihrer Sprache, den sie schon viel zu oft verwenden musste. Wenn Jerry unschuldig war, hatte er vor seinem Gang in den Knast aber eindeutig den Ratgeber »In zehn einfachen Schritten wie ein Berufsverbrecher aussehen« gelesen, denn unterhalb des Kobra-Totenkopfs waren die Buchstaben »T-H-U-G 4 Life« in Schwarz auf seinen Unterarm tätowiert. Plötzlich brüllte die alte Dame aus dem Sessel das erste Mal etwas, was man verstand, ihr Schwiegersohn war ihr offenbar nicht viel sympathischer als wir »Jörmans«.

Ihrem Ausruf »Tschääärii? This piece of shit!« folgte ein fast schon automatisches »Mother!« aus Janes Mund. Wir hatten uns aus unseren deutschen Mittelstandsleben wohl zielsicher in eine englische Folge »Frauentausch« gebeamt.

»Are you hungry?«, fragte Jane. Nach zwei Tagen, in denen wir uns im Bus von gammeligen Bananen und Keksen ernährt hatten, folgten wir ihr begeistert in die Küche.

»Don't feed thä Jörmääans!«, hallte uns das Echo gescheiterter Koalitionsgespräche hinterher, als wir die Küche betraten. Langsam begannen wir wenigstens, das Englisch unserer Gastgeberoma zu verstehen.

Bernie's Bounty

»Hier müsste es eigentlich sein ...«, brabbelte Herr Jünschke in seinen Bart und kratzte sich am Kopf, während ein paar Meter weiter eine Kuh einen kapitalen Haufen in die Botanik kackte. Unentschieden scharrte er mit den Gummisohlen seiner Sandalen auf dem Kiesboden des kleinen Wanderweges, seine weißen Tennissocken waren bis zu den behaarten Knien hochgezogen. Neben ihm fächerte sich Frau Möbus ein wenig Luft zu, der Sommer hatte mittlerweile sogar unser Reiseziel erreicht, nachdem es auf der Fähre noch mächtig gestürmt hatte.

»Hier is 'n Scheiß«, murrte Kemal und drehte seinen kleinen schwarzen Kopf in alle Himmelsrichtungen. Zu allen Seiten waren grüne Felder zu sehen, auf denen ein paar robuste Bäume ihre Wurzeln in den kargen Boden geschlagen hatten, etwas abseits tuckerte ein kleiner Mann mit einem Minitraktor über den Acker.

»Schau doch auch mal auf die Karte, Sybille!«, knurrte Herr Jünschke genervt Frau Möbus an, seit wir hier im Nirgendwo herumstanden, hatte er sogar sein Oxford-Englisch vergessen. Unsere Gruppe war nun schon seit drei Stunden unterwegs, was nicht etwa daran lag, dass der Abstand zwischen Hastings und dem historischen Schlachtfeld so enorm groß gewesen wäre, sondern daran, dass selbst der Busfahrer nicht wusste, wo die Schlacht jetzt eigentlich genau stattgefunden hatte.

Nun standen wir auf einem Feld in Südengland, die Sommersonne brannte erbarmungslos auf Herrn Jünschkes schütteres Haar und in unsere Kindergesichter, der alte Mann auf dem Traktor spuckte Eigelb auf seinen Acker, und nirgendwo waren Wilhelm der Eroberer oder der unterlegene König Harald der Zweite zu sehen. Nur Harald Jünschke der Erste in seinen weißen Sportsocken und den *Jack-Wolfskin*-Outdoorsandalen.

»Excuuuuse me«, näselte unser beherzter Pädagoge über den Acker in Richtung Traktor. Frau Möbus entglitt ein genervtes Seufzen, der Lehrauftrag des heutigen Tages war noch nicht erfüllt. Wir Schüler standen unbeteiligt auf der Wiese, Rene Maurer machte Kniebeugen, Gökhan trat einen Stein über den Kiesweg, Hannas beste Freundin Mona Bauerfeind biss schmatzend in ein Käsebrot. Der Traktor stoppte, und der kleine Bauer in der petrolfarbenen Latzhose glitt von seiner Sitzschale. Der folgende Dialog war ein Musterbeispiel gescheiterter Völkerverständigung, selbst ein Gespräch zwischen einem Glas Senf und einem Pinguin wäre wahrscheinlich ertragreicher.

Herr Jünschke (mit einer Aussprache, als würde er eine Dokumentation auf BBC moderieren): »Hello Sir, can you help us, please?«

Latzhosenmann (kaut auf etwas, vielleicht auf seiner Zunge): »Whoat?«

Herr Jünschke: »Do you know the Battle of Hastings?«

Latzhosenmann: »Whoat?«

Herr Jünschke (dezent verzweifelt): »The battle ... battle of Hasting, William the Conqueror ... you know?«

Um seinen Worten noch mehr Gewicht zu geben, fuchtelte Herr Jünschke mit seinen kalkweißen Ärmchen in der Luft herum und machte dabei die Geräusche eines Schlachtfelds, was aber mehr danach klang, als würde er eine alte Vespa imitieren.

Latzhosenmann: »Battle? Yeah … I know …«

Herr Jünschke: »Fantastic, can you tell us, where it was, please, Sir?«

Latzhosenmann (kratzt sich am Ohr und lächelt schelmisch): »Oh, yeah.«

Herr Jünschke verharrte in seiner Position und wartete auf weitere Ausführungen, doch der Mann sprach nicht mehr weiter, als wäre im falschen Moment das Band gerissen. Als er es dann doch tat, bereute es Herr Jünschke wahrscheinlich.

Latzhosenmann: »It's here, but it was a thousand years ago, there's nothing left, German prick. What did you expect, a fucking orchestra and a lasershow?«, sagte der Mann, schwang sich mit beachtlicher Grazie wieder auf seinen Traktor und fuhr davon.

Herr Jünschke stand versteinert da und starrte auf die Stelle, an der gerade noch der Bauer gestanden hatte. Sein Oxford-Englisch hatte als Maskerade nicht gereicht, die weißen Tennissocken, die abstruse Höflichkeit, er war schneller als deutscher Lehrer enttarnt worden als ein Stachelschwein im Streichelzoo.

Tausend Kilometer in einem stickigen Reisebus, eine Leibesvisitation, bei der er mehr Intimitäten erlebt hatte als in den letzten 20 Jahren Ehe, eine Fährüberfahrt durch Gewitter und wochenlange Unterrichtsvorbereitungen über die Schlacht von Hastings resümierten im Anblick einer Kuhweide in der südenglischen Pampa? Herr Jünschkes Gesicht zog sich zu wie der Himmel über dem Ärmelkanal.

»Scheiße!«, brüllte unser Englischlehrer über die Weite des englischen Ackerlands, aber sein Aufschrei verhallte im Nichts, nur Frau Möbus bekam ein wenig rote Wangen von solchen Obszönitäten.

»Der is feddich«, zischte Kemal und schoss ein Steinchen in Richtung der Kuhweide.

»Treffer«, brüllte er, eine Kuh ging genervt einen Meter vorwärts, und unser türkischer DiCaprio tanzte mit Jazz-Hands an uns vorbei.

»Wenigstens einer ist glücklich«, murrte Patrick und grinste mich mehrdeutig an.

Auf der Rückfahrt vom Schlachtfeld herrschte eine beängstigende Ruhe im Bus. Normalerweise war unsere Gruppe aus Halbstarken in der Lage, die Lautstärke einer Flugzeugturbine zu erreichen, jetzt allerdings hörte man jede Unebenheit, über die unser Gefährt auf der steinigen Landstraße polterte. Immerhin hatten wir auf unserem Rückweg zum Bus noch eine kleine, steinerne Gedenkplatte gefunden, die an die Schlacht von Hastings erinnerte und etwas wahllos an einer hügeligen Stelle in das Feld eingelassen worden war. Das von Herrn Jünschke vollmundig angekündigte Freilichtmuseum in der Nähe von Hastings war jedenfalls eine Enttäuschung gewesen, sofern man sich nicht für Viehzucht und Ackerbau interessierte. Desillusioniert wippte er in seinem Sitz am Kopfende des Busses auf und ab, während wir Schüler eine Flasche mit billigem Verschnitt aus Korn und *Sprite* herumgehen ließen. Seit einigen Minuten beobachtete ich, wie Rene Maurer von Minute zu Minute immer näher an Hanna Sommer rückte, er sagte irgendetwas, was ich nicht verstehen konnte, zu Mona und Hanna, und beide kicherten. Patrick klopfte auf meine Schulter, weil er meinen Gesichtsausdruck sah, mein Kopf wurde rot, ein kleines Vakuum aus Wut und Hilflosigkeit schwappte über meine Mimik.

»So ein Spacko, mach dir mal keine Sorgen, die findet den doch doof«, sagte er. Hanna hielt ihre Puppenhände vor den Mund und lachte. Freundschaft war manchmal sehr eng mit Lügen verknüpft, aber es schien ein unausgesprochenes Abkommen zwischen Freunden zu geben, so etwas nie infrage zu stellen. Betreten nickte ich und nahm einen tiefen Schluck aus der *Sprite*-Flasche.

»KAAAARAAAOKE!«, erschallte es plötzlich aus einer der vorderen Reihen, Kemal hatte am ereignislosen Straßenrand eine kleine Kaschemme ausgemacht, deren Discolichter durch die Fenster farbige Kleckse auf den Asphalt warfen. »Bernie's Bounty«, stand in Neonfarben über dem etwas heruntergekommen wirkenden Häuschen, am Horizont versank gerade eine blutrote Sonne stilecht wie eine riesige Discokugel.

»Können wir da rein, Herr Jünschke, bitte, bitte!«, flehte Kemal. Langsam kamen uns anderen starke Zweifel an der Veranlagung unseres türkischen Pornopapstes, Karaoke fiel ebenso in die Kategorie »Mädchenkram« wie Schminken oder Ballett.

Vielleicht war Herr Jünschkes Gehirn nach unserem Nachmittag in der sengenden Sonne von Hastings einfach weich gekocht, oder vielleicht sehnte er sich auch danach, seine Sinne mit einem Guinness zu betäuben, jedenfalls stimmte unser Lehrerkörper zu, mit uns Bernie's Bounty zu besuchen, was bei einem Großteil der männlichen Fahrtteilnehmer ein Seufzen, bei den Mädchen jedoch Applaus erntete.

Bernie's Bounty war trotz der frühen Stunde angefüllt mit Menschen, an denen wir uns vorbeidrängen mussten, um einen Blick auf die Bühne zu erhaschen, während Herr Jünschke und Frau Möbus sich mit englischem Bier eindeckten. Nun saßen sie an einem kleinen runden Tisch, nippten an ihren Pints und sahen einem dicken, bärtigen Mann dabei zu, wie er »Bohemien Rhapsody« von Queen intonierte. Hätte Freddie Mercury noch zwanzig Jahre länger gelebt und neben einem *McDonald's*-Restaurant gewohnt, hätte er am Ende wahrscheinlich so ausgesehen wie der Interpret. Ein dicker Panda mit Lederkappe und Überbiss. Aus dem gelben Kunstnebel klang ein kehliges »Mama, just killed a maaaan«, im Publikum flackerten ein paar Feuerzeugflammen auf und schwangen im Takt zur Musik hin und her.

In meinem Augenwinkel tanzte Rene Maurer »den Frikadellenroller«, jedenfalls nannte ich seine Körperkirmes abschätzig so, um davon abzulenken, dass jeder Tanzversuch von mir eine mehrwöchige Reha erforderlich gemacht hätte. Der »Frikadellenroller« zeichnete sich dadurch aus, dass Rene seinen gespannten Bizeps an den Oberkörper anlegte, den Arm um 90 Grad anwinkelte und dann begann, diesen rhythmisch kreisen zu lassen, als wolle er Frikadellen in seiner Achsel formen. An sich ein zutiefst würdeloses Unterfangen, so zu Queen zu tanzen, allerdings stand ich mit meiner Meinung da wohl recht alleine da, denn Hanna und die anderen Mädchen unserer Klasse schauten ihm begeistert zu, als würde er gerade die Mona Lisa mit den Füßen nachmalen.

»Put a gun against his heaaaad«, röhrte es über die wippende Masse an Körpern, in ihrer Mitte Rene Maurer und sein Tanzstil, der bei mir das Bedürfnis nach spontanem Erbrechen auslöste. Selbst Herr Jünschke wippte mit seiner *Jack-Wolfskin*-Sandale mit und prostete Rene zu, wie er da einen Welthit tänzerisch vergewaltigte.

»Pulled my trigger, now he's dead«, wurde gesungen, aber ich stand einfach nur da und schaute betreten. Ich hätte mich ja auf die Bühne gestellt und eine Ode an Hanna gesungen, doch seit meinem denkwürdigen Auftritt beim Musikfest, bei dem ich die Zuschauer zum Schielen geträllert hatte, vermied ich jede öffentliche Darbietung. Singen für Hanna hätte wahrscheinlich auch eine schlimmere Reaktion hervorgerufen, als wenn ich einfach »How much is the Fish« auf dem Akkordeon geklimpert hätte. Doch irgendwie kam die Botschaft meiner bösen Blicke nicht an, Rene Maurer tanzte unbeirrt weiter seinen Frikadellenroller, Hanna nestelte verlegen an ihrem Oberteil, und Patrick ... wo war eigentlich Patrick? Meine Augen suchten den Raum ab, im Halbdunkel vermischte sich die Menschenmenge zu einer undurchdringlichen Masse.

»I sometimes wish I'd never been born at aaaalll!«

Der Lederpanda hatte sich erfolgreich in Ekstase gesungen, und wenn er sich gleich noch das T-Shirt vom Leib riss, und kam es vielleicht noch zu spontanen Zusammenbrüchen im Publikum. Während er mit Falsettstimme im Stroboskoplicht so schief »Galileo, Galileooo« brüllte, dass Aiman Abdallah die Konfektionsware vom Körper gefault wäre, suchte ich in der Menschenmenge nach Patrick, konnte ihn jedoch nirgends finden. Endlich war die schrille Oper des Lederpandas in einem letzten, ohrenbetäubenden Ächzen verendet, da betrat ein kleiner Mann mit Segelohren die Bühne und klatschte affektiert wie ein *Duracell*-Hase im Fetischoutfit. Der Moderator war bis auf eine schwarze Fliege um seinen Hals oberkörperfrei, seine Brustwarzen waren mit Ringen gepierct, deren Umfang gereicht hätte, um einen Papagei darin schaukeln zu lassen.

»Faaantastic, George!«, säuselte der kleine Mann wie ein beschwipster Flamingo und tänzelte über die Bühne. »Dear gay community of East Sussex, our next guest is a student from Germany, let's hear it for Paaatrick!«

In meinem Kopf kam zuerst der Name Patrick an, kurz gefolgt von dem Begriff »Gay Community«, und innerhalb weniger Sekunden wurde die undurchdringliche Masse an Körpern für meine Augen fassbar: Ich sah knallenge Lederhosen, Tanktops und nietenbesetzte Mützen, unser Klassenausflug hatte uns direkt vom englischen Acker in eine Schwulenbar mit Karaokemaschine geführt. Ich konnte sehen, wie Herr Jünschkes sich an seinem Bier verschluckte, Frau Möbus schlug ihm zaghaft auf den Rücken, als hätte sie Angst, dass er nach den Erlebnissen des heutigen Tages vielleicht endgültig zerbrechen könnte. Doch dann schwang schon der knisternde Klang einer Gitarre durch den Raum, ein lang gezogener Ton schnitt surrend durch den Kunstnebel. Da stand der Junge, der seit einiger Zeit mein bester Freund war, wie immer die Kappe tief ins Gesicht gezogen, und hielt sich am Mikrofon fest.

»The world was on fire and no one could save me but you«, hauchte er, und das Publikum erstarrte. Seine Stimme war so tief und schwer, so durchsetzt von Sehnsucht und Schmerz, dass es einer ganzen Nonnenschule zur unbefleckten Empfängnis gereicht hätte. Leider nicht nur der, auch ein Großteil der Männer um uns herum schossen fast Tränen der Rührung ins Gesicht, selbst der Kunstnebel schien einen kurzen Moment innezuhalten und stand regungslos im Raum.

»Strange what desire will make foolish people doooooo«, seufzte Patrick in die Menge, die ersten Knie der Zuschauer schienen schwach zu werden, vor mir schloss sich ein kahl rasiertes Pärchen in die Arme. Patrick hatte noch nie erwähnt, dass er singen konnte, eigentlich hatte er noch nie erwähnt, überhaupt etwas zu können, in der Schule zeichnete er sich vor allem durch körperliche Anwesenheit aus, er war eher Mobiliar als Schüler. Doch in diesem Moment wurde mir klar, dass in dem Jungen, dessen halbes Gesicht in einem dauerhaften Schatten lag, viel mehr steckte, als man selbst beim zweiten Blick sehen konnte.

Plötzlich stand Hanna neben mir, sie war in einer Wolke aus Kunstnebel herübergeschwebt, selbst in der stickigen Luft von Bernie's Bounty funkelte sie wie ein Edelstein im Sonnenlicht.

»Hör mal, der Patrick ist doch dein Freund, oder?«, flüsterte sie mir zu, vor uns fing Patrick gerade an, den Refrain zu singen, als würde Roy Orbison auf seinen Stimmbändern Rumba tanzen.

»Ja«, murrte ich mehr, als dass ich sprach, in meinem Kopf klopfte eine Ader ungleichmäßig wie ein betrunkener Grünspecht.

»Kannst du ihn mal fragen, ob er mal mit mir ins Kino geht?«

Houston, wir haben ein Problem. Ein Leck in der Außenhülle. Wir verlieren Sauerstoff. Die Ader in meinem Kopf schien zu platzen, wahrscheinlich lief mir gleich Blut aus Nase und Ohren, ein kleiner, roter Springbrunnen der Traurigkeit. Ich versuchte zu atmen, doch der Kunstnebel drang wie flüssiger Zement in meinen Hals, ich lief rot an. Ich nickte mechanisch, als hätte mir jemand in den Nacken geschlagen. Was war ich nur für ein Trottel. Die ganze Zeit hatte ich damit verbracht, Rene Maurer in wechselnden Zungen zu verfluchen, weil er sich an Hanna ranmachte, und nun sah ich auf der Bühne den wahren Feind. Der Feind schnarchte nachts neben mir im Heizungskellerverlies. Der Feind war mein einziger Freund.

»Super, das ist lieb«, sagte Hanna und schloss ihre Arme kurz um mich, ein distanziertes Zeichen von Dank, wie das Tätscheln der Wange unter Mafiabossen. Als sie wieder im Kunstnebel verschwand, stand ich an die Wand gelehnt wie zu steif gebügelt, kein Muskel konnte sich regen, mein Körper war ein Mahnmal der Enttäuschung.

»The world was on fire«, sang Patrick erneut, und er ahnte noch gar nicht, wie sehr er noch in dieser Nacht recht bekommen würde.

Heiße Träume

Dafür, dass unser Zimmer die sympathische Anmutung einer Vernehmungszelle in Abu Ghraib hatte, schlief ich in dieser Nacht tief und fest – vielleicht auch weil Korn-*Sprite* und englisches Bier eine warme Decke der Verblödung über meine angespannten Synapsen gelegt hatten. Ich träumte, wie sollte es anders sein, natürlich von Hanna Sommer, doch die paar Verbindungen, die in meinem Schädel noch aktiv waren, reichten wohl nicht aus, um Hannas ganze Makellosigkeit abzubilden. Deshalb beschränkte sich mein Gehirn auf die wichtigsten Teile: Gesicht, Hintern, Brüste. Mein Gehirn war anscheinend ein Chauvinist, das sich ein eigenartiges Mischwesen aus Hannas prägnantesten Körperteilen zusammenträumte, das da im Kunstnebel der Karaokebar vor mir stand. Hanna winkte mir zu und nippte an ihrem Cocktail, um uns herum stand eine undefinierbare Menschenmenge, es roch anders – als in der Wirklichkeit – nicht nach billigem Herrenparfüm und Schweiß, sondern nach Rosen, als würde Gott eine ganze Blumenwiese auf uns regnen lassen. Für Rene Maurer hatte mein Gehirn noch ein paar Prozent Prozessorleistung reserviert, hier tanzte er jedoch nicht mit angelegtem Bizeps durchs Dämmerlicht, sondern eng umschlungen mit einem bierbäuchigen Mann im Ledertanga, in dessen verschwitztem Brusthaar er seinen Kopf vergrub.

Dafür hatte ich mir dort, wo im wachen Zustand das Hemd in der *Big-is-Beautiful*-Hose von *C&A* spannte, die straffen Hüften eines jungen Mick Jagger erträumt, und Hanna und ich lächelten uns glücklich an. Dann betrat Patrick die Bühne, er sah aus wie immer, doch statt herzerweichend »Wicked Game« ins Mikro zu hecheln, sang er »Der Pizza Hut, der Pizza Hut, Kentucky Fried Chicken und der Pizza Hut«. In diesem Traum war kein Platz für die Schönheit anderer, das waren meine goldenen fünf Minuten Rapid Eye Movement, und die kostete ich voll aus. Ich ging nicht, ich schwebte auf Hanna Sommer zu, diese Welt war ein einziger pulsierender Raum inmitten eines kalten, dunklen Universums. Langsam schloss ich meine braun gebrannten Arme um sie, die Wände lösten sich auf und gaben den Blick auf einen Ring aus Feuer frei, in dessen Mitte wir schwebten. Wohlig warm spürte ich die Flammen in meinem Rücken, eine Decke aus Wärme umschloss uns, als ich mich zu Hanna hinunterbeugte und ihre Lippen langsam immer größer wurden …

»Ey, wach auf … es brennt!«, schrie Patrick und schlug mir zur Untermauerung seiner These noch ein paarmal ins verschwitzte Gesicht. Ich machte die Augen auf und sah Patrick vor mir stehen, dessen Schlafanzug sich so mit Schweiß vollgesogen hatte, dass er dunkel verfärbt war. Seine Haare waren ein einziger nasser Matsch an seinem Kopf. Ich schreckte auf und stellte fest, dass sich in meinem Feldbett die gesamten acht Liter Wasser befinden mussten, die sich durchschnittlich im Körper eines Fünfzehnjährigen befanden, mein Hals fühlte sich an, als hätte ich eine Ameisenfarm geschluckt. Es war zwar wahnsinnig heiß in unserem Kellerloch, doch es roch nicht nach Rauch, und nirgends war das Flackern von Flammen auszumachen. Dann hörten wir plötzlich ein lautes Gluckern aus der Wand, und der rote Warmwasserboiler, der wie eine kleine Atombombe an die Wand geschraubt war, fing an zu zittern.

»Aua, das Ding kocht ja«, sagte Patrick und zog seine Hand zurück, die er prüfend an den Kessel gehalten hatte. Der Kessel machte den Eindruck, als stünde er kurz vor der Explosion, wahrscheinlich würde er uns gleich in die Luft sprengen und nur einen schwarzen Fleck in der felsigen Küste von Hastings hinterlassen.

»Wir müssen hier raus«, entschied Patrick und zog mich aus dem Raum. Wenn gleich ein Bademeister in den Raum gestürmt wäre und »Taaannenaufguss« gebrüllt hätte, wäre ich nicht verwundert gewesen.

Völlig erschöpft, stolperten wir die Kellertreppe hoch, im Wohnzimmer herrschte eine gespenstische Ruhe, die Connors schliefen seelenruhig, so schien es zumindest. Nur in der Küche war der Wasserhahn aufgedreht und spuckte kochend heißes Wasser ins

Spülbecken, der Dampf hatte sich bereits als milchige Schicht auf die Fenster gelegt. Wir weckten Jane und versuchten, ihr kurz zu schildern, dass der Boiler soeben versucht hatte, uns zu grillen.

Sie nickte und schoss zielstrebig an uns vorbei in Richtung Badezimmer. Wir folgten ihr, und als sie die Tür öffnete, saß Großmutter Connor mit ihren Stricknadeln auf dem geschlossenen Klodeckel und arbeitete gedankenverloren an ihrem nächsten Strampelanzug. Neben ihr spuckte die Dusche ebenso wie der Wasserhahn kochend heißes Wasser aus und kleidete den Raum in dichten Dunst. Oma Connor hatte sich eine Dampfsauna gebastelt.

»Mom, what are you doing here?«, fragte Jane empört, allein die Verschwendung von Energie und Wasser überstieg wahrscheinlich den Durchschnittsverbrauch einer Kleinstadt.

»I boil the Jörmans«, erwiderte die kleine alte Frau seelenruhig und schaute nur kurz von ihrem Strickzeug auf, um die beiden hummerroten Jugendlichen in der Badezimmertür mit einem abschätzigen Blick zu bedenken.

Oma Connor hatte also versucht, uns zu kochen. Selbst Jane schien vom Mordversuch ihrer Mutter überfordert zu sein, denn diesmal konnte sie sich nicht mit einem »She just wanted to be sure, that you don't feel cold« aus der Affäre ziehen.

»She had bad experiences in the World War, it's not her fault«, versuchte es Jane dann doch mit der Wahrheit. »Maybe you move to another room?«, bot sie uns an, und wir nickten dankbar.

Ein paar Minuten später hatte Jane uns im Zimmer ihres zweitjüngsten Sohnes Liam untergebracht, wo wir nun unter einem überdimensionalen Power-

Rangers-Poster lagen und an die blumige Wandbordüre starrten, die sich wie ein Bekenntnis zur Geschmacklosigkeit durch das ganze Haus zog. Zwischen uns schnarchte der kleine Liam, vielleicht sieben oder acht Jahre alt, selig und nichts ahnend von der Schwermut, die ihn umgab. Ich musste wieder an Hanna und ihre Bitte denken. Lieber hätte ich einen lebendigen Igel heruntergewürgt, als Patrick auch nur ein Wort davon zu erzählen. Sollte sie sich doch selbst darum kümmern, dass mir das Herz gebrochen wurde. »You break my heart, I break your leg«, würde Herr Jünschke zu meinem Dilemma wahrscheinlich sagen.

Auch Patrick lag wach und starrte auf die Power Rangers, die mit ihren absurden Fahrradhelmen und Spandexanzügen an der Wand von Klein-Liam die Weltrettung versprachen.

»Eigentlich ganz schön hier«, sagte Patrick und schluckte hörbar. Ich traute meinen Ohren nicht, eine Gastfamilie, in der wir fast gekocht wurden, ein Bett, dass man sich zu dritt teilen sollte, und Essen, das durch die Genfer Konventionen verboten gehörte – und er fand das auch noch schön?

»Mhm«, murrte ich ungläubig. Wie schlimm musste es für Patrick zu Hause sein, wenn er diesen Ausflug als schön empfand? Ich wusste nur, dass Patricks Mutter alleinerziehend war und ihm in den letzten Jahren immer neue Väter vorgestellt hatte, wobei wohl keiner lange genug geblieben war, um sich zumindest als Schwippschwager vierten Grades zu etablieren.

»Wenigstens ist das hier eine Familie«, negierte Patrick den Umstand, dass auch hier die Männerrolle unterbesetzt war, vielleicht reichte eine gute Mutter auch schon zu seinem Glück.

»Du weißt, dass du mein bester Freund bist, oder?«,

wechselte er das Thema, vielleicht auch um keinen Raum für Fragen zu lassen.

Ein richtiger, ein bester Freund. Das Gefühl war schön und neu, ein bisschen wie das erste Mal alleine Bahn zu fahren oder im Meer zu schwimmen. So viel Gefühl passte nicht zu Patrick, es passte ehrlicherweise auch nicht zu mir, wo ich doch die meiste Zeit damit beschäftigt war, Gefühle mit Niederlagen gleichzusetzen. Als er das so sagte, wurde mir sprichwörtlich warm ums Herz.

»Spürst du das auch?«, fragte er, es schien ihm zu gehen wie mir.

»Ja, klar«, sagte ich. Zu gefühlsduselig durften wir jetzt aber auch nicht werden, schließlich waren wir in der Pubertät.

»Der hat uns angepisst«, sagte Patrick und sprang aus dem Bett.

Das warme Gefühl verdankten wir dem Bettnässer in unserer Mitte

We are Family

Das englische Frühstück war für einen deutschen Gaumen schwer gewöhnungsbedürftig, alles schmeckte wie in Motorenöl frittiert, Patrick versuchte sich gerade durch ein scharlachrotes Würstchen zu säbeln, während ich widerspenstiges Rührei bändigte. Die Kinder saßen in Reihe neben uns und mampften glücklich, Jane strich ihren Jüngsten liebevoll über den Kopf, bevor sie auch deren Teller mit dem obligatorischen Matsch und roter Wurst bedachte. Taylor neben uns strafte uns weiterhin mit Ignoranz. Was er seiner wenig fremdenfreundlichen Oma wohl alles über uns erzählt haben mochte? Die beäugte uns noch immer argwöhnisch, vielleicht auch weil sie vermutete, wir hätten das Bett ihres Enkels eingenässt, um ihn zu diskreditieren. Auf Janes Erwiderung, dass die deutschen Gäste wohl kaum angereist seien, um die Betten ihrer Kinder vollzupinkeln, hustete sie nur ein abschätziges »well« und wühlte dann weiter in ihrem Frühstück. Insgesamt war die Stimmung am Tisch schwer angespannt, was sicherlich nicht daran lag, dass es der Morgen unseres letzten Tages in England war.

Im Nebenraum klingelte das Telefon, und Taylor stand pflichtbewusst auf, weil Jane gerade ihre Jüngste fütterte. Nach einem kurzen Wortwechsel verstummte unser Gastgeber. Hoffentlich war es nicht Herr Jünschke, der aus Deutschland anrief, um mitzuteilen, dass man uns versehentlich im United Kingdom vergessen hatte.

Dann aber drang ein leises Wimmern durch die Zwischentür zum Wohnzimmer. Jane stand auf und ging hinüber, Oma Connor ebenso. Wir warteten in der Küche und warfen uns fragende Blicke zu, aber als das Schluchzen aus dem Wohnzimmer mehrstimmig wurde, hielten es Patrick und ich für angemessen, zumindest kurz nachzusehen. Taylor, dessen Gefühlsspektrum gegenüber uns bisher zwischen »wütend« und »scheißwütend« gependelt hatte, hatte seinen Kopf an Janes Schulter gedrückt und nässte mit dicken Tränen langsam ihr Oberteil ein. Oma Connor strich ihm ungeahnt sanft über den Kopf.

»He's not coming home, Mommy«, schniefte Taylor undeutlich in das T-Shirt seiner Mutter, was, wie wir erfuhren, die Nachricht war, die Taylor gerade von seinem Vater am Telefon überbracht bekommen hatte.

Bewährung abgelehnt. Das zweite Mal.

Deshalb war die Stimmung am Tisch so unangenehm gewesen, alle außer uns hatten diesen Anruf sehnlichst erwartet. Nicht aber sein Ergebnis.

Aus dem ganzen Schluchzen hörten wir heraus, dass Vater Connor wohl noch eine ganze Weile wegbleiben würde, was besonders seinen ältesten Sohn, der versucht hatte, ihn die letzten Jahre zu vertreten, schwer traf.

Auch wenn Taylors Boshaftigkeit mir gegenüber rekordverdächtig gewesen war, erkannte ich, dass es wohl auch nicht immer leicht war, das Knackikind zu sein. Wir würden wohl nie gemeinsam in einer Selbsthilfegruppe für geplagte Söhne sitzen, aber jetzt verstand ich immerhin, warum er mich so als Eindringling behandelt hatte.

Selbst Oma Connor, bei deren Anblick ich mittlerweile spontane Angstattacken bekam, fiel in diesen paar Momenten auf ein trauriges Dasein als Familienoberhaupt zusammen, das ihre Tochter und ihre Enkelkinder stützen musste, wo es nur ging, um die Leerstelle zu füllen.

Patrick und ich fühlten uns nun wirklich als Eindringlinge und schlichen zurück in die Küche, wo wir auf den Bus warteten.

Als er eintraf, sah ich meine Klassenkameraden im Busfenster, manche sahen entgeistert aus, manche müde und manche glücklich. Ob es über ihre letzte Zeit oder ihre bevorstehende Heimkehr war, konnte ich nicht sagen. Doch als wir durch das Glas unserer Gastfamilie zuwinkten, wie sie da vor dem schmalen Reihenhaus stand, um uns zu verabschieden, wurde uns allen klar, dass wir uns nie wiedersehen würden. Immerhin hatte ich diesem Ausflug eine Menge zu verdanken: der erste Pornofilm, das erste Mal in einer

Schwulenbar, das erste Mal einen richtig guten Freund an der Seite gehabt zu haben, das erste Mal einen Mordversuch überlebt zu haben (okay, das war mir seit meinen ersten Bundesjugendspielen, ehrlich gesagt, nicht ganz neu) und das erste Mal angepinkelt zu werden.

Es war ein Ausflug in eine andere Welt gewesen, die nun von der Gegenwart zur Vergangenheit wurde. Irgendwie fühlte ich Reue und wusste nicht mal, warum.

Name | Klasse | Datum | Blatt

Der Politiklehrer

»Eine Stimme für Bastian Biedenkopf« schnurrte Herr Rottner in seiner nicht enden wollenden Vokalmonotonie und zog quietschend einen einsamen Strich hinter meinen Namen an die Tafel. Zwei Jahre Politikunterricht, und der Mann kannte meinen Namen immer noch nicht. Im basisdemokratischen Prozess der Klassensprecherwahl konnte einen so etwas wertvolle Stimmen kosten. Bisher war die Bilanz ganz gut, direkt der erste Zettel aus der Wahlurne trug meinen Namen. Leider setzte nun eine Serie ein, die meine Hoffnung auf mein erstes politisches Amt meines Lebens zunichtemachte.

»Gökhan Mutlu.«

»Gökhan Mutlu.«

»Gökhan Mutlu.«

»Gökhan Mutlu.«

»Gökhan Mutlu.«

Herr Rottner wiederholte Gökhans Namen gebetsmühlenhaft und im gleichen Tonfall, in dem Peter Klöppel von einem Bombardement auf ein Terrorcamp berichten würde. Herr Rottner war seit vier Jahren unser Politiklehrer und das letzte wahre Enigma unserer Schule. Niemand wusste etwas über ihn. Ob er verheiratet, geschieden oder vielleicht schwul war, Kinder hatte oder noch bei seiner Mama lebte. Normalerweise hielten Lehrer sich im Unterricht meist nicht mit der Preisgabe privater Details zurück, besonders mein Vater sezierte unser Familienleben in jedem seiner Deutschkurse detailgetreu (»Entschuldigt bitte, liebe Klasse, dass ich so spät bin, mein weinerlicher Sohn Bastian hat heute die

Name	Klasse	Datum	Blatt

Mandeln entfernt bekommen«), was dazu führte, dass einige Oberstufenschüler mehr über mich wussten als die wenigen Freunde, die ich hatte. Herr Rottner jedoch war ein unendlicher Quell von Vermutungen und Gerüchten, niemand wusste so recht, wo der kleine schnauzbärtige Mann, der in seinem karierten Hemd und der kakifarbenen Pluderhose immer wie ein türkischer Taxifahrer wirkte, hergekommen war. Manche behaupteten sogar, Herr Rottner sei der erste Prototyp eines Superlehrers gewesen, der aus einem Geheimlabor am Nordpol entflohen sei. Sein ganzes Verhalten war so akkurat, nüchtern und mechanisch, dass die Vermutung, in seinem Kopf würde ein Akku heiß laufen, durchaus berechtigt war. Im Gegensatz zu anderen Lehrern, die notfalls die gesamte Weltgeschichte umdeuteten, um sich nicht zu blamieren, machte Herr Rottner keine Fehler. Er konnte jedes politische Ereignis der letzten zweitausend Jahre auf den Tag genau datiert wiedergeben und manchmal auch lustige Hintergrundinformationen nachliefern. So zum Beispiel, dass Adenauer damals nur die Mehrheit erlangt hatte, in dem er sich selbst wählte. Seine Inselbegabung als Gedächtniswunder wurde nur noch durch seinen Anblick komplettiert, denn er sah aus wie Gregor Gysi auf Wachstumshormonen. Ein schlaksiger, spindeldürrer Körper, an dessen Rumpf ein großer, kahler Schädel mit Nickelbrille und Schelmengrinsen saß.

Seine Grandezza zeigte sich auch in den Diskussionen, die er mit uns, die von ihm den liebevollen

Name	Klasse	Datum	Blatt

Spitznamen »Verbalterroristen« bekommen hatten, führte.

Hier ein Gesprächsprotokoll zwischen Herrn Rottner und Gökhan.

Herr Rottner: »Was zeichnet eine Diktatur aus?«

Gökhan, ohne sich zu melden: »Dass alle machen, was einer sagt.«

Herr Rottner (überrascht, dass Gökhan nicht einfach Furzgeräusche mit seiner Achsel nachgeahmt hatte, sondern eine echte Antwort gab): »Richtig, und wo gibt es so was heute noch?«

»Ja, inne Schule, wo sonst. Sie sagen, wir machen, ne?«, antwortete Gökhan und lachte.

Herr Rottner (etwas entgeistert): »So ein Quatsch. In einer Diktatur fehlt der freie Wille. Ihr müsst ja nicht hier sein!«

Gökhan: »Und was ist mit Schulpflicht?«, fragte er erstaunlich wirklichkeitsnah.

Herr Rottner (überlegt kurz, kneift die Augenbrauen zusammen): »Gut, dann doch Diktatur ... und ihr macht jetzt, was ich sage, und schlagt Seite 135 auf. Und du, Gökhan, hältst die Klappe!«

Bei manch anderem Lehrer hätte Gökhan die Anweisung sicherlich missachtet, bei Herrn Rottner holte er jedoch wahrhaftig sein geschundenes Politikbuch heraus und gab zumindest vor, darin zu lesen.

»Gökhan Mutlu«, las Herr Rottner den nächsten Stimmzettel vor, langsam kristallisierte sich ein Favorit für unsere Klassensprecherwahl heraus, und das war nicht ich. 27 Stimmen für Gökhan, eine für

Name	Klasse	Datum	Blatt

mich, damit war ich weiter unter der Fünf-Prozent-Hürde als die FDP.

Warum wollten meine Mitschüler in Zukunft in einer Schreckensherrschaft leben, gegen die im Vergleich selbst Nordkorea oder Iran wie Inseln der Demokratie wirkten? Vielleicht lag es an Gökhans Wahlprogramm, das er uns um Vorfeld vorgestellt hatte. Dieses lautete: »Wer mich nicht wählt, bekommt herbe in die Fresse« und hatte ähnlich tyrannische Züge, wie sie unser künftiger Klassensprecher auch im sonstigen Sozialkontakt an den Tag legte. Ich stellte mir unsere Klasse unter seiner Herrschaft ein wenig wie das Königreich Mordor vor, ich sah den kleinen, bärtigen Jungen mit dem Machtkomplex schon die ersten ihm hörigen Orks aus dem Schlamm des Schulgartens bergen, selbst Herr Rottner schien daran zu zweifeln, ob Gökhan seinen späteren Pflichten nachkommen könnte.

»Du weißt schon, dass du die Klasse dann in Zukunft vertreten musst, Gökhan?«, fragte er zweifelnd in Richtung des baldigen Wahlgewinners, der währenddessen einen riesigen Penis auf seinen Tisch malte.

»Joa, sind bald alle meine Knechte, geil«, fasste Gökhan die Aufgaben seiner künftigen Anhänger in knappe Worte. Mit seinem Wahlprogramm hatte er nicht zu viel versprochen.

»Du weißt aber, dass du dann auch an den monatlichen Stufenkonferenzen teilnehmen musst?«, fragte Herr Rottner den verdutzt aussehenden Fastdespoten.

»Konferenzen ... schieeesch ... watt soll ich denn

Name	Klasse	Datum	Blatt

da?«, fragte Gökhan und blickte von seinem Comicpenis auf.

»Die Klasse vertreten, die Konferenzen sind natürlich immer nach Unterrichtsende am Nachmittag, das ist dir schon klar, oder?«

»Schieesch ... nachmittags ... ey, da hab ich Training, bin B-Jugend«, offenbarte Gökhan sein tägliches Curriculum zur Leibesertüchtigung – anders war sein körperlich anstrengender Plan, allen Nichtwählern auf die Fresse zu hauen, auch kaum zu gewährleisten.

»Auch die monatlichen Treffen mit dem Direktor werden dir nicht unvertraut sein, oder?«, fragte Herr Rottner erneut nach, und langsam begann sich Gökhans haariges Gesicht zu einer flauschigen Kugel des Schmerzes zu verwandeln.

»Direktoaaaar? Der is' voll der Bastard ... ey«, sprengte Gökhan die Grundlage des interdisziplinären Dialogs.

»Ich hab kein Bock auf den Scheiß, ich trete zurück«, beendete Gökhan seine politische Karriere schneller als Christian Wulff und schob symbolisch mit dem Handrücken die Amtsverantwortung von seinem Tisch.

»Mhm ... gut, Gökhan, wenn du nicht mehr willst, musst du nicht. Dann muss das der Kandidat mit den zweitmeisten Stimmen machen ... Bastian Bielendorfer.«

Ich schreckte aus meiner geistigen Lethargie hoch, hatte Herr Rottner gerade wahrhaftig meinen Namen gehustet? An der Tafel war das Wahlergeb-

Name	Klasse	Datum	Blatt

nis aufgelistet, eine Armee an geraden weißen Strichen hinter Gökhans Namen und ein einzelner, ömmeliger Strich hinter dem meinen?

»Bastian, nimmst du die Wahl an?«, fragte Herr Rottner nüchtern, ein wenig Feierlichkeit, etwas Schampus und ein kleines Feuerwerk wären schön gewesen.

Verdattert stand ich auf und erklärte meine Zustimmung. »Ja, Herr Rottner, ich will Klassensprecher sein.«

»Töfte, dann putz mal die Tafel, Tafeldienst macht nämlich auch der Klassensprecher«, sagte Herr Rottner und setzte sich an sein Pult.

Nun war ich Klassensprecher, und das nur, weil ich mich selbst gewählt hatte. Genau wie Adenauer. Aber ob der auch danach die Tafel putzen musste?, fragte ich mich, als ich anfing, den nach Seniorenschlüpfer riechenden Schwamm auszuwaschen.

Survival-Guide für Klassenfahrten

Die Grundausstattung

Jede Klassenfahrt birgt eine Unzahl neuer Eindrücke, vor allem für Erstausflügler, die ihr Zuhause noch nie ohne Begleitung der Eltern für längere Zeit verlassen haben. Für sie ist die Klassenfahrt ein erster Schritt in Richtung Selbstständigkeit, ein erster Riss in der Nabelschnur zum Elternhaus. Die meisten Eltern empfinden dieses plötzliche Fortbleiben ihrer Kinder als ungewohnt, und manche leiden sogar darunter, dass am gedeckten Abendbrottisch plötzlich ein Platz frei bleibt. Um den Eltern Sicherheit zu geben, aber auch um den Klassenfahrern ihre Reise trotz aller Unwägbarkeiten von 0,5-Sterne-Jugendherbergen und Verpflegung, mit der man Hyänen vergiften könnte, so angenehm wie möglich zu gestalten, gibt es ein paar Gegenstände, die unbedingt bei jeder Klassenfahrt mitgeführt werden sollten.

Der Brustbeutel

Der Brustbeutel ist ein Kleidungsstück, das in der modernen Gesellschaft eine viel zu kleine Lobby hat. Man wird keinen Geschäftsmann in der U-Bahn sitzen sehen, der einen *Prinzessin-Lillifee*-Brustbeutel um seinen Hals trägt, und keine coole Bedienung in einem Berliner Szeneclub würde sich freiwillig das Trinkgeld in einen Brustbeutel stecken. Dabei hat dieser meist neonfarbene Umhängesack offensichtlich nur Vorteile gegenüber einem schnöden Portemonnaie. Er hängt immer direkt in Reichweite, kann nicht aus der Hosentasche rutschen und bietet Platz für die wichtigsten Habseligkeiten eines Klassenfahrers. Ähnlich wie die Hundemarke eines Soldaten sind im Brustbeutel alle wichtigen Informationen über einen Schüler enthalten, der Ausweis, der Schülerausweis (macht immerhin zehn Prozent Preisnachlass auf Kinokarten) sowie Kleingeld – und bei manchen Kindern auch eine Liste mit Verhaltensanweisungen der Eltern.

Der Brustbeutel ist auch bedeutend besser gegen Diebstahl abgesichert als andere Geldbeutel, da der geneigte Dieb entgegen dem schnellen Griff in Jackentasche oder Rucksack erst unter die Jacke gelangen muss. Dies schreckt eigentlich jeden Langfinger ab. Nur im Einzelfall kommt es dazu, dass ein Dieb unter die Jacke fasst, in die Kordel greift und dann im Trageband des Brustbeutels hängen bleibt. Dies kann man sehr schön beobachten, wenn man mal einen schnauzbärtigen Mann mit Lederjacke an der Spanischen Treppe in Rom davonrennen sieht, die Hand immer noch an einem schreienden Schüler festgetackert, den er am Hals hinter sich herzieht.

Gummistiefel

Eigentlich der unverzichtbarste aller Ausrüstungsgegenstände. Nur Gummistiefel können dem Explorationsdrang mancher Pädagogen standhalten, die sich spätestens nach zwei Tagen in der Enge einer Jugendherberge zu einer Wanderung genötigt sehen. Da die Beaufsichtigung eines oder mehrerer Klassenverbände eigentlich schon mehr als die durchschnittliche Gehirnleistung eines Erwachsenen in Anspruch nimmt, bleibt für sekundäre Funktionen wie »Karte lesen« oder »Rückwege erinnern« meist keine Zeit, was dazu führt, dass man sich irgendwann hilflos verirrt und abseits aller Zivilisation wiederfindet. Meist erlangen die bemühten Lehrkräfte die Orientierung jedoch wieder, bevor die ersten Erfrierungsopfer zu beklagen sind oder es zum Umsturz der Gesellschaftsform kommt, die stark an eine Diktatur machthungriger Zwölfjähriger im »Herr der Fliegen«-Stil erinnert. Und wenn nicht, dann hat man immerhin noch warme Füße!

Die meist unmodische Fußbekleidung aus Kautschuk stemmt sich tapfer jedem sauren Fichtenwaldboden, Schlick, Schlacke und Rotz entgegen, wenn der Rest des Schülers schon längst zu einer bibbernden Biomasse verkommen ist. Der einzige Nachteil ist die intensive Gasentwicklung, durch die es im luftdichten Schuhinneren spätestens nach zwei Stunden wie Opa Theos Mittelstrahl riecht. Gummi ist nun mal in beide Richtungen undurchlässig – was sich nicht von außen durch das Material seinen Weg bahnt, füllt der schwitzende Körper im Nu von innen auf. Spätestens nach zwei Stunden schwimmt der Fuß geradezu in den Stiefeln hin und her, der organische Schmier verhindert allerdings auch, dass man sich Blasen läuft, was wiederum ein Pluspunkt ist.

Gefürchtet waren in unserer Schule besonders die Gummistiefel von Sportlehrer Schmitz, die er uns bei seinen selbst erfundenen »Querfeldeinläufen« vorführte. Dabei handelte es sich um Wanderungen, deren Ziel er bestimmte, indem er sich mit zugehaltenen Augen mehrmals im Kreis drehte, abrupt stoppte und uns dann zeigte, wohin wir nun zu gehen hatten. Ob sich dort nun ein Brennnesselfeld, eine Bergspitze oder ein schlammiger Abhang befanden, war in Herrn Schmitz' Kosmos kein Hindernis, sondern vielmehr ein weiterer Grund, die verweichlichten Schülerkörper endlich mal vor eine angemessene Herausforderung zu stellen.

Schlafsack

Schulische Mittel sind begrenzt. Die der meisten Haushalte ebenfalls. Dies schlägt sich darin nieder, dass die ausgewählten Jugendherbergen und »Hotels« (sofern in dieser Kategorie der Begriff »Internierungslager« nicht besser passt) eher spartanisch ausgestattet sind. Spartanisch heißt in diesem Fall Etagenbetten mit Gitterrost, bequem wie eine Wanne voll Tischlernägel, meist ergänzt mit einer frottierten Polyesterdecke und einem Kopfkissen härter als Klitschkos Rechte. Also, wichtiger Tipp für den Klassenfahrtsurvivor: Schlafsack mitnehmen, wenn möglich, die Himalajavariante mit Dododaunen und Goretex-Schwitzschutzselbstreinigungsanlage. Der Schlafsack ist der einzige Weg, um zu verhindern, dass man innerhalb der ersten Nächte an der Polyesterbettdecke festfriert und dann am nächsten Morgen vom ADAC aus dem Bett geschnitten werden muss.

Außerdem geben Schlafsäcke auch ein wenig Heimatgefühl ab, sie sind wie ein kleines Stück Instantzuhause zum Aufrollen. Wenn die Lehrer beim finalen Zapfenstreich noch mal die einzelnen Zimmer abgehen, finden sie daher reihenweise Kinder wie die Ameisenpuppen in Schlafsäcke eingeschnürt. Nur die aus einem kleinen Loch herausragenden Gesichter und der in der kalten Zugluft kondensierende Atem zeugen von Leben in den Zimmern, schockgefrostete Teenager im Winterschlaf können wenigstens nicht nerven, was kann es für einen Ruhe suchenden Pädagogen Schöneres geben?

Feuchte Tücher

Unverzichtbar! Auch wenn dieses Mitbringsel bei den Mitschülern wahrscheinlich erst mal zweifelnde Blicke erzeugt, machen sich Feuchttücher aufgrund der mangelnden Hygieneanlagen der meisten Unterbringungen sehr schnell bezahlt. Auch schon im Reisebus, der höchstens mit einer hin und her schwankenden, unbeleuchteten Chemietoilette ausgestattet ist und geradezu dazu einlädt, mit dem nackten Hinterteil bei einem Schlagloch herzlich hinabzurutschen, sind Feuchttücher die Rettung. Am besten nimmt man die Dinger gleich kistenweise mit und macht damit sonstige Ausstattung wie Unterwäsche und Duschgel obsolet.

Die Toiletten von Jugendherbergen erinnern meist eher an die Güllegruben eines Römerlagers, nur die giftgrüne Siebzigerjahre-Kachelästhetik verrät, dass man sich nicht im Wald, sondern im zugigen Innenraum eines schlecht beleuchteten Nassraums befindet. An der Decke flackert eine milchverglaste Leuchte, in der sich Generationen von Fluginsekten selbst geröstet haben. Der Fußbodenbelag besteht aus rutschsicheren, grauen Viereckquadern, die mit einer verdickten Mixtur aus Sand und Schülerurin verklebt wurden. Die Taktik der Jugendherbergsleiter, lieber einen Spülschwamm an einer Ratte festzubinden, statt zu putzen, hat zu diesem unbarmherzigen Mörtel geführt, der schlimmer riecht als ein Bahnhofsklo im Karneval. Nach wenigen Augenblicken hat sich der Mief tief durch den Schülerschuh gefressen, wer also die nächsten zwei Wochen Klassenfahrt nicht nach einem Eimer Heringsdip duften möchte, muss vorsorgen.

Hier helfen nur feuchte Tücher! Einmal den Schuh ummantelt, schon sind die wenigen Meter bis zum Keramikthron unfallfrei absolviert, auch wenn man dabei aussieht wie ein Pathologe aus dem »Tatort«. Dann folgt direkt der nächste kritische Punkt, der Türgriff der Klokabine. Dieser beherbergt mehr Bakterien als eine Schale Erdnüsse in einer Szenebar.

Doch nachdem man diesen hygienemäßigen Krisenherd überstanden hat und sich im Inneren der Kabine befindet, kommt die nächste Prüfung menschlicher Leidensfähigkeit: der Klopott des Todes. Bis zur Oberkante vollgeschissen, die Spülung hat schon vor Ewigkeiten den Dienst quittiert, eine abgefranste Klobürste liegt vorwurfsvoll zugestaubt in der Ecke. Ein vor den Mund gehaltenes Feuchttuch beruhigt hier den ersten Brechreiz, bevor man die Verrichtungsanstalt damit abreibt und sich erschöpft, aber keimfrei niederlässt.

Dosenkost

Die Verpflegung der meisten Jugendherbergen ist im besten Fall grenzwertig. Eigentlich kann man froh sein, wenn die in der Suppe schwimmende Taube bereits tot ist und man ihr nicht noch mithilfe des Esslöffels den Rest geben muss. Teilweise liegt das Unverständnis fremder Tischgewohnheiten in den bekannten kulturellen Differenzen (wer jemals eine britische Familie gesehen hat, wie sie zum Frühstück weiße Bohnen mit einem Stück Toast aufwischt, das schlimmer vor Fett trieft als Dieter Bohlens Frisur, weiß, was gemeint ist), aber oft ist es auch einfach so, dass das von der Schule festgelegte Budget der Klassenfahrt so knapp ist, dass man schon froh sein muss, wenn sich die Schüler ihre Nahrung nicht selbst jagen müssen.

Ebenso sollte man genauere Erkundigungen danach vermeiden, was denn nun genau zubereitet wurde. Als ich einmal beim Anstehen in der Kantine die sympathische Dame mit dem Haarnetz fragte, was denn genau in der Gemüsesuppe drin sei, antwortete sie mit unvergleichlicher Eloquenz: »Gemöse und Suppe, was 'n sonst?«

Beliebtes Notfallmittel jeder Jugendherberge sind Eintopf und Schnitzel. Eintopf beschreibt eigentlich schon schön, was damit gemeint ist: »Ein – Topf.« Was genau sich in diesem einen Topf befindet, hängt davon ab, was der Jugendherbergsleiter in den letzten Wochen so auf der Landstraße plattgefahren hat. Aber auch ganze Blumenkohlstrunke oder Kartoffelschalen lassen sich in einem Eintopf geradezu grandios verkochen, nach mehreren Stunden im Sud kann ohnehin keiner mehr die Ingredienzien identifizieren – und sollte das Gesundheitsamt doch einmal aufmerksam werden, ist das Problem meist gegessen, bevor es genau untersucht werden konnte.

Ebenso verhält es sich bei dem Geheimfavoriten aller Klassenfahrer, dem SCHNIPOMA-Menü.

Schnitzel-Pommes-Mayo, der unverwüstliche Konsens aller Schülermägen. Auch wenn das durchfrittierte Panadeteilchen eigentlich mit entsorgten Klinikverbänden und aufgekehrten Haaren aus dem Friseursalon gefüllt ist, lässt es sich nach dem Ölbad wunderbar abschlucken. Um es kindgerecht anzurichten, wird der Panierlappen in einer besonders hippen Form dargereicht, es sollen schon Gammelfleischklumpen in Form von Dinosauriern und Pferden gesehen worden sein. Eigentlich eine ähnliche Perversion wie Bärchenwurst, denn wenn man Fettreste, Klauen und Zähne von Tieren verarbeitet und danach ein fröhliches Bärengesicht draufdruckt, bleibt es trotzdem essbarer Müll.

Deshalb muss man als Schüler vorsorgen und aus der Palette an Convenience-Food eine ausreichende Menge bereithalten, um nicht schon nach ein paar Tagen skorbutbedingten Zahnausfall zu bekommen. Nitrogenglutamat, Hydroxinneutronat und Phosphatsäure sind nur ein paar der konservierenden Wunderstoffe, die Hersteller in die haltbare Konservenrotze rühren, damit die über Jahre von *McDonald's* und Konsorten eintrainierten Geschmacksknospen der Schüler auch auf der richtigen Welle angefunkt werden. Beliebt ist auch eine Auswahl von möglichst preiswerten Jumbopackungen mit unverderblichem Knabberzeugs. Jeder Mensch mit Nase fürchtet besonders »würzige Zwiebelringe«, eine Leckerei, die kein Lebewesen außer einem Schülerkörper zu sich nehmen kann, und die riecht, als hätte man Omas abgeschabte Hornhaut von der Fußpflege frittiert.

Pflaster

Verletzungen sind fester Programmpunkt jeder Klassenfahrt, eigentlich sind die Lehrer schon froh, wenn ihnen nach ein paar Tagen statt der Schüler nicht ein einziger Haufen aus wundem Fleisch gegenübersteht, der nur schmerzerfüllt ächzt, anstatt zu sprechen. Nach mehreren Nachtwanderungen, unendlich erscheinenden Märschen durch ödes Brachland oder Spaziergängen durch ein Gestrüpp aus Dornenbüschen und Brennnesselfeldern hat es den meisten Schülern bereits die Haut von den Knochen gerieben. Während der Pädagoge in winterfesten *Jack-Wolfskin*-Schuhen und der dazugehörigen, farbig angepassten Outdoorjacke begeistert durch die Botanik streift, sind die Schüler ein Haufen mückenzerstochener, sonnenverbrannter Menschlein, die sich untereinander nur noch mit unterschiedlich intonierten »Aua«-Lauten verständigen.

Hier helfen nur noch Pflaster. Am besten greift man zur wasserfesten Vorratspackung der hochpreisigen Kategorie, alles andere versifft innerhalb weniger Augenblicke und fällt danach wie welkes Laub vom Arm. Eigentlich wären die meisten Schüler besser damit bedient, sich vor der Klassenfahrt Ganzkörperbandagen anlegen zu lassen. Eingerollt und mit Leukoplast versiegelt, würden sie dann zwar eher wie ein wiedererwachter Pharao aussehen – aber sicher ist sicher. Besorgte Eltern können ihre Kinder vor der Klassenfahrt auch komplett in Bläschenfolie einrollen, und wenn der Reisebus dann wider Erwarten gegen eine Felswand donnert, bleiben im Innenraum alle Kinder heil, und man hört nur ein ohrenbetäubendes »Plop Plop Plop«.

Taschentücher

Einer heult immer. Wenn man junge Menschen, deren Körper dauerhaft in der Hormondisco tanzen und die emotionale Erregbarkeit eines aufgekratzten Erdhörnchens haben, in einen Bus und ein Gebäude fernab von zu Hause sperrt, fängt spätestens nach zwei Stunden jemand an zu flennen. Die Gründe dafür sind vielschichtig, hier sind die wichtigsten aufgeführt:

»Ich will wieder nach Haaause!« (begleitet von lautem »Buhu«-Geheul)

»Ich will NIE wieder nach Haaause!« (siehe oben)

»Mara hat gesagt, dass Tobias gesagt hat, dass Julian denkt, dass Laura gesagt hat, dass ich sie nicht mag.«

»Boah, ich lieb den Timo so herbe, das ist so ein endskrasses Gefühl. Nee, das kann keiner verstehen, echt nicht! Ich lieb den sooo!«

HDNMLDAK – wird meist als SMS über die Sitzreihen im Bus hinweg gesendet und geht dem Geheul voraus. Heißt übersetzt: »Hab dich nicht mehr lieb, du alte Kacksau!«

»Das schmeckt überhaupt nicht nach Frikadelle!« (Okay, wegen so etwas heule nur ich.)

Bei Heulattacken jeglicher Art hilft es sehr, immer eine Packung aromatisierter Taschentücher dabeizuhaben, die Dinger werden im Verlauf der Klassenfahrt sicher bei zahllosen Gelegenheiten gebraucht. Außerdem bietet der nach Kamille duftende Trostspender eine unbezahlbare Gelegenheit, dem anderen Geschlecht nahe zu kommen, auch wenn es nur als mobiler Rotzfahnenhelfer ist.

Taschenmesser

Der unverzichtbarste aller Survivalgegenstände, das klassische Schweizer Taschenmesser. Jeder, der mal in einer nasskalten Nacht unter einem Einpersonenzelt vor einem stinkenden Gaskocher gesessen und versucht hat, die Dose Ravioli mit einem Stein zu öffnen, weiß, warum das Schweizer Taschenmesser die beste Erfindung der Welt ist, noch vor dem Internet, Fernsehen und der Bettwurst.

Es ist vielfach einsetzbar, egal, ob nun eine Dose geöffnet werden soll, der Chianti des Lehrers zu entkorken ist oder man mit einem Eisbären kämpfen muss. Natürlich hat jedes Taschenmesser eine Grundausstattung wie Messer, Korkenzieher oder Flaschenöffner (irgendwie fällt hier ein starker Zusammenhang zwischen Vollsuff und dem Besitz eines Taschenmessers auf), teurere Modelle sind dann noch mit weiteren Extras ausgerüstet, wie etwa:

Kompass: geradezu lebensnotwendig, damit man beim Aufstemmen eines Kastens Billigbier auch immer weiß, wo Norden ist.

Säge: Verschollen, fernab der Zivilisation in der eisigen Kälte eines nächtlichen Fichtenwalds, kann eine Säge Wunder wirken …

Schraubenzieher: Klassenfahrten zeichnen sich ohnehin durch starken Mangel an Privatsphäre aus, da wirkt ein klassischer Kreuzschlitz Wunder, wenn einmal schnell der Türgriff abgenommen werden muss – schon hat man stundenlang seine Ruhe.

Allerdings kann das Taschenmesser in der modernen, von starken Sicherheitsgedanken durchsetzten Gesellschaft auch Irritationen hervorrufen. Als die Toskanafahrt der Parallelklasse einen Tagesausflug in den Vatikan vorsah und Stefan Stichling sein wohlbewährtes Taschenmesser zum Apfelschälen zückte, wurde er direkt von drei Schweizergardisten angesprungen und mit auf dem Rücken verschränkten Armen über den Marmorboden geschleift. Vielleicht heißt es ja deshalb Schweizer Taschenmesser? Übrigens, nur damit manche Schüler gar nicht erst auf die Idee kommen: Nicht als Taschenmesser zählen Butterfly, Machete, Säbel, Dönermesser und Samuraischwert.

Sprite

Langweilige Zitronenbrause, so zuckersüß, dass man damit versehentlich Diabetiker umbringen könnte.

Korn

Hier wird's spannend. Korn und *Sprite* ergeben beim richtigen Mischungsverhältnis nicht nur ein hochprozentiges Erfrischungsgetränk, das bei ausreichender Zufuhr wieder Saft in Opas alte Pökelspritze gibt, sondern beide

Flüssigkeiten sind auch noch farblos und deshalb leicht zu konsumieren, ohne dass ein Lehrkörper davon Wind bekommt. Gut, es könnte sein, dass die Begleitungslehrer doch irgendwann skeptisch werden, wenn nach der dritten umherwandelnden *Sprite*-Flasche ein im Bus gesungenes »An der Nordseeküste, am plattdeutschen Strand« zu einem »Annn der Noaaadsäääküsssteee, am plaaattdeutschn Straaand« oder vielleicht sogar zu »lesbisch, lesbisch und ein bisschen schwul« verkommt. Natürlich sollte man tunlichst darauf achten, dass man das Gebräu in der *Sprite*-Flasche mixt, mit einer guten Flasche Weizenkorn auf der Klassenfahrt aufzuschlagen wird gemeinhin nicht gern gesehen. Alkohol ist im Schulkontext natürlich generell tabu, ein absolutes No-go, wie man unter Jugendlichen sagt, und jeder Lehrer wird gerne bestätigen, dass jeder Versuch der Schüler, sich während der Klassenfahrt zu betrinken, verhindert wird. Notfalls, indem er das Gebräu selbst trinkt und damit unschädlich macht. Man ist ja schließlich bereit, Opfer zu bringen.

Die »Bravo-Hits«

Die *Bravo* bildet nun schon seit über fünfzig Jahren ein Leitmedium in Sachen Jugendkultur. Nach der Lektüre einer Ausgabe weiß man folglich, dass es sich bei der sogenannten Jugendkultur um selbst geschossene Nacktbilder schlecht frisierter Fliesenlegerlehrlinge handelt sowie um Neuigkeiten aus der Welt der Bumsmusik. Da sich die *Bravo* auch im Musikbereich als Trendsetter versteht, gibt sie regelmäßig eine Kompilation auf den Markt, die für junge Menschen im Klassenfahrtalter so etwas wie der Heilige Gral ist.

Die »Bravo-Hits« ist eine Art Bibel der Klassenfahrer. Denn ebenso, wie in jedem noch so abgewohnten Hotelzimmer eine Bibel in der Nachttischschublade liegt, lässt sich in jedem noch so angeranzten Klassenfahrerverschlag mindestens eine, wenn nicht gleich mehrere »Bravo-Hits« finden. Mit der Geschwindigkeit der Zellteilung von Froschlaich erscheinen neue »Bravo-Hits«-Kompilations, auf denen sich zielsicher die schlimmstmögliche Mixtur aus Kaugummipop und degenerierter Bumsmusik findet, die die aktuellen Charts so hergeben. Simple Texte auf Vorschulniveau kopulieren hier mit einem konstanten 120-bpm-Kirmesschubserbeat, der direkt aus der Feder der Gesichtshandtasche Dieter Bohlen stammen könnte. Die Musiksammlung ist gerade richtig, um angetrunken und mit heruntergelassener Hose vor dem schiefen Turm von Pisa herumzustehen und zu einem batteriebeladenen Gettoblaster »DötDötDöderötDötDöt« zu grölen. Eigentlich kann sich der geneigte Musikliebhaber alternativ zur neuesten »Bravo-Hits« auch zwei Stunden lang einen elektrischen Dosenöffner ans Ohr halten.

Name
Der Erdkundelehrer –

Frau Doktor sitzt im Schrank

Klasse | Datum | Blatt

Frau Dr. Löfflers Unterlippe vibrierte. Die kleine Frau mit dem Pagenschnitt und dem Überbiss war schon wieder an ihrem Limit angelangt. Die Unterrichtsstunde war jetzt genau drei Minuten alt.

»Das ist ja ein ... Phaaalllus!«, geierte sie mit ihrer von Nikotin und Koffein ausgebleichten Stimme. Allein die lateinische Verklausulierung des riesigen Pimmels, der sich von Norwegen bis Dänemark erstreckte und einen gestrichelten Strahl in Richtung unseres derzeitigen Standorts Gelsenkirchen strullerte, brachte die dreißig Halbstarken vor ihrem Pult zum Lachen.

Frau Dr. Löffler hatte gerade eine der riesigen Europakarten ausgerollt, die Martin Siekmann in jeder Erdkundestunde aus dem Kartenraum holen musste. Diesmal schlug uns aber nicht nur der muffige Muff der vergilbten Karte entgegen, sondern auch die Zeichnung eines überdimensionalen Geschlechtsteils, das Gökhan in der Pause mit Edding aufgetragen hatte.

Darauf war unsere Erdkundelehrerin natürlich nicht vorbereitet, eigentlich war sie nie auf etwas vorbereitet. Denn leider war Frau Dr. Löffler mit einer äußerst instabilen Psyche ausgestattet und dafür prädestiniert, jeden Tag in ihrem Job als Erdkundelehrerin wie die pure Hölle zu erleben.

Wahrscheinlich wäre Frau Dr. Löffler auch mit dem Bewachen einer Ulme im Stadtpark überfordert gewesen, ein ganzer Raum voller Teenager mit dem

Name	Klasse	Datum	Blatt

Mitleidsempfinden einer Horde brandschatzender Wikinger war eindeutig zu viel.

Außerdem hatte sie eine verhängnisvolle Neigung zu Motivpullovern und erschreckte jeden Tag aufs Neue eine Klasse mit grob gestrickten Grausamkeiten. Mal jaulte ein Wolf vor einer nebelverhangenen Bergkette, mal saß ein Weißkopfseeadler auf einem Tannenzipfel. Das war feinste Paintbrush-Motivik auf Zopfmuster.

Wir hatten sie jetzt erst seit einigen Wochen, doch der Klassenkörper unserer akut pubertierenden 10b hatte das schmale Persönchen am Lehrerpult bereits so weit zermürbt, dass Frau Dr. Löffler meist schon gebückt den Klassenraum betrat. Es war ein trauriger Anblick, besonders wenn man bedachte, dass Frau Dr. Löffler eigentlich eine wahnsinnig nette Dame war, die irgendwann während ihrer Berufsfindungsphase einfach mal die falsche Abzweigung genommen hatte und nun dazu verdammt war, vierzig Jahre pure Tortur zu erdulden.

»Ähm ja, dann fangen wir mal mit Norwegen an, kann mir jemand sagen, wie die Hauptstadt dieses skandinavischen Landes heißt?«, versuchte sie nach dem Penis-Zwischenfall einen ersten Ansatz von Unterricht und verdeckte dabei mit ihrer kleinen, schmalen Hand das Wort »Oslo«, das irgendwo im Bannkreis des Pimmels lag.

»Penishausen«, rief Simon Burscheid und erzeugte großes Gelächter, wobei eines der Defizite von Frau Dr. Löffler für noch mehr Erheiterung sorgte, da ihr nämlich jedes Ironieverständnis abging. Sie nahm

Name	Klasse	Datum	Blatt

selbst die dümmsten Antworten ernst und neigte auch zur Beantwortung rhetorisch gemeinter Fragen.

»Nein, das ist nicht richtig, so eine Stadt gibt es nicht, Simon«, antwortete sie daher trocken wie ein Knäckebrot.

»Ich weiß es!«, brüllte Gökhan und weckte in Frau Löffler einen kleinen Hoffnungsschimmer.

»Ja, Gökhan, bitte«, huschte ein kleines Lächeln über die schmalen Lippen unserer Lehrerin, deren bange Hoffnung leider in genau drei Sekunden wieder enttäuscht würde.

3 ... 2 ... 1 ..., zählte ich im Kopf mit.

»Hodenhagen«, prustete Gökhan nicht unkreativ heraus.

»Nein, Hodenhagen liegt in Deutschland, Gökhan«, wiederholte Frau Dr. Löffler ihr Bekenntnis zum Ironieverzicht.

»Oslo«, erlöste ich Frau Löffler, was mir ein Wurfgeschoss von Gökhan gegen den Hinterkopf einbrachte.

»Gökhan, sofort nach vorne!«, erregte sich unsere ansonsten so friedfertige Pädagogin. Schlaff erhob sich Gökhan von seinem Stuhl und wankte an mir vorbei.

»So, du bekommst jetzt einen Tadel im Klassenbuch!«, ereiferte sich Frau Löffler und machte die Misere dann noch schlimmer, als sie triumphierend mit dem roten Stabilo über dem Klassenbuch herumfuchtelte. Kurz bevor sie ein Wort über Gökhans infantiles Verhalten niederschreiben konnte, nahm

Name	Klasse	Datum	Blatt

der ihr einfach den Stift weg und schmiss ihn aus dem halb offenen Fenster. Frau Löffler starrte erst ungläubig Gökhan an und dann ihrem bisschen Befehlsgewalt hinterher, das jetzt im Blättermatsch drei Stockwerke tiefer lag. Gökhan lächelte wie ein Scharfrichter mit Schüttellähmung.

»Ich halt das einfach nicht mehr aus ... aaaah«, brüllte sie und verkrampfte dabei ihr Gesicht und rannte schnurstracks Richtung Klassenzimmertüre, bog kurz vorher rechts ab und stieg in den leeren Schrank, der wie ein brauner Legostein in der Ecke des Raumes stand.

Meine Mitschüler und ich starrten fassungslos hinterher und vernahmen nur noch ein lautes »Klock«, und das Türschloss war verriegelt. Unfassbar, unsere Lehrerin hatte sich gerade vor unseren Augen im Putzschrank eingeschlossen.

Das war eindeutig ein neuer Tiefpunkt in der Lehrer-Schüler-Beziehung unserer 10b, auf dessen Thron sich eigentlich seit Jahren ein Referendar namens Trottmann hielt, der bei einer Vorstellungsstunde einen Heulkrampf bekommen und sich in die geballte Faust gebissen hatte.

Doch nun saß Frau Löffler im Schrank und schien auch keine Anstalten zu machen, sich wieder aus dem Mobiliar zu entfernen. Für sie war es wohl eine Art pädagogischer Panic Room, für uns Schüler, die über das Verhalten von Lehrern meist so viel reflektierten wie ein Wattwurm über Platon, war es eher eine Einladung, früher nach Hause zu gehen.

»Geil, schon Pause«, freute sich Gökhan und spornte

Name	Klasse	Datum	Blatt

damit auch die anderen zum kollektiven Aufbruch an.

Gerade als auch ich meine Sachen packen wollte, drang ein leises Wimmern durch die Luftschlitze an der Unterseite der Schranktür.

»Frau Löffler?«, fragte ich leise und klopfte leicht gegen die Schranktür.

»Geh weg ... geh nach Hause«, schluchzte es mir dumpf durch die Lüftungsschlitze entgegen.

»Und was machen Sie?«

»Ich bleibe hier drin ...«, war Frau Löfflers zugegeben etwas kindische Antwort.

»Für immer?«, war meine ebenso kindische Entgegnung.

»Ja, für immer, und jetzt GEH!«

Ich sah schon Archäologen in ein paar Tausend Jahren einen Buchenfurnierschrank im Sediment ausgraben, in dem die mumifizierten Überreste meiner Erdkundelehrerin im Motivpullover voller heulender Wölfe zu finden waren.

»Der Gökhan hat das nicht so gemeint, Frau Löffler!«, sagte ich und wusste ebenso wie sie, dass das gelogen war. Gökhan hatte es ganz sicher so gemeint. Gäbe es nicht Hindernisse wie Gefängnisse und Abschiebungsanträge, hätte er wahrscheinlich längst die Schule abgefackelt.

Schweigen. Keine Antwort mehr von der Pädagogin aus ihrer selbst erwählten Einzelzelle. Frau Löffler hatte endgültig alle Verbindungen nach außen gekappt, sie war auf der dunklen Seite des Mondes angekommen.

Name	Klasse	Datum	Blatt

Kurz überlegte ich, zum Sekretariat zu gehen, um den Schulleiter zu bitten, Frau Löffler aus dem Schrank zu holen, doch dann wurde mir klar, dass das ihre Situation nicht unbedingt verbessert hätte. Dann ging ich zu meinem Rucksack und holte mein Erdkundeheft hervor, auf dessen Vorderseite ein hechelnder Dackel in einem Flechtkorb abgebildet war, das war im Schulkontext fast so schlimm wie ein Motivpullover. Ich klappte die einzelnen Seiten auf und schob das Heft durch einen der Luftschlitze des Schranks. Ich hörte, wie eine kleine Hand danach griff und kraftlos darin herumblätterte.

»Du auch?«, drang es nach ein paar Sekunden flüsterleise durch die Holzwand.

»Ja, ich auch«, sagte ich und nahm mein Heft wieder durch einen der Luftschlitze entgegen. Ich blätterte noch mal die Seiten durch. Alles voller Penisse, die mir meine Sitznachbarn ins Heft gemalt hatten, manchmal mit Gesicht und Frisur, manchmal einfach nur mit meinem Namen drauf.

Kurz dachte ich darüber nach, selbst in den Schrank zu kriechen, aber anscheinend hatte mein Versuch, Frau Löffler zu zeigen, dass man solche Erlebnisse auch verdauen kann, ohne sich im Mobiliar einzusperren, Erfolg. Das Türschloss knackte, und plötzlich stand die kleine Frau mit dem Pagenschnitt vor mir.

»Danke«, sagte sie und drückte meine Hand.

Ein Himmelfahrtskommando

»Ich fahre dieses Jahr übrigens bei der Skifreizeit mit«, eröffnete ich meinen Eltern eines Nachmittags. Ihre Kinnladen klappten simultan herunter, als hätte ich gerade meine Konvertierung zum Islam bekannt gegeben.

»Was willst du denn beim Skifahren, das ist doch Sport?«, fragte meine Mutter, die gerade im *Fressnapf*-Katalog nach passenden Westen für unsere Dogge Adenauer shoppte. Gerade hatte sie ein winterfestes Modell mit der Aufschrift »Kampfscheißer« angekreuzt.

»Warum denn nicht, viele Leute fahren Ski«, hielt ich genervt dagegen. Mein Entschluss war gefallen, basta, jetzt mussten meine Eltern nur noch die 780 Mark Fahrgeld lockermachen. Die Wahrscheinlichkeit, dass sie das taten, war zwar geringer, als dass sie auf meine Bitte hin einem Wanderzirkus beitraten, aber egal, ich musste es versuchen.

»Das überstehst du doch eh nicht«, stellte mein Vater nüchtern fest. »Geh doch lieber in ein Terrorcamp, da stehen deine Überlebenschancen besser«, sagte er und konnte sich das Lachen nicht verkneifen.

Sie hatten recht, die Gefahr, dass ich ohne Beine, ohne Kopf oder ohne beides zurückkehrte, war nicht allzu gering, aber ich war bereit, das Risiko auf mich zu nehmen.

Aber es gab natürlich einen triftigen Grund, warum ich ausgerechnet in die bitterkalten Berge reisen wollte, anstatt es mir auf der alternativen Klassenfahrt in die Toskana bei einem Cocktail unter der Mittelmeersonne gemütlich zu machen. Hanna fuhr Ski.

Patrick hatte sofort abgewinkt und mich für verrückt erklärt, dass ich unsere Stufenfahrt wirklich auf so fremdem Terrain verbringen wollte. Auch seinen Hinweis, fünfhundert Kilometer jenseits der italienischen Alpen gebe es ebenfalls schöne Frauen, ignorierte ich geflissentlich. Eigentlich war ich sogar ganz froh, dass wir ausnahmsweise nicht zusammen fuhren, dann blieb mir mit Hanna wenigstens so eine Totalpleite wie in England erspart.

»Ich will aber …«, langsam setzte die pubertäre Trotzphase ein, ich war kurz davor, loszuheulen und die Türen zu knallen.

»Du hast doch gar keine Ski«, resümierte meine Mutter zu Recht. Ich war sechzehn und konnte gerade so ohne Stützräder Fahrrad fahren, da waren zwei Holzbretter und ein verschneiter Berg wie eine Direkteinladung auf die Intensivstation.

»Brauch ich gar nicht, die Schule verleiht welche … außerdem fahren alle mit!«, log ich eiskalt, denn eigentlich hatten sich nur sieben Schüler zu Beginn des Schuljahres für den Irrsinn angemeldet, der Rest, ungefähr hundert Mann, fuhr zu seinem Mittelstufenabschluss lieber in die Toskana.

»Wenn alle aus dem Fenster springen, machst du das dann auch?«, kam mein Vater mit ein wenig Hausfrauenpsychologie.

»Na ja«, lenkte ich ein. »… Eigentlich nur, wenn

Hanna Sommer mitspringt«, gab ich kleinlaut zu. Ich hatte verstanden, dass ich mit meinem eigentlichen Grund rausrücken musste, sonst würde das nie was werden.

Mein Vater schaute mich an, als würde er mit Röntgenstrahlen nach einem Rest Hirn in meinem dicken Schädel suchen, dann drehte er sich zu meiner Mutter um, und nun schüttelten beide den Kopf wie ein Paar Wackeldackel.

»Hanna Sommer fährt mit?«

»Ja!«

»Das ist aber bekloppt von dir, mein Sohn.«

Jetzt kam er wieder mit diesem »Mein Sohn«-Mist, diese Redewendung wurde nur angewandt, wenn ich aus seiner Sicht etwas besonders Bescheuertes vorhatte. Aber immerhin ritt er nicht länger auf der Vergeblichkeit meiner amourösen Absichten herum.

»Und was soll das kosten?«, fragte mein Vater, der wohl endlich einsah, dass ich von meinem Plan nicht abzubringen war. Als ich auf 750 Mark abrundete, wichen zuerst das Lächeln und dann die Farbe aus seinem Gesicht, er sah aus wie schockgefrostet. Wahrscheinlich rechnete er gerade aus, wie viele Schallplatten er für diese Unsumme bei *Easy Records* kaufen könnte.

»Das ist doch recht preiswert«, sagte meine Mutter unerwartet, der ungläubige Blick meines Vaters schwenkte von meinem verheulten Kuchengesicht auf die Lippen meiner Mutter, die gerade etwas gänzlich Unmögliches formuliert hatten. 750 Mark? Davon konnte man aus der Sicht meines Vaters den Ostblock sanieren, einen Mercedes kaufen oder zum Mond fliegen, für einen Trip in die Alpen konnte das nur ein Scherz sein.

Die erste Koalition war gebildet. Ich baute mich neben meiner Mutter auf und brachte seine Bastion letztlich mit der Information ins Wanken, dass die Klassenfahrt in die noch weiter entfernte Toskana sogar 1000 Mark kosten würde, was mein Vater nur mit einem Prusten quittierte.

Meine Mutter verschwand daraufhin im Keller und kehrte mit etwas zurück, das aussah, als hätte man meinen Sportlehrer Herrn Schmitz gehäutet. Ein lilafarbener Skianzug aus Ballonseide, Größe L (was in meinem Fall wohl für »Lächerlich« stand), mit gelben Reflektorstreifen auf der Brust.

»Der passt dir bestimmt«, strahlte meine Mutter und hielt mir das Ding vor die Brust. Woher der Anzug kam, konnte ich nur vermuten, mein Vater schaute jedenfalls, als hätte meine Mutter ein Andenken an einen Mann vor seiner Zeit aufbewahrt.

»Igitt, der riecht wie ein sonnengetrockneter Waschbärkadaver aus der Mülltonne«, protestierte ich.

»Sieht auch so aus«, sagte mein Vater und verschwand hinter der Tür seines Arbeitszimmers.

Nach einer guten Stunde unter Aufwendung aller menschlichen Kräfte hatten wir mich erfolgreich in die Pelle gedrückt, ich stand vorm Spiegel und musterte mich mit Abscheu. Es sah ein wenig aus, als hätte man einen Müllmann mit einem Zirkuszelt erdrosselt. Aus meinem Bauch war eine Buckelpiste aus Fettrollen geworden, es sah aus, als hätte man die *Milka*-Kuh mit der Gesichtshaut der Herzogin von Alba überzogen. In der viel zu engen Hose zeichnete sich mein Geschlechtsteil ab wie eine kleine Gewürzgurke.

»Och nee …«, stöhnte ich. Langsam kamen mir selbst Zweifel an meinem Vorhaben. Na ja, immerhin konnte ich mich bewerben, wenn die Bundeswehr mal eine rein schwule Gebirgsjägerstaffel zusammenstellen würde.

»Die Farbe ist doch toll, Basti, dann hebst du dich gut vom Schnee ab, falls dich eine Lawine überrollt«, sagte meine Mutter und meinte das wohl ernst. So wie ich aussah, nahm wahrscheinlich jede Lawine davon Abstand, mich zu berühren, geschweige denn zu verschütten.

Mein Vater kam aus seinem Zimmer und schaute mich an. Erst lächelte er. Dann grinste er. Und dann lachte er.

»Na ja, wenigstens sind wir ADAC-Plus-Mitglied, die können ihn nach dem Urlaub dann aus dem Skikondom rausschneiden«, sagte er und ging zurück in sein Zimmer.

Es stand fest, in drei Wochen würde ich über einen verschneiten Gipfel der Alpen rasen. Zumindest einmal, bevor die Sanitäter kamen.

Abschied auf Westfälisch

Meine Eltern im Schlepptau, stand ich vor dem ockerfarbenen Hintereingang meiner Schule, der im Minutentakt Menschenmassen in den kalten Novemberdonnerstag erbrach.

Unser Reisebus stand schon bereit: ein bemerkenswert luxuriöses Stück Spitzentechnik, auf dem der serifenreiche Schriftzug »Köhler-Reisen« prangte. Fünf silberne Sterne unter dem Schriftzug gaben uns zu Recht das Gefühl, die nächsten Stunden als Könige der Straße über den kalten Asphalt zwischen Gelsenkirchen und Jochgrimm zu schweben.

»Der ist aber schön«, bemerkte meine Mutter nicht ohne Neid. In Erinnerung an das Liegewagenabteil, das mein Vater bei unserer letzten Italienfahrt gechartert hatte, wäre sie wohl auch gerne mal mit einer solchen Luxuskarosse über die Alpen gebrettert.

Mein Vater hatte seinen Kopf derweil in seinem Straßenatlas vergraben, die letzten Tage hatte er damit verbracht, die einzelnen Fahrrouten farbig zu markieren und nach Gefahren und Stauwahrscheinlichkeit zu kolorieren.

Um uns herum spielten sich Szenen von epischer Tragweite ab, die anderen Eltern verabschiedeten ihre Kinder, als würden diese auf ewig ins Exil auf einen Wüstenplaneten im Sternbild Alpha Centauri verbannt. Der Vater meiner Mitschülerin Mona Bauerfeind bestand eigentlich nur aus Schnurrbart und Körperbehaarung, aus der ein Schwall Tränen in die Frisur seiner Tochter tropfte.

»Auf Wiedersehen, mein Engel ... mein Herz«, brüllte der kleine, halbglatzige Mann, und die Mutter, nicht viel größer, mit Hochsteckfrisur und roten Bäckchen, drehte sich weg und lehnte sich heulend an einen Baum. Mit Monas Rückkehr außerhalb eines Zinnsargs war wohl nicht mehr zu rechnen.

Meine Eltern und ich besahen das Spektakel mit einer gehörigen Portion Misstrauen, denn im westfälischen Emotionsfundus meiner Familie waren tränenreiche Abschiede und öffentliches Geheul nicht vorgesehen. Bei uns wurde auf die Schulter geklopft, viel Glück gewünscht (in meinem Fall eine passende Floskel, nur Gott und Glück konnten mir jetzt noch helfen) und sich umgedreht und nach Hause gegangen. Selbst wenn ich mir ein weißes Tuch mit rotem Punkt um die Stirn gebunden hätte und in Richtung Pearl

Harbor aufgebrochen wäre, hätte mein Vater mir wahrscheinlich eher die beste Flugroute über den Pazifik rausgesucht, als sich vor anderen Leuten tränenreich zu verabschieden.

Dass diese Reise ein einsamer Weg ins Harakiri werden konnte, wurde mir spätestens klar, als ich die braun gegerbte Gesichtsschwarte von Sportlehrer Schmitz sah, der mit einem Seesack und Profiski hinter dem Bus auftauchte. Er trug heute gelbe Ballonseide und hatte trotz seines Alters die Spannkraft eines Berglöwen in der Hüfte. Jeder seiner Schritte federte, und sein gerader Rücken warf einen langen Schatten auf das welke Herbstlaub.

»Viel Spaß in der Wehrsportgruppe Schmitz«, flüsterte mir mein Vater zu und schickte sich an, die Flucht zu ergreifen.

»'n Morgen, Bielendorfers«, ätzte Schmitz militärisch. Sein Rucksack war wohl nicht das Einzige, was er vom Bund behalten hatte. Verächtlich musterte er meinen Vater und mich, den Generationenvertrag der sportlich Ahnungslosen.

»Na, Bielendorfer, fertig?«, plärrte mir sein beachtlicher weißer Haifischmund entgegen. Schmitz tendierte dazu, jeden Satz eine Oktave höher zu beenden, als wenn die Batterie in seinem Kopf alle paar Sekunden zu überladen drohte.

Da stand ich im Blättermatsch, den lila Skianzug im Gepäck, meine Eltern wie zwei stille Monolithen böser Vorahnung hinter mir und vor mir die Symbolfigur meines sportlichen Scheiterns, die mir wie die Lebkuchenhaushexe den Weg in den Bus wies.

»Da entlang«, kommandierte er im gewohnten Ton eines römischen Heerführers und zeigte … hinter den Bus. Meine Eltern und ich wackelten nichtsahnend hinter dem Auspuff des Premiummodells von »Köhler-Reisen« herum und erblickten ein zweites Gefährt, das zwar gleich groß war, aber aussah, als hätte die GSG9 es für eine Terrorübung ausgebombt. Das Luxusmodell war wohl für die viel größere Toskana-Gruppe vorgesehen, deren Abreise ein paar Stunden nach uns stattfand. Von Patrick hatte ich mich bereits am Vortag verabschiedet, unsere Umarmung war ungewohnt frostig gewesen, er war wohl recht sauer darüber, dass ich statt einer gemeinsamen Fahrt in die Sonne lieber den sicheren Tod an der Bergkuppe vorzog.

Trotzdem gab er mir noch ein ernst gemeintes »Viel Glück« mit auf den Weg und riet mir mit verschwörerischer Miene, dass ich »mich jetzt echt mal reinhängen« müsse, »damit das mit Hanna klappt.«

»Am besten, du machst einfach jeden Blödsinn mit, das beeindruckt Frauen!«, sagte er und klopfte mir fast väterlich auf die Schulter.

Auf dem magentafarbenen Kasten war noch blass die Aufschrift »Bus Reihermann« zu erkennen, und aus dem kleinen Seitentürchen drückte sich ächzend ein dicker Mann mit durchgeschwitztem Hemd heraus, der uns unsicher durch eine Brille anlugte, die seine Augen auf den Umfang von Mandarinen vergrößerte.

»Hier is' Alpen«, fasste der Mann, der sich im Folgenden mit dem schönen Gleichnis »Ick heiß Örnst, und so bin ick auch« vorstellte.

Ernst oder, wie er es aussprach, »Örnst« war Busfahrer aus Leidenschaft und eher ein Mann der direkten Ansprache.

»Der is' aba bisken fett für 'n normalen Sitzplatz, oder?«, fragte Örnst daher ohne Umschweife, während er mich ansah und dabei völlig negierte, dass er selbst einen Hauptanteil der Maximalladung des Busses ausmachte.

»Das passt schon«, murrte ich, auch um die Aufmerksamkeit meiner Mitschüler nicht noch weiter zu erregen, die mich menschgewordenes Butterfässchen und meine Familie schon durch die verdunkelten Fenster unserer Seifenkiste beobachteten.

»Pass auf dich auf, mein Schatz«, trällerte meine Mutter mit schwerer Stimme und warf die Arme um mich. Die anderen im Bus lachten sich offensichtlich kaputt und vergaßen dabei, dass ihre Eltern sie wenige Minuten zuvor wohl noch tränenreicher verabschiedet hatten. Die Sorge meiner Eltern war wohl erst bei Beschau unseres Busses aufgekeimt, denn wenn man ehrlich war, konnten wir froh sein, wenn dieser marode Brotkasten mit dem dicken Örnst am Steuer es bis nach Herne-Wanne zur Autobahnauffahrt schaffte.

Mein Vater legte seine Hand auf meine Schulter und nickte still.

»Du machst das schon«, log er. Dann musste er wieder lachen. Ich nicht.

Alp(en)träume

»Toskana, Toskaaaana«, dachte ich nur, als ich aus der verschmierten Scheibe unseres Busses auf die kahle, graue Mittelstreifenbepflanzung der Autobahn starrte. Es roch nach Klo. Die enge Bustoilette war verstopft, nachdem Gökhan zum Spaß eine ganze Packung Tampons darin versenkt hatte.

Warum nur hatte ich mich für diese Kamikazefahrt entschieden? Ich konnte weder Ski fahren, noch war mir Schnee geheuer. In Gelsenkirchen schneite es eigentlich nie, und wenn doch, verrührten die Füße der Einwohner und der omnipräsente Feinstaub alles nach wenigen Stunden zu einer braunen Soße.

Doch dann tauchte ein Gesicht in der ersten Sitzreihe auf, das mich für alles entschädigte. Wie ein Sonnenstrahl schob sich der Glanz Hanna Sommers durch die klamme Luft der Innenkabine in mein Sichtfeld.

Nur um diesen Anblick zwei Wochen genießen zu können, hatte ich mich auf die Skifahrtliste gesetzt, auf der sich nach zwei Wochen gerade mal sieben Namen eingefunden hatten, die alternative Toskana-Reise war so überfüllt, dass die Schule einen extragroßen Bus chartern musste. Nur um bei Hanna sein zu dürfen, hätte ich mich auch auf eine Klassenfahrt zum Piranhaangeln in den Amazonas begeben. Ungemein strapaziöser waren allerdings die innerfamiliären Verhandlungen gewesen, die meiner Abreise vorangegangen waren. Bevor mein Vater die 750 Mark tatsächlich lockergemacht hatte, musste ich ihm noch eine Pro-und-Contra-Liste vorlegen, die mir wohl pädagogisch wertvoll klarmachen sollte, warum ich in den Alpen nichts zu suchen hatte.

Die leicht geschönte Auflistung meiner Gründe las sich dann in etwa so:

Pro
eine neue Sportart erlernen, Aufenthalt in der unberührten Landschaft der Alpen, mit der Fremdsprache Italienisch in Berührung kommen, meinen Körper stählen, frische Luft und ein gesunder Teint, mit Schulfreunden unvergessliche Erlebnisse sammeln

Contra
Verletzungsrisiko, hohe Kosten

Die starke Gewichtung der Pro-Punkte und der stechende Blick meiner Mutter hatten ihn schlussendlich zur Subventionierung bewogen. Hätte ich ihm die Liste meiner wahren Gründe für die Fahrt vorgelegt, wäre er wahrscheinlich weniger begeistert gewesen.

Pro
Hanna Sommer, Hanna Sommer, HANNA SOMMER!

Contra
als lila Leberwurst ungebremst über die Piste donnern, irgendwo am Berghang an einem Baum zerschellen, zwei Wochen mit Herrn Schmitz verbringen, Gefrierbrand in Hose und Hirn

Im Gedanken an zwei Wochen mit Hanna Sommer lehnte ich mich dann doch glücklich zurück. Das war Knochenbrüche, miese Verpflegung und eine Scheißkälte wert. Langsam sank ich in einen glücklichen Halbschlaf …

… bis das Chemieklo implodierte und fünfzig Liter blaubraune Pampe in den Innenraum des Busses erbrach.

Jesus war Tiroler

»Die is' hin«, resümierte Örnst und wühlte in dem blauen Matsch aus Klopapier, Damenbinden und Pennälerdreck, der ein wenig aussah, als hätte man die Schlümpfe püriert.

»Wer war das?«, brüllte Herr Schmitz durch den Bus, und die sieben Scheitel tauchten unvermittelt zwischen den Sitzreihen ab. Von einer auf Lebenszeit verbeamteten Lederhaut stranguliert zu werden war wohl nicht das Klassenziel.

»Gut, dann kackt hier keiner mehr«, urteilte Örnst salomonisch und schloss die Bustoilette ab, die fortan im Dunkeln einsam vor sich hinblubberte.

Herr Schmitz schaute mich verächtlich an, er vermutete wohl, dass ich die Havarie unseres Schlumpfklosetts zu verantworten hatte, aber solange ihm die Beweise fehlten, konnte er mich nicht irgendwo zwischen Innsbruck und Jochgrimm an einer Raststätte rauswerfen.

Am Horizont tauchten schon die puderzuckerweißen Spitzen der Alpen auf, weit konnte es nicht mehr sein, bis unser kleines Grüppchen von Schmitz zu Gebirgsjägeranwärtern gemacht wurde. Viel Erfolg würde er bei diesem Vorhaben allerdings nicht haben, denn außer Rene Maurer war kaum ein möglicher Rekrut anwesend.

Die Fennermann-Zwillinge waren unsere Nachbarn und Zeugen Jehovas, und seit der denkwürdigen Feier zu meinem siebten Geburtstag sprachen sie nicht mehr mit mir. Immer wenn sie mir am Gartenzaun begegneten, verdeckten sie die mir zugewandte Gesichtshälfte mit dem Handrücken, als wäre unser Haus die Brutstätte der Spanischen Grippe. Ihr Beisein bei dieser Tour war wohl nur damit zu erklären, dass Jehova keine Bikinis guthieß und es kaum eine Urlaubsform gab, bei der man sich umfassender verhüllen konnte als beim Skifahren.

Kemal hatte aus seinen Erfahrungen mit Schmuddelfilmchen gelernt und starrte deshalb begeistert auf das Mr-Bean-Video, das wahrscheinlich seit zwanzig Jahren den Videorecorder nicht verlassen hatte. Rene Maurer, unser Modellathlet, hatte dort, wo mein

Bauch an seinem Äquator jede Hose fast zum Platzen brachte, einen Eight-Pack, den er bei jeder möglichen und unmöglichen Gelegenheit zur Schau stellte. Da sein Körper die erforderlichen Eiweiße für zerebrales Wachstum ausschließlich in die Bauchmuskeln investierte, war in seinem Oberstübchen ungefähr so viel los wie bei einem Badehosenverleih in der Arktis.

In der ersten Reihe, neben Hanna Sommer, saß noch Mona Bauerfeind, Hanna Sommers beste Freundin, der Sidekick, das obligatorische weniger schöne Mädchen, das Wesen wie Hanna Sommer in ihrem Halbschatten mit sich führen. Mona hatte sich im Zwischenstadium vom Mädchen zur Frau etwas verlaufen, sammelte *Hello-Kitty*-Tassen und brüllte jedes Mal laut »Süüüß«, sobald eine Herde Kühe, Schafe oder Ziegen am Fenster vorbeizog. Insgesamt lieb, aber anstrengend wie ein Terrier auf Speed.

Vor diesem Publikum würde sich nun also entscheiden, ob ich endlich den Mut aufbringen würde, Hanna meine Liebe zu gestehen – optimalerweise nach dem Genuss mehrerer Flaschen Korn-*Sprite*.

Der Bus stürzte sich mit Kriechgeschwindigkeit die letzte Serpentine hoch und kam vor einer braun gestrichenen Holzbaracke zum Stehen. Über dem Hauptportal der Pension starrte uns vorwurfsvoll ein gekreuzigter Jesus in Lebensgröße an, darunter stand – nicht minder anklagend – ein kleinwüchsiger Alpenbewohner, der uns anscheinend bereits erwartete. Er schob seinen Schnurrbart wie eine Wurzelbürste über den Lippen hin und her, als er uns desolaten Haufen Schüler sah, der sich da hüftsteif aus dem Bus quälte.

»Allo, willkomme' in Jochgrimm, auche Passo di Oclini genannt, i bin Giuseppe, die Wirte von die schöne Pensione«, leierte er seinen Begrüßungssatz herunter, während er unsere Taschen aus dem Bus lud und im Matsch abstellte.

»Gestatten, Schmitz mein Name«, erwiderte unser Lehrer zackig, was dem stolzen Südtiroler nur ein Schulterzucken abrang.

»Kinder, verteilt euch auf die Viererzimmer, in zwei Stunden erwarte ich euch zur alpinen Einweisung im Speisesaal«, schmetterte er uns noch entgegen, während er seinen Seesack schulterte und uns ins Gebäude drängte.

Was auch immer das örtliche Fremdenverkehrsamt unter »Zimmer« und »Speisesaal« verstand – irgendwas musste bei der Übersetzung vom Italienischen ins Deutsche verloren gegangen sein. Denn bis auf weitere anklagende Jesusfiguren in jedem Raum verzichtete man hier anscheinend auf jegliche Behaglichkeit – Heizung und Warmwasser eingeschlossen. Selbst in einer christlichen Sekte fand man wahrscheinlich weniger Jesusdarstellungen pro Quadratmeter als hier, unsere Berghütte war katholischer als der Kölner Dom. Die Viererzimmer waren mit geschmiedeten Stockbetten ausgestattet, auf denen Armeedecken zum gegenseitigen Lausen einluden. Immerhin darin war ich bereits Experte.

Ich bezog in aller Eile eines der Stockbetten, denn meine Mission war klar: eine möglichst gute Figur machen, Hanna beeindrucken und anschließend fest an meinen lilafarbenen Skianzug drücken.

Wenn, also nur, wenn ich das hier überlebe, dachte ich, als ich kurze Zeit später den haarlosen Hinterkopf von Herrn Schmitz neben einem riesigen Haufen Skiausrüstung hin und her wackeln sah.

»6:45 Uhr, Aufstehen!«, schallte es durch den Flur, von dem die Zimmer der Wehrsportgruppe Schmitz abgingen. Durch den schmalen Spalt des Vorhangs schoben sich die ersten Sonnenstrahlen in unser Vierbettzimmer, während Schmitz in voller Skimontur gegen die Zimmertüren klopfte, als stünde das gesamte Gebäude in Flammen.

»Kommt schon ... hopp, hopp, hopp«, röhrte der Gelsenkirchener Vierzehnender in die kalte Morgenluft. Langsam drehte ich mich aus meiner Schlafstätte und fand dort, wo ich den Fußboden vermutete, nur Luft vor. Mit einem lauten »Klatsch« fiel ich aus dem Hochbett und knallte auf den Linoleumboden.

»Alta ... der mit seinem verdammten hopp, hopp, hopp, ich bin doch kein Hase«, murrte Kemal und tapste an mir vorbei, während man aus der hinteren Ecke des Raums das Zurren eines Reißverschlusses hörte. Rene Maurer war schon fertig angezogen und stapfte Richtung Zimmertür. Schleimer.

Knappe zwanzig Minuten später hatte ich mich in meinen Skianzug gepresst. Ohne die Hilfe meiner Mutter, die ächzend jede Welle meines Körpers in die Folie faltete, gestaltete sich das Anziehen noch schwieriger, ich wand mich auf dem Linoleumboden als würde ich gerade einen Backstein kacken.

Gut, an Sitzen, Hocken oder Husten war nicht mehr zu denken, nachdem ich mich erfolgreich in die Pelle eingenäht hatte. Doch besser als in Jogginghose durch den Schnee zu latschen, dachte ich, während ich meine Füße in die bereitgestellten Skischuhe zwängte. Schmitz hatte uns am Vorabend noch mit Skigymnastik malträtiert, die stark an Übungen zur Stärkung des Beckenbodens erinnerte und uns danach die Funktionsweise der circa hundertteiligen Skiausrüstung erklärt.

»Ihr müsst den Teller zwischen eure Beine klemmen, die Schenkel leicht anwinkeln und dann zusammenpressen«, machte uns Herr Schmitz in einer seiner beliebten Trockenübungen die Verwendung des Tellerlifts klar.

Er trug passenderweise den Skianzug Darth Vaders, sattschwarz und aus hochwertigem Nylon hergestellt, der in der Alpensonne glänzte wie eine Schlangenhaut. Nebenbei saß der hautenge Anzug bei ihm, im Gegensatz zu mir, natürlich auch noch wie angemalt, jeder gespannte Muskel seines Athletenkörpers zeichnete sich deutlich unter der schwarzen Hülle ab. Darth Schmitz war im Vergleich zu dem röchelnden Superbösewicht aus Star Wars allerdings auch noch ein höchst biegsames Männlein, das uns bereitwillig die wichtigsten Bewegungen des Skifahrens demonstrierte. In der Hocke traten seine gespannten Pobacken wie zwei Halloweenkürbisse aus dem engen Profiskianzug hervor, die mich als ein düsteres Vorzeichen anlachten.

Neben ihm harrte der kleine Südtiroler von gestern aus, der in seiner Lederhose, den fichtengrünen Kniestrümpfen und seinem karierten Hemd jeden Räuber-Hotzenplotz-Wettbewerb gewonnen hätte. Mit einem Gesichtsausdruck wie ein Nierensteinabgang stellte er sich erneut als »Jsäpe« vor. Giuseppe war für die Sicherheit am Tellerlift verantwortlich, was hauptsächlich bedeutete, dass er mit einer Zigarette im Mund an einen Holzbalken gelehnt dastand und etwas in seinen fusseligen Bart nuschelte, sobald die Mechanik des Lifts versagte. Seine braune Hand kratzte an der Kraterlandschaft, die sein Kinn umlagerte und ein beachtlicher Wald aus schwarzem Brusthaar drang zwischen dem halboffenen Hemd hervor. Während wir Städter eingepackt waren, als müssten wir die Marsoberfläche untersuchen, vertrieb Giuseppe jeden Anflug von Grippe einfach durch seine omnipräsente schlechte Laune.

»Bongstorno«, gurrte Giuseppe an seiner Zigarette vorbei, er schaute skeptisch an unserer Gruppe entlang, wie ein General im Krieg, der erwartete, dass nur die Hälfte der Truppe zurückkehrte. Herr Schmitz antwortete weltmännisch mit einer halben Verbeugung und einem »Buon Giorno«, was Giuseppe zumindest ein leichtes Heben seines Arms wert war. Diese Geste sollte wohl bedeuten, dass wir uns jetzt mal gefälligst auf den Sitz schwingen sollten, bevor wieder Massen von Urlaubern mit ihren dicken Hintern und absurden Skianzügen seine Anlage verstopften.

Ratternd glitten die schwarzen Gummisattel durch die klapprige Holzhütte und schossen mit beachtlicher Geschwindigkeit die Steigung des Berges hinauf, um dort stecknadelgroß in einem Gegenstück der Hütte umzukehren und den Berg wieder hinunterzurasen. Andere Touristen waren noch nicht zu sehen, zu dieser Urzeit schliefen die meisten wohl noch ihren Kater vom Après-Ski aus.

»Habt ihr euch auch alle ordentlich eingecremt?«, fragte Herr Schmitz in einem eigenartig väterlichen Ton, während am wolkenlosen Himmel eine fast schon weiße Sonne emporkletterte.

»Ja, Herr Schmitz«, logen wir gemeinschaftlich. Bis auf die Fennermann-Zwillinge, die ihren blassen Teint komplett mit Sonnenschutz 50+ imprägniert hatten, verzichteten wir alle auf derartigen Klimbim.

Wenn man schon schwerverletzt im ADAC-Hubschrauber nach Hause geflogen wurde, dann wenigstens mit gesunder Gesichtsfarbe.

»Habt ihr verstanden, wie der Tellerlift funktioniert?«

»Ja, Herr Schmitz«, hallte es erneut über das weiße Panorama. So weit über der Baumgrenze konnten wir endlos ins Tal hineinschauen. Dort waren hauptsächlich Bäume zu sehen, sonst begrüßte das italienische Alpenland unsere Augen durch nichts als weiße Unendlichkeit.

Unsere siebenköpfige Wehrsportgruppe Schmitz war schon ein kümmerlicher Haufen. Zwei asthmatische Zwillinge, ein Türke, der in seinem Skianzug wie ein Bergmufti aussah, Mona und ich von der Mozartkugelfraktion und Rene Maurer, der neben Hanna Sommer als einziger dreinschaute, als hätte er vor, die Auffahrt zu überleben.

Gut, dann alle mir nach … hopp, hopp, hopp«, dadaierte er die deutsche Sprache zu einem neuen Höhepunkt und sprang auf seinen schwarzen Lift-Sattel. Mit einer fließenden Bewegung schoss unser Sportlehrer den Berg hinauf. Langsam reihte sich ein Mitglied der Wehrsportgruppe Schmitz nach dem anderen ein, ich blieb als Letztes zurück und schaute meinen Mitschülern nach, wie sie langsam in die Ferne gezogen wurden.

»Alta … komm schon«, brüllte Kemal und Hanna Sommer drehte ihren Engelskopf zu mir um. Ihre blauen Augen blitzen mir kurz zu, während ich steif wie eine Moorleiche den Tellerlift anstarrte.

Jetzt hieß es Mut beweisen. Ich sprang auf das schwarze Ding zu und umklammerte es mit meinen Schenkeln wie ein Koalababy. Ich packte das gummiummantelte Halteseil und versuchte, die Ski in die eingefahrene Spur zu dirigieren … es gelang, sehr gut. Ich atmete tief ein, die weiße Horizontale zog mit einem scharfen Wind an mir vorbei, nicht mehr lang, dann würde ich neben Hanna Sommer auf der Bergkuppe stehen und vor ihren Augen hinunter rasen, die Schallmauer durchsieben, ein Kugelblitz der Leidenschaft.

»Alta, hasse geschafft, geilo!«, brüllte Kemal anerkennend, wieder konnte ich Hannas Augen wie zwei *Wick Blau* zu mir zurückschauen sehen. Jetzt musste ich Haltung bewahren, sportlich aussehen, die Umklammerung möglichst entspannt wirken lassen.

Gerade, als sich ihre blonde Mähne wieder der Bergspitze zudrehte, hörte ich ein kurzes Knacken im Seilzug und der Gummidraht, an dessen Ende ich immer noch mit der Kraft einer Schraubzwinge den Sattel umklammerte, straffte sich an einer Steigung so plötzlich, dass mir der Teller zu entgleiten drohte. Panisch lockerte ich meine Beinpresse und klammerte mich mit den Händen an den Teller. Durch die plötzliche Gewichtsverlagerung gerieten mir die Skier auseinander, ich machte einen Spagat, der mir fast die Leisten brach und landete auf dem Arsch. Das Drahtseil riss mich unterdessen unerbittlich wie einen Schneepflug den Berg hinauf, sodass sich vor meinem Schritt langsam eine Schneewalze bildete. Trotzdem versuchte ich weiterhin so entspannt zu schauen, als würde ich gerade eine Yogastunde durchleben. Um gar nicht erst den Verdacht aufkeimen zu lassen, es wäre etwas außer Kontrolle geraten, brüllte ich laut: »Macht das Spaß … juchuuu!«

Währenddessen fror mir meine Zeugungsfähigkeit ab.

»Jo, Geiloooo«, brüllte Kemal zurück.

»Suuuuper!«, schrie ich den Berg hinauf.

Dann war ich oben und fast ein Eunuch.

Mettamorphose

Als ich am Ende des Skilifts ankam, wartete die Wehrsportgruppe Schmitz bereits auf mich. Ich schob die halben Alpen in meinem Schritt spazieren, und aus der weißen Kugel, die der Lift während der tausend Höhenmeter um mich herum geformt hatte, schaute gerade noch mein ächzender Kopf heraus.

»Na, Bielendorfer, hast du mal ordentlich durchgefegt, ha, ha?«, lachte Schmitz, während ich mich aus meinem Schneemannkostüm schälte und mich selbstbewusst zu meiner Gruppe stellte. Aus den meisten Gesichtern war der Mut gewichen, Mona Bauerfeind schnaufte wie ein Lastochse, selbst Kemal verschlug es das erste Mal auf dieser Reise die Sprache.

»Boah, is' dat hoch«, flüsterte er mit ersterbendem Stimmchen.

Unter uns lag eine endlose Schneedecke, im Tal konnte man unsere Jugendherberge nur noch in Miniaturgröße ausmachen. Bei dem Anblick wurden uns gemeinschaftlich die Knie weich. Auch wenn Herr Schmitz betonte, dass es sich um die Anfängerpiste handelte, wären die meisten von uns wohl eher mit einem Regenschirm in der Hand aus einer Cessna gesprungen, als hier einen blutenden Abdruck ihres Körpers in eine Fichte zu hämmern.

»So, der Rene wird euch jetzt mal vormachen, wie man diese Abfahrt nimmt«, sagte Herr Schmitz und zeigte auf Rene Maurer, der in seinem hautengen Skidress vor uns stand und sich bereitmachte. Rene sprang kraftvoll vom Plateau ab und glitt wie ein schwarzer Pfeil den Berg hinab. Hypnotisierend wippte seine Hüfte hin und her, er durchsiebte den frischen Pulverschnee wie eine Gewehrkugel und kam exakt an dem Punkt zum Stehen, wo der Tellerlift uns heraufbefördert hatte. Jetzt winkte uns der Arsch auch noch gewinnend zu.

Die Fennermann-Zwillinge blickten ausdruckslos in den Abgrund, der Tod war für jemanden, der in meiner Nachbarschaft aufwuchs, wohl keine abschreckende Perspektive mehr.

Kemal räusperte sich und würde bestimmt gleich ebenso mutig die Abfahrt bewältigen. In der eher dem Patriarchat zugeneigten Kultur des Islam hieß es jetzt männliche Stärke beweisen, den Heldenmut vor den weiblichen Bestandteilen der Wehrsportgruppe zur Schau stellen und mit ebengleicher Grazie den Berg bezwingen … dachte ich zumindest.

»Geh du …«, knöterte Kemal durch seinen beachtlichen Bartwuchs. Frühe Reife und ein Dasein als Moslem verpflichteten ihn wohl doch nicht zum Mut. Ich beschloss, noch etwas Zeit zu schinden, schaute auf meine Ski, drückte die Schuhe noch mal mit aller Wucht in die Scharniere, zupfte meine Handschuhe zurecht.

»Ich überprüf nur noch mal die Technik«, stellte ich fest, die Lüge war offensichtlich, ich hatte gar nichts an mir, was dem Wort »Technik« gerecht werden würde.

»Wenn der Bastian sich nicht traut, mach du's ihm mal vor, Hanna?«, gellte Schmitz spöttisch, und wie gerufen, schnallte sich Hanna die Skibrille vors Gesicht und schoss den Berg hinunter. Alles an ihr war athletisch, symmetrisch, als hätte der Schöpfer einen guten Tag gehabt. Ich konnte Kemals Augen an Hannas Hintern kleben sehen – ich warf ihm einen scharfen Blick zu, diese Phantasie war für mich reserviert. Kemal schaute mich verstohlen an, er hatte verstanden. Wenige Augenblicke später stand Hanna neben Rene am Skilift im Tal und winkte uns pflichtbewusst zu, wahrscheinlich philosophierte Rene Maurer gerade darüber, was für eine »Pipiabfahrt« das hier war und dass hoffentlich bald gefährlichere Pisten auf uns zukommen würden.

Mir reichte der Schwierigkeitsgrad dieser Piste gerade aus, um mit meinem Herzschlag wahrscheinlich gerade eine Erdbebenwarnung für die Alpen auszulösen.

»Solltest du zu schnell oder unsicher werden, lass dich einfach fallen, Bielendorfer, der Pulverschnee bremst dich«, gab mir Herr Schmitz noch mit und schaute mich mit ein wenig Unsicherheit an. War das ein Ratschlag der Marke »sollte das Flugzeug brennen, spring einfach heraus, der Boden bremst dich« oder ernsthafte Sorge?

Schmitz' Blick brannte in meinem Rücken wie eine Wagenladung ABC-Pflaster, der kühle Wind strich über meine Stirn, ich blähte nervös meine Wangen auf und zog den Riemen meines Skihelms fest.

»Im Notfall einfach fallen lassen«, wiederholte ich Schmitz' Ratschlag, spannte alle Glieder an, die durch Kälte und die Wurstpelle sowieso schon versteift waren, und begab mich in Position.

Langsam glitt ich über die Kuppe Richtung Tal, den Blick gesäumt von den orangefarbenen Netzen der Pistenbegrenzung, nahm ich langsam Fahrt auf. Im Tal konnte ich Rene Maurer erkennen, er stand wie

Michael Schumacher in einer Marmeladenwerbung mit dem Skihelm in der Armbeuge da und wartete auf mich. Neben ihm glänzte Hanna in der Wintersonne. Wenn ich noch ein paar Stundenkilometer schneller würde, könnte ich Rene von seinen Skiern brezeln und alles wie einen Unfall aussehen lassen. Gekonnt schwang ich meine Hüften hin und her, zerschnitt den Schnee mit meinen Skiern und schoss die Piste hinab. Die Bergluft strich pfeifend an meinem windschnittigen Körper entlang, langsam sah ich die Schallmauer auf mich zurasen, wenige Augenblicke noch, und ich würde sie mit brennenden Skiern durchschlagen, um mich herum würden die Bäume abknicken wie in Tunguska. Bastian Bielendorfer, die fleischige Skisupernova, würde in die Geschichte der Alpen eingehen.

Langsam wurde Rene Maurer immer größer, nur noch wenige Meter, dann würde ich die Skier quer stellen, die Bremskraft ihrer Kanten ausnutzen und einen Berg aus Pulverschnee über sein hämisches Grinsen und seinen Eight-Pack wirbeln lassen. Fast konnte ich schon die Grübchen seines fettarmen Gesichts erkennen. Rene und Hanna wurden größer und größer und … kleiner. Langsam entfernte sich Rene Maurer, mein Kopf war ihm gefolgt, während mein Körper weiter brettsteif über die Piste siebte, irgendwo war mir wohl der richtige Punkt zum Bremsen abhandengekommen. Mechanisch winkte mir Hanna nach, während ich versuchte, die Skier quer zu stellen, was nicht klappte. Da blieb nur »fallen lassen und sich vom Pulverschnee fangen lassen«, wie es mir Schmitz geraten hatte. Ich schaute auf den betonharten Schneeboden, der unter mir vorbeizog. Wenn ich mich jetzt fallen ließ, würde Schmitz meinen Eltern wahrscheinlich nur noch meine blutige Skibrille überreichen können.

Also raste ich wie ein Torpedo des Todes in den Nadelwald am Talhang, links und rechts watschten mich Zweige wie in einer Autowaschanlage ab. Bevor ich auf ewig einen Abdruck meines Gesichts in eine Tanne, Baujahr 1930, zementierte, ließ ich mich doch lieber fallen. Mit einem lauten »Rums« grub ich mich tief in den Pulverschnee, die Skier flogen davon und führten ihre Talfahrt ohne meine Beteiligung fort. Aus dem Rauschen der vorbeiziehenden Bergluft war plötzlich völlige Stille geworden, ich lag im Schnee und schaute an den turmhohen Tannen hinauf, über die sich ein blaues Firmament spannte. Immerhin war nichts gebrochen, dachte ich und suchte trotzdem erst mal meinen Oberkörper nach ein paar aus der Haut ragenden Knochen ab, die ich wegen der Kälte und des Schocks wahrscheinlich noch nicht spürte. Doch langsam sickerte auch der Bodenfrost in meine Glieder, es fühlte sich an, als würde der blanke Schnee in meinen Anzug rieseln.

Mühsam richtete ich mich auf und stellte recht schnell fest, warum die Kälte so schnell in meinen Anzug gekrochen war. Mein Spandex-Jumpsuit war nur noch zur Hälfte vorhanden, der Rest klebte in Einzelteilen an den Tannen hinter mir, es sah ein wenig aus, als hätte ich schon mal für Weihnachten mit Lametta vordekoriert.

Ich sah an mir herunter, aus dem Stofffetzen an meiner Mitte schob sich ein kleines Wohlstandsbäuchlein, darunter waren noch Bruchstücke meiner Thermo-Unterhose zu sehen. Nun sah ich in dem zerrissenen Fetzen aus wie ein fetter Schmetterling.

Phantastisch!

Zum Glück konnte mich die Wehrsportgruppe Schmitz wegen des dichten Geästs nicht sehen, da hätte ich ja gleich vor Hanna Sommers Augen in meinen Tornister scheißen können, um für immer unten durch zu sein.

Was nun? Wieder den Berg hochkriechen, Herrn Schmitz den Verlust der Schulskier beichten und vor der gesamten Skigruppe dastehen wie ein explodierter Silvesterböller mit Persönlichkeitsstörung? Noch ein Stück das Tal hinunter konnte ich einen kleinen Ort ausmachen, der an das klassische Idyll erinnerte, das man von Eisenbahnmodellen kennt. Kleine, eingeschneite Blockhäuser, aus deren Schornsteinen weißer Rauch in die kalte Bergluft quoll.

Ich stapfte in Richtung Ortschaft, allein der Gedanke, in diesem Aufzug vor dem hämisch grinsenden Herrn Schmitz zu stehen, trieb mich den Berg hinab.

Als ich an der ersten Straße ankam, blieb ich stehen und orientierte mich. Auf der Bergspitze konnte ich unsere Jugendherberge stecknadelgroß erkennen, wahrscheinlich telefonierte Schmitz gerade mit meinen Eltern und teilte ihnen mit, dass sie sich einen neuen dicken Sohn suchen müssten.

»Huuuup Huuuup HUUUUUP«, trötete mich das dröhnende Signalhorn eines alten roten Lasters an, der sich gerade den Berg hinabquälte. Der Fahrer schien nicht die Absicht zu haben, anzuhalten, vielmehr versuchte er wohl, mich mit Schallwellen von der Straße zu schieben. Ich sprang zur Seite und landete wieder im graubraunen Schneematsch, der sich abseits der Straße aufgeschichtet hatte.

Die Bremsleuchten des Wagens blinkten auf, er hielt an – leider zwanzig Meter zu spät, um mich als Blutfleck in den Asphalt zu hämmern. Wurde Südländern nicht eine latente Homophobie nachgesagt? Hoffentlich stieg jetzt nicht ein hutzeliger Opa mit Gamsbart und Flinte aus, um mich behelmten Exhibitionisten von seinem Bergkamm zu knallen. Ich starrte in den blauen Himmel über mir und in die Pfütze aus Schneematsch neben mir. Vielleicht bemerkte mich der Mann ja gar nicht, wenn ich einfach hier liegen blieb und mich tot stellte. Nur ein weiterer erfrorener Deutscher im Karnevalskostüm, der versucht hatte, den Berg zu besteigen, und nun irgendwo am Straßenrand festgefroren war. Ich dachte an eine Dokumentation über den Mount Everest, die ich kürzlich gesehen hatte, zahllose Tote lagen da auf dem Weg zum Gipfel, auf ewig zu Eis erstarrt, weil man sie in der Höhe nicht bergen konnte. Die anderen Bergsteiger mussten auf ihrem Weg in die Höhe an diesen Eismumien vorbei, die wie fleischgewordene Warnschilder jeden zum Umdrehen aufforderten. Vielleicht war ich das auch bald, ein fleischgewordenes Warnschild, wie man es besser nicht macht, wie man das Mädchen nicht kriegt, wie man nicht Ski fährt, wie man den Erfolg zu seinem persönlichen Feind erklärt.

»Basti?«, fragte das Männlein in einer vertraut hellen Stimmlage. Woher nur kannte der Lasterfahrer meinen Namen? Plötzlich tauchte Hanna Sommers Lächeln über mir auf, 32 Elfenbeinzähne, die in einem rosa Plüschbett aus Zahnfleisch lagen. Ich riss die Augen auf, ich musste tot sein, war das eine Erscheinung? So schnell konnte man doch eigentlich nicht erfrieren.

Dann tauchte neben ihr der ganz und gar weltliche Giuseppe auf und brüllte: »Stroonzoo!« Kopfschüttelnd schaute er mich an. Verachtung war auch ohne gemeinsame Sprache leicht zu vermitteln. Ich lag weiterhin wie eine Schildkröte auf dem Rücken im Matsch und versuchte zu wirken, als hätte ich alles unter Kontrolle.

»Mensch, wir dachten schon, dir wäre was passiert«, sagte Hanna. Hörte ich da Erleichterung aus ihrer Stimme?

»Ach Quatsch, alles kein Problem«, versuchte ich selbstbewusst den Umstand zu verschleiern, dass meine Kleidung nur noch in Fetzen hing und ich mich vor ein paar Minuten im Straßengraben noch der kalten Umarmung des Erfrierungstods ergeben wollte.

»Die Piste war doch pipi, ich dachte, ich schau mal, was da noch kommt«, log ich und zog den Bauch ein, der trotz des Versuchs wie ein stummer Vorwurf unschön aus dem Riss an meinem Anzug quoll.

Hanna Sommer war wahrhaftig zu meiner Rettung angereist. Wenn man ihr dabei immer so nahe kam, würde ich mich ab jetzt halbtags auf die Autobahn schmeißen.

Ich rappelte mich mit Giuseppes Hilfe aus meinem Schneeverlies und kletterte mit Hanna auf die Vorderbank des Kleinlasters.

»Witzig sein«, hatte mein Vater gesagt, mit Witz könne man bei Frauen mehr erreichen als mit gutem Aussehen. Komisch, dass die meisten Supermodels dann nicht mit Clowns verbandelt waren!

»Ey, hört mal, warum können Frauen nicht Ski fahren?«, schoss also der erste Witz über meine Lippen, der mir einfiel, nachdem Giuseppe den stotternden Motor in Gang gebracht hatte. Kemal hatte ihn auf der Busfahrt erzählt, eine Kolumne in der *Emma* kam für ihn danach wohl nicht mehr infrage.

Giuseppe schniefte einmal, Hanna schaute mich erwartungsvoll an.

»Weil es in der Küche nicht schneit!«, polterte ich siegessicher und schaute meine Beifahrer an. Volltreffer, Hanna guckte mich an, als hätte sie Klebstoff geschnüffelt, beschämt wandte sie sich ab und schaute aus dem Fenster auf die Berge, nur Giuseppe erwachte aus seiner Lethargie, anscheinend war seine Wortkargheit doch nicht der fremden Sprache geschuldet.

»Chaaachachachachacha«, prustete unser bärtiger Skiliftbewacher und trommelte auf das Lenkrad.

»Nix Schnee in Küsche … chachachacha«, krähte Giuseppe, mit meinem öffentlichen Chauvinismus war ich gerade vom Stronzo zum Freund geworden, ich bekam einen Highfive, während ich in der Spiegelung des Seitenfensters Hannas Augen sehen konnte, die genervt in ihren Höhlen kreisten.

»Hihihi«, machte ich einen letzten Versuch, Hanna noch zum Mitlachen zu bewegen, der Humor von sechzehnjährigen Jungen und Mädchen schien nicht deckungsgleich zu sein. Ich verstummte.

Phantastisch, mit dem bärtigen Liftbremser war ich nun verbrüdert, doch Hanna, die neben mir saß, war weiter weg als je zuvor, dachte ich, während unser Laster langsam, aber stetig den Berg hochkroch.

Als Hanna und ich aus dem Wagen stiegen, rang sich mein Sportlehrer einen kurzen Moment der Erleichterung ab, ein dünnes Lächeln huschte über sein Gesicht, wahrscheinlich war er froh, meinen Eltern statt meiner Überreste die lebendigen 86 Kilogramm Basti überreichen zu können.

Kemal umarmte mich herzlich, und auch meine anderen Mitschüler schienen erleichtert, vielleicht auch weil Herr Schmitz nach meinem Verschwinden das Skifahren erst mal unterbrochen und somit noch ein paar andere Amateure vor dem Tod bewahrt hatte.

Selbst die Fennermann-Zwillinge, die sonst das Emotionsspektrum eines Pantoffeltierchens besaßen, atmeten auf, erleichtert darüber, dass sie heute nicht mehr die Abfahrt hinuntergetrieben wurden.

»Wo sind deine Skier, Bielendorfer?«, fragte Schmitz nun doch wieder im schneidigen Ton eines Admirals – richtig, da war ja noch etwas. Die Skier waren nur eine Leihgabe der Schule, wahrscheinlich eine preiswerte Methode, überfüllte Klassenräume auszudünnen.

»Ähm, weiß nicht …«, war mein genialer Versuch, die Erklärung zu vermeiden, dass diese jetzt irgendwo im Tiefschnee 1000 Meter unter uns lagen.

»Dafür wird dein Vater aufkommen müssen«, motzte Schmitz und ging mit strammen Schritten in unsere Herberge.

Bei der Subventionspolitik meines Vaters war es wahrscheinlich eine gute Idee, heute Nacht den Berghang nach den verdammten Dingern abzusuchen.

Der Froschzauber

Hochbetten sind eine Erfindung von Sadisten. Ein platzsparendes System zum Schlafen zu entwickeln, ist nichts Verwerfliches, wenn es allerdings gegen alle internationalen Sicherheitsvorschriften verstößt, müsste man eigentlich irgendwann auf die Idee gekommen sein, es zu verbieten. Jeder Mensch, dessen Körper jenseits der Idealmaße angelegt ist, kann in Hochbetten nicht schlafen. Sei es zum einen, weil sie so schmal sind, dass man in ihnen wie Dracula im Sperrholzsarg liegt, zum anderen, dass entweder die Zimmerdecke oder der Hintern des Bettnachbarn so nah über einem schweben, dass selbst Maulwürfe klaustrophobische Schübe bekommen würden.

Ich schlief oben, unter mir konnte ich Kemal selig schnarchen hören, fahles Mondlicht fiel an die Wand und machte aus ein paar Tannenzweigen gruselige Schattenspiele. Rene Maurer glänzte durch Abwesenheit, er hatte sich schon vor einer Stunde auf Einladung hin ins Mädchenzimmer geschlichen, dieser Drecksack. Kemal schien dies nicht allzu viele Sorgen zu bereiten, er sägte selig ganze Tannenwälder nieder, während mir Gedanken wie Güterzüge durch den Kopf schossen. Erst Hanna und Patrick und jetzt Hanna und Rene, irgendwie hatten meine Reisebemühungen außer peinlichen Unfällen und exorbitanten Herzschmerzen bisher nicht viel gebracht. Frustriert sprang ich vom Hochbett und weckte Kemal.

»Wasn«, maulte er und drehte sich von einer Seite auf die andere.

»Schläfst du schon?«, fragte ich so laut, dass die Antwort darauf nur »Nein« lauten konnte.

»Boah … Schnauze«, murrte Kemal.

»Kann nicht schlafen«, sagte ich.

»Spannend«, erwiderte Kemal genervt. Ein anregendes Gespräch war wohl heute nicht mehr zu erwarten.

Plötzlich sprang die Tür auf, ein leicht schielender Rene schaute durch die spaltweite Öffnung und nuschelte etwas von »Wollta nich rüberkommn, die Mädels ham gefra…«. Noch bevor er den Satz beenden konnte, war ich bereits an ihm vorbeigerannt, selbst Kemal schien die Einladung zu gefallen, und er schälte sich noch mal aus den Federn, behielt dabei aber seinen fragwürdig engen Schlafanzug an.

Als wir den Raum betraten, hatte die Ansammlung von Mädchen, beleuchtet vom warmen Licht einer einsamen Kerze, fast etwas Konspiratives. Mona Bauerfeind saß im Schneidersitz in der Zimmermitte, hinter ihr lag Hanna auf der Bettkante und hatte den Kopf auf die gekreuzten Handgelenke gestützt, ihr blondes Haar schimmerte im Kerzenschein. Die Fennermann-Zwillinge saßen etwas abseits, lange Schatten fielen über ihre wie immer ausdruckslosen Gesichter, während Rene Maurer mit einer Flasche herumfuchtelte.

»Muss erst ausgetrunken werden, sonst können wir nicht spielen«, resümierte Rene folgerichtig und hielt die Flasche in die Luft, in ihr schwappte eine blaue Flüssigkeit hin und her, die sofort alle Alarmglocken läuten ließ, denn Nahrungsmittel sind in der Regel nicht blau.

»Was ist das?«, fragte ich vorsichtig, denn eine solche Farbe assoziierte ich eher mit Motorenkühlmittel als mit einem Getränk.

»Bah, hassu etwa das Chemieklo leer gemacht?«, schlussfolgerte Kemal. Bei genauerem Hinsehen erinnerte der Inhalt wirklich an die Sturzflut, die vor Kurzem noch durch unseren Businnenraum gesaust war.

»Blue Curaçao mit Orangensaft und einer Geheimzutat, nennt sich Froschzauber«, antwortete Rene unverdrossen. Ich sparte mir zu erfragen, was die »Geheimzutat« sein sollte, wahrscheinlich hatte er WC-Steine hineingerührt.

»Ich bin Moslem, ich trink nix«, zog sich Kemal umgehend und endgültig aus der Affäre, die Fennermann-Zwillinge schüttelten ebenso synchron den Kopf. Für jemanden, der schon Butter auf dem Zwieback als flippig erachtete, war Renés Klo- und Rachenputzer sicher nicht geeignet. Mona Bauerfeind verweigerte mit Hinweis auf ihr Sodbrennen, nur Hanna murmelte zustimmend: »Ein kleines Schlückchen wird schon gehen«, was natürlich jede Verweigerung meinerseits unmöglich machte. Solche Mixturen wurden ebenso wie die Unzahl ungenießbarer Piña-Colada-Bowlen aus der Zwei-Liter-Vorratsflasche eigentlich nur für Klassenfahrten hergestellt. Außer zur Berauschung Minderjähriger und jenseits des rechtsfreien Raums eines Schulausflugs war derartiger Mist nicht zu gebrauchen, höchstens wenn man mal ein Ofenrohr putzen musste. In meinem Kopf wiederholte ich Patricks Mantra »locker bleiben und alles mitmachen«, also kippte ich mir bereitwillig den blauen Pampf in den Hals. Schmeckte erstaunlich gut, vielleicht hatte ich mir aber auch nur gerade simultan alle Geschmacksknospen weggeätzt.

Die Flasche kreiste ringsum zwischen Rene, Hanna und mir, bis sie leer war. Langsam legte sich ein beachtlicher Schleier der Betrunkenheit über mein Bewusstsein, der Hannas makellosem Äußeren zusätzlichen Glanz verlieh.

»So, nu isoweit, Zeug is' leer, gibbed jetzt Wahrheitodapflicht, oda was?«, lallte Rene Maurer und blies beim Rülpsen die Backen auf.

»Wahrheit oder Pflicht« war das wahrscheinlich verhängnisvollste Spiel, dem man sich als Halbstarker aussetzen konnte. Entweder man war gezwungen, bei »Wahrheit« einen peinlichen Seelenstriptease hinzulegen, oder wurde bei »Pflicht« genötigt, mit dem Schlüpper auf dem Kopf Blödsinn zu machen.

Mit einem kratzenden Geräusch setzte sich die Flasche auf dem staubigen Linoleumboden des Mädchenzimmers in Bewegung, sie drehte und drehte sich und blieb wider Erwarten nicht bei mir stehen.

»Hanna«, hustete ich unabsichtlich heraus, die Flasche zeigte direkt auf Hanna Sommer, die das auch gleich mit einem breiten Grinsen und der Wahl »Wahrheit« goutierte.

»Bissu verliebt?«, fragte Kemal, bevor überhaupt jemand bestimmen konnte, was man Hanna denn jetzt zu fragen habe.

»Du bist nicht dran … immer der, der dreht, Rene is' dran«, motzte Mona Bauerfeind, wahrscheinlich auch genervt von der Tatsache, dass ihr diese Frage niemand stellen würde.

Rene nickte nur dümmlich und sagte: »Ach okay, is' okay, die Frage« und versuchte dabei sehr ungeschickt zu verschleiern, dass er sehr wahrscheinlich genau das Gleiche gefragt hätte, wenn man ihm die Wahl gelassen hätte. So wie ich natürlich auch.

»Ja«, sagte Hanna kurz und knapp. Auch wenn es regelkonform war, hatten wir drei Jungs auf etwas detailliertere Angaben gehofft.

Nun drehte Hanna, erneut schien sich die Flasche endlos im Kreis zu drehen, bevor sie endgültig vor Rene zu stehen kam. Hanna lachte, und ihre Stimme klang seltsam verzerrt, fast mechanisch, in der Nüchternheit von Kemal und den anderen spiegelte sich unser Schwips nur umso deutlicher.

»Pflicht«, sagte Rene, ohne zu zögern. Stand ihm gut, dieses fast schon traurige Bedürfnis zur Selbstgeißelung. Wenn uns in ein paar Jahren die Wahl zwischen Zivi und Wehrdienst blieb, sah ich Rene schon vor meinem geistigen Auge begeistert einen Köpper in den Dreck machen.

»Mach zehn Liegestütze«, forderte Hanna wenig einfallsreich. Rene ging sofort geschmeidig vom Schneidersitz in die Waagerechte über und ließ seinen Oberkörper so tief heruntersinken, dass seine Nase den

Boden berührte. Hanna hatte ihm einen idealen Anlass zur Selbstdarstellung gegeben. Um noch mal so richtig schön auf die Kacke zu hauen, machte Rene sogar gleich zwanzig Liegestütze, die letzten nur auf einem Arm. Ich wäre schon mit zwanzig Strecksprüngen überfordert, dachte ich.

Nur unmerklich außer Atem, richtete sich Rene wieder auf und glitt zurück in den Schneidersitz.

Beim nächsten Durchgang hielt die Flasche bei Mona Bauerfeind. Ihr breiter Mund verzog sich zu einer schiefen Linie, die wie eine Schlucht von einer Wange zur anderen verlief. »Pflicht«, sagte sie halbherzig und strich sich mit der Hand unsicher über den Unterarm. Mona war weder besonders schön noch besonders hässlich, weder besonders dumm noch intelligent, sie war einfach in jeder Hinsicht durchschnittlich, jedenfalls glaubten wir Jungs dies über sie zu wissen. Neben Hanna Sommer verkam ihre Normalität allerdings zu einer tragischen Minderwertigkeit, Monas Beisein ließ Hanna noch schöner und Mona selbst noch durchschnittlicher wirken.

»Küss den Bielendorfer«, ätzte Rene Maurer bösartig und zeigte dabei auf mich, als hätte ich bis eben noch keinen Namen gehabt.

»Nein«, sagten Mona und ich fast gleichzeitig. Vor Hanna Sommer ihre beste Freundin zu küssen, das war unmöglich, dachte ich und suchte leicht verzweifelt Kemals Blick, als wäre er der Herrscher über das Regelwerk.

»Pflicht ist Pflicht, Mona«, murrte der nur kurz und grinste mich etwas mitleidig an. Jetzt fiel mir wieder ein, was ich an diesem beknackten Spiel immer blöd gefunden hatte.

Widerwillig beugte sich Mona zu mir rüber und

drückte mir mit spitzen Lippen einen trockenen Kuss auf. In dem Moment, als unsere Lippen sich berührten, erröteten wir beide ein wenig, die ganze Hülle von absurder Abgeklärtheit, die man sich selbst in diesem Alter gerne andichtete, fiel einen kurzen Augenblick zusammen. Ich sah, dass sie dabei die Augen zudrückte, als wollte sie Orangen auspressen, also tat ich es ihr gleich und dachte ganz, ganz kräftig an Hanna Sommer.

Rene Maurer grölte wie auf der Südtribüne, Hanna lachte wieder mit verzerrter Stimme, und die Fennermann-Zwillinge schüttelten den Kopf, ein Bewegungsmuster, dass ihnen eindeutig vertraut war.

Erst als wir uns voneinander entfernten, machte Mona die Augen wieder auf. Dann wischte sie sich übertrieben dramatisch den Mund an ihrem Ärmel ab, als wäre ich ein überdimensionaler Herpeserreger.

Hanna lachte noch immer, und Mona warf ihr einen scharfen Blick zu, sie hatte wohl etwas mehr Unterstützung von ihrer besten Freundin erwartet.

»Meinssu ihr heiratet baldma?«, fragte Kemal und lachte, worauf alle anderen, selbst die doofen Fennermann-Zwillinge, mit einstimmten. Mona ächzte genervt auf und setzte wieder die Flasche in Gang.

Hanna. Wieder Hanna, die diese Wahl des Schicksals allerdings mit einem kurzen Augenrollen akzeptierte und erneut gackerte, als wäre ihre Stimme chemisch gereinigt worden.

»Wahrheit«, wählte sie erneut, Kemal spitzte schon die Lippen zur nächsten intimen Frage.

»Hast du ein Geheimnis, das keiner kennt?«, fragte Mona ganz plötzlich und fuhr sich am Ende des Satzes mit der Zunge über die Lippen.

Auf einmal erblasste Hanna Sommer wie ein altes

Foto, aus ihren Gesichtszügen wich das Lächeln, und ihr Gackern erstarb in einer eigenartigen Stille. Sie schaute Mona mit aufgerissenen Augen an, diese wandte ihren Blick aber nicht ab, sondern fixierte Hanna weiterhin. Die Raumtemperatur schien innerhalb von Augenblicken in den Minusbereich gefallen zu sein, Kemal neben mir nestelte an seiner sehr figurbetonenden Schlafanzughose herum, während Hanna weiterhin wie versteinert ihre beste Freundin ansah. Einen Moment lang schien die Zeit in einzelne Bilder zu zerfallen, ein unangenehmes Brennen kletterte vom Bauch in unsere Köpfe, ich atmete einmal tief ein.

»Ich hab keinen Bock mehr auf das Spiel«, sagte Hanna und schob die Flasche angeekelt von sich weg, die Kerze flackerte kurz in der Bewegung auf und zeichnete einen bleichen Schatten unter ihre Augen.

Warum hatte Mona das gefragt? Wenn die beiden so eng befreundet waren, wie es die letzten Jahre den Anschein hatte, war sie doch sowieso die Einzige, die die Antwort kannte?

»Gut, ich mach weiter«, platzte Rene plötzlich in die Stille und erlöste uns alle. Er griff zur Flasche und drehte sie erneut. War er einfach nur so unsensibel, oder war das sein Weg, einer so unangenehmen Stille zu entkommen? Egal, wir alle waren dankbar, dass die Erdanziehung mit seinen Worten wieder eingesetzt hatte, ich nickte Rene anerkennend zu, und er schien zu verstehen, was ich damit meinte.

»Bielendorfer«, hörte ich Rene sagen, doch er schaute nicht mich an, sondern in den Raum zwischen uns. Die Flasche zeigte auf mich …

Aufgewacht

Der nächste Morgen schmeckte wie ein kalter Döner aus einem Bahnhofsmülleimer. Ich richtete mich mit einem Geräusch auf, als wäre meine Wirbelsäule aus Eichenholz. Alles knackte und knarzte, ein paar Lichtstrahlen der Morgensonne fielen durch den Häkelvorhang, über mir konnte ich Kemal nur ein lang gezogenes »Scheeeiiißee« krächzen hören. Ich griff mir an die Stirn, mein Kopf schien zu brennen, jede Bewegung schmerzte. Langsam tippelte ich in den Waschraum und machte die Deckenleuchte an. Die Halogenleuchte flackerte ein paar Sekunden auf und tauchte das Badezimmer dann in einen grellen Beigeton, ich schlug mir eine Handvoll Wasser ins Gesicht.

»Aua«, brüllte ich vor Schmerz, als das kalte Wasser über mein Gesicht schwappte.

»Was is' denn?«, fragte Kemal, der nun ebenfalls im Waschraum stand und mich aus halb offenen Augen ansah. Als ich zu ihm hinüberblickte, musste ich kurz auflachen, denn die Abdrücke seiner Skibrille hatten sich butterdosengroß über sein Gesicht gelegt. Die Haut unter der Brille war hell, drum herum war sie dunkelbraun geworden.

»Uhhh, du sies abba schlimm aus«, sagte er, und auf einmal sah ich mein Konterfei im Badezimmerspiegel aufblitzen. Knallrot wie ein frisch gekochter Hummer, nur die weiße Butterbrotdose um meine Augen ließ vermuten, dass unter dem verbrannten Fleisch ein Mittelstufenschüler verborgen lag. Die Alpensonne hatte unbarmherzig die ersten drei Hautschichten meines Gesichts durchgeröstet, anders als bei Kemal hatte das aber nicht zu einer schönen Sommerbräune geführt, sondern eher zum geschwollenen Gegenstück eines Pavianhinterns. Hektisch rieb ich mir über das Gesicht, doch jede Berührung tat furchtbar weh und führte nur dazu, dass ich mich noch mehr wie ein pfannenfrisches Köttbullar fühlte.

Plötzlich klopfte es an der Tür, Kemal drehte sich weg und flüchtete in einen der Toilettenverschläge, um diese Uhrzeit konnte es eh nur einen Besucher geben.

»Bielendorfer!«, durchschnitt Herrn Schmitz' Pädagogenorgan die klamme Zimmerluft wie ein Säbel, er klang noch energischer als sonst. Ich blickte vom Waschbecken auf und sah, dass sein Gesicht noch unzufriedener dreinblickte als sonst. Herr Schmitz sah fast schon wütend aus. Okay, eigentlich war gute Laune ihm ähnlich unbekannt wie Rücksicht oder Einfühlungsvermögen, aber selbst für sein sonstiges Emotionstriumvirat aus genervt, gestört und gelangweilt wirkte er sehr verstimmt.

»Wie siehst du denn aus?«, fragte er zu Recht, selbst ein Jahr lang unter der Sonnenbank zu schlafen führte nicht zu so einer Gesichtsrosette.

Ich knurrte nur mürrisch: »Zu geringer Lichtschutzfaktor.«

»Wohl eher gar keiner!«, sagte er und schien nicht viel Mitleid mit mir zu haben. Unvermittelt sprang die Tür des Mädchenzimmers auf, eine verkatert aussehende Hanna streckte ihren Kopf heraus und wehrte einen Teil des einfallenden Lichts mit der ausgestreckten Hand ab.

»Alles okay, Herr Schmitz?«, fragte sie, der Auftritt der Wehrsportleiters war mal wieder so laut, wahrscheinlich waren gerade ein paar Eichhörnchen vor der Herberge mit Hörsturz vom Baum gefallen.

»Du auch?«, zitterte seine Stimme, als er Hanna sah. Er hatte recht, im gleichen Moment fasste sich Hanna ins Gesicht und spürte einen brennenden Schmerz. Auch sie sah wie frisch frittiert aus.

»Gleiche Creme …«, warf ich lässig in den Flur, bevor sich die Tür des Mädchenzimmers schloss und man einen gellenden Schrei von Hanna hören konnte. Energisch griff mich Schmitz am Arm und zog mich in Bettkluft durch den Flur, während er erbost »Du kommst mit« murmelte. Bevor wir das Ende des Ganges erreicht hatten, drehte ich mich um und sah Kemal in der Tür stehen, er winkte mir zu, als würde er mit einem Abschied für immer rechnen.

1984

Ich zappelte herum und fragte mehrmals, was er von mir wolle, doch Schmitz reagierte nicht und schmatzte, nur herum, als würde er auf seiner Zunge kauen. Wir gingen die granitgeflieste Treppe Richtung Erdgeschoss hinunter, an den holzvertäfelten Wänden hingen ausgeblichene Fotos von früheren Schülerausflügen. Zahllose Kinder winkten dem Betrachter zu, grinsten und machten ihre ersten Skiversuche, die allesamt auch nicht viel kunstvoller wirkten als das, was wir gestern fabriziert hatten.

Im Erdgeschoss angekommen, dirigierte mich Schmitz am Arm um eine riesige Lache aus weißer Farbe herum, anscheinend war hier vor Kurzem ein Maler von der Leiter gefallen. Die Hand immer noch schwer auf meiner Schulter, stieß er einen Raum auf, der die Bezeichnung »Portinaio« trug. Dahinter lag ein muffiger, kleiner Raum, der nach Zigarettenqualm und kaltem Kaffee roch. Abgesehen von der Größe, hätte es auch ein Lehrerzimmer sein können. Ein zerwühlter Schreibtisch und eine einsame Hydrokulturpflanze im Neonlicht, die schon vor Langem eingegangen war, komplettierten das Bild eines lieblosen Gesamtkonzepts. Sonst hausierten eigentlich nur die Ludolfs freiwillig in solch exorbitanter Tristesse.

Hinter dem Schreibtisch thronte Giuseppe, unser Liftbediener, Lebensretter, Macho und Wurmloch der guten Laune. Angestrengt starrte er auf einen kleinen Bildschirm, der in Schwarz-Weiß vor ihm flimmerte.

»Stronzo«, murmelte er und blickte kurz auf, um mich mit einem abfälligen Blick zu bedenken, der deutlich weniger wahllos war als seine bisherige Ablehnung, 100 Prozent pure Giuseppe-Abscheu, exklusiv nur für mich. Unser Schulterschluss und die Verbrüderung über chauvinistische Witzchen vom Vortag schien völlig vergessen zu sein, Giuseppes Laune war ausgeglichen wie die Ökobilanz von China.

»Da, schau nur hin!«, befahl Schmitz und schob mich einen weiteren Schritt in Richtung Bildschirm. Bisher sah man nur das Bild einer Eingangspforte, ein Prachtstück architektonischer Ideenlosigkeit, grauer Steinboden, der Absatz zur Haupttreppe, die Eingangstür am Bildschirmrand wippte ganz leicht im Wind und verwies darauf, dass dies ein Video und kein Standbild war. Langsam zeigte an der rechten Bildkante ein Timer Uhrzeit und Datum an, die Aufnahme war heute entstanden, besser gesagt, vor fünf Stunden, um 3:42 Uhr in der Nacht.

Plötzlich bewegte sich etwas im Bild, eine Tür schien sich außerhalb der Sichtweite geöffnet zu haben und ließ künstliches Licht in den Eingangsflur fallen. Dann klatschte aus dem Nichts eine ganze Eimerladung weiße Farbe auf den grauen Boden und zerplatzte zu einer grotesken Furchenlandschaft. Das Zeug floss umgehend in Richtung Eingangspforte. Langsam regte sich ein winziges bisschen Erinnerung in mir, wie ein minimaler Impuls durchzuckte es mich, doch bevor überhaupt ein Signal vom Gehirn zum Mund geleitet werden konnte, tauchte ein Umriss im Bild der Überwachungskamera auf.

Es war Herrn Schmitz' tiefschwarzer Skianzug, selbst auf dem matten Bild des kleinen Fernsehers schimmerte das hochwertige Material noch edel. Dann setzte sich die Person in dem Skianzug in Bewegung, stieß sich mit zwei Skistöcken ab und glitt auf Skiern über die weiße Farbe, hin und her, immer genau im Blickfeld der Kamera.

Schon in der ersten Sekunde war mir klar, dass ich das war, den ich dort sah. Der ungelenke Gang, die unsachgemäße Anwendung der Skier, die Proportionen, die gar keinen Platz fanden in Herrn Schmitz' Luxusanzug und sich bereits ganz offensichtlich einen Weg vorbei an Stoff und Reißverschluss gebahnt hatten. Ich quoll aus allen Ecken und Enden der Pelle hervor, ein DNA-Test war nach dem Videobeweis auf jeden Fall überflüssig.

»Stronzo«, sagte Giuseppe erneut und kaute dabei wütend auf einem Zigarettenstummel herum. Auch Herr Schmitz bemühte sich um Fassung und fixierte das Videobild wie einen Feind. Erbost zog er sein ganzes Gesicht zusammen, sein Schnurrbart schien dabei in Richtung Stirn zu wandern.

»Du Verbrecher«, stieß er daraufhin endlich hervor, während wir alle noch gebannt auf den Bildschirm starrten, auf dem ich weiterhin hakelig, aber seelenruhig meine Kreise in der weißen Farbe drehte. Schlagartig kehrten zumindest ein paar Erinnerungsfragmente zurück. Nachdem die Flasche auf mich gezeigt hatte, hatte ich »Pflicht« gewählt und damit eindeutig die falsche Wahl getroffen. Rene hatte lange überlegt und dann etwas völlig Hanebüchenes vorgeschlagen: »Klau dem Schmitz den Skianzug.«

Diese Worte tauchten jetzt wieder vor mir auf. Dort, wo in normalem Geisteszustand sofortige Ablehnung einer solchen Wahnsinnstat klar gewesen wäre, hatte am Vorabend eine ungesunde Mischung aus Trunkenheit und jugendlichem Übermut die Führung übernommen. Die Anfeuerungsrufe der anderen hallten noch in meinen Ohren nach. Selbst Hanna war wieder aus ihrer Schreckstarre erwacht und lachte laut auf, als ich mir die Skibrille überzog und mich in Schmitz' Anzug zwängte. Die Kamera hatte ich während meiner Aktion natürlich nicht bemerkt, wer hätte auch erwartet, dass der etwas hüftsteif wirkende Giuseppe einen Überwachungsapparat von orwellschen Ausmaßen aufgebaut hatte. Wenigstens hatte das Ding keinen Ton, mir schwante nämlich, dass ich bei meinem Langlauf im Hausflur wenig Schmeichelhaftes über Herrn Schmitz von mir gegeben haben könnte.

Wie auf mein Kommando drehte Giuseppe an einem kleinen Regler an der Unterseite des Fernsehers, und plötzlich erschallte auch noch der Soundtrack meines nächtlichen Vollrausches:

»Schaut mal alle her, ich bin der alte Schmitz, der Rosettenschnurrbart aus dem Spaßverbot ... ich bin der Darth Vader von Jochgrimm ... der Oberarschlochweltrekordhalter ...«, beleidigte ich Schmitz für meinen Vollrausch sogar überraschend kreativ. Dann ging ich auf den Skiern in die Knie und ließ mehrmals deutlich und für alle hörbar einen fahren, meine Zuschauer, die von der Kamera zum Glück nicht eingefangen wurden, grölten vor Begeisterung. Wahrscheinlich hatte ich gerade ein Loch in Herrn Schmitz' Skianzug gefurzt.

Schmitz schluckte einmal, und sein Adamsapfel glitt wie eine Henkersklinge auf und ab, ich hatte für immer und ewig verschissen.

»Aber woher hatte ich die weiße Farbe?«, fragte ich fassungslos und sogleich komplett entsetzt darüber, dass dies der erste Gedanke war, den ich zum Tatbestand formulierte.

»Das war Zaziki aus der Küche«, sagte Schmitz und packte mich wieder an der Schulter.

Nach Hause telefonieren

Herr Schmitz umklammerte den Hörer, als wollte er eine Schlange erwürgen. Ich stand vor der Glasscheibe von Giuseppes Bürotür und konnte Schmitz mehrmals auf- und abgehen sehen, selbst der kreisrunde Glatzenansatz an seinem Hinterkopf hatte sich vor Wut rot gefärbt. Giuseppe stand neben mir und sollte wohl dafür sorgen, dass ich nicht flüchtete, aber wo sollte ich in meinem Schlafanzug und ohne Schuhe auch hin?

»Ja, Zaziki, richtig …«, konnte ich Schmitz durch die Einfachverglasung spucken hören, er hatte sofort nach Aufnahme meiner Aussage die Herausgabe der Telefonnummer meiner Eltern gefordert, und auch auf mein Bitten und Flehen hin, dass man das doch bestimmt intern regeln könne, war er nicht zu erweichen gewesen. Auch wenn mein Vater und Herr Schmitz sich gegenseitig nicht grün waren (das Gefälle zwischen Deutsch- und Sportlehrer war innerhalb des Kollegiums naturgemäß einfach zu groß), war ich mir recht sicher, dass sie über diesen Tiefpunkt meines Daseins Konsens herstellen konnten.

Schmitz schwieg jetzt und nickte eifrig, mein Vater musste wohl jedes Detail der Geschichte noch mal wiederholen, deshalb hörte man nur Fetzen wie »Ja, ja, betrunken, völlig betrunken« oder »Diebstahl, bösartiger Diebstahl«, was sich wohl auf Herrn Schmitz' High-End-Skidress bezog, das ich wieder ordentlich, aber zugefurzt in seinen Spind gehängt hatte.

Wahrscheinlich berieten sie sich gerade über eine angemessene Strafe, von Restjugend in einer Militärakademie bis zur Verbannung in die Wüste Namib war jetzt alles drin. Ich hörte Schmitz sogar kurz ein wenig auflachen, wahrscheinlich war meinem Vater gerade etwas besonders Perfides eingefallen. Dann stand er langsam von dem Bürostühlchen auf und legte den Hörer beiseite, Giuseppe neben mir schnalzte mit seiner Zunge, es klang wie ein Peitschenschlag.

»Dein Vater will dich sprechen«, knurrte Schmitz und deutete auf den Telefonhörer. Ich schaute ihn mit aufgerissenen Augen an, wahrscheinlich würde mein Vater mir jetzt eröffnen, dass ich nicht mehr heimkehren sollte, den Überschuss an Nahrung im Kühlschrank könnte man sicher auch an die *Tafel* geben und mein Zimmer untervermieten. Ich schleppte mich zum Tisch, setzte mich hin, langsam führte ich den Hörer an mein Ohr und traute mich kaum, »Hallo« zu sagen, also flüsterte ich nur ein ersticktes »Ja?«.

»Sohn?«, fragte mein Vater mit lauter Stimme, als bestünde die Möglichkeit, dass das alles nur ein Scherz gewesen sein könnte und ich den Mummenschanz jetzt endlich aufklären sollte.

»Ja?«, fragte ich erneut schamvoll und strich mir den Schweiß von der Stirn. Die Prognose meines Vaters bezüglich meiner Überlebenschancen am Berg war eingetreten, nur dass mich nicht eine unbarmherzige Lawine verschluckt, sondern ich mich ganz freiwillig in den Abgrund gestürzt hatte.

»Sohn, ist das wahr, was Herr Schmitz erzählt hat?«

»Was denn?«, versuchte ich die Situation über Gebühr in die Länge zu ziehen, aber eigentlich war uns beiden klar, worum es ging und dass sich Herr Schmitz die ganze Sache nicht in einem Anfall von Höhenfieber eingebildet hatte.

»Jetzt stell dich hier nicht dumm«, erwiderte mein Vater auch prompt.

»Ist es wahr, dass du sturzbetrunken seinen Skianzug gestohlen hast und dann in einer Lache aus griechischem Quark Ski gefahren bist?«

»Ach ja, das ... ja, das stimmt wohl«, gab ich kleinlaut zu und wünschte, im Boden zu versinken. Dann herrschte plötzlich Stille in der Leitung, nicht mal der Atem meines Vaters war zu hören.

»Das ist ja herrlich!«, geierte er plötzlich aus dem Hörer, dann blieb ihm vor Lachen die Spucke weg, und er musste sich einen Augenblick vom Telefon abwenden. Im Hintergrund hörte ich meine Mutter »Hihihi« kreischen, auch sie lachte sich kaputt. Jetzt hatten sie endgültig den Verstand verloren.

»Wie bitte?«, fragte ich verdattert, irgendwie hörte sich das weniger nach Enterbung und Verbannung an, als ich erwartet hatte.

»Die alte Arschgeige ... geschieht ihm recht, gut gemacht!«, brachte mein Vater zwischen zwei Lachkrämpfen hervor. Meine Mutter wollte zwar ein regulierendes »Rooobert!« nachschieben, kam dann aber nicht weit, weil der nächste Lachanfall sie übermannte.

»Ihr seid nicht böse auf mich?«, fragte ich ungläubig, irgendwie war die eigenartige Rechtsprechung meiner Eltern schlechter abzuschätzen als die Lottozahlen.

»Quatsch, also, na ja, vor Schmitz natürlich, ich habe ihm einige drakonische Strafen für dich angekündigt, TV-Verbot, Ausgehverbot, Lebensverbot im Allgemeinen ... eigentlich würde ich dich aber lieber fürs Bundesverdienstkreuz vorschlagen«, sagte mein Vater und prustete wieder los. Anscheinend phantasierte ich, wahrscheinlich hatte ich gestern einen Sonnenstich erlitten und lag jetzt eigentlich in meinem Bett, anstatt zu telefonieren.

»Was mache ich denn jetzt?«, wollte ich von meinem Vater ratlos wissen, während mich Schmitz durch das Fenster begeistert dabei beobachtete, wie ich mir den Schweiß von der Stirn strich.

»Tu reumütig, er soll ruhig denken, dass wir dich so richtig schön verknackt haben.«

»Ich bin echt froh, dass ihr nicht sauer seid, auch wegen der Skier!«, sagte ich und blies gestresst die Backen auf, damit Schmitz vorm Fenster weiter davon überzeugt sein konnte, dass mir seitens meiner Eltern Internierung in einem mongolischen Straflager bevorstand.

»Was ist denn mit den Skiern? Du hast doch nichts kaputt gemacht, was wir bezahlen müssen, oder?«, wechselte die Stimme meines Vaters von heiterem Lachen in einen Tonfall, als müsste er eine Beerdigungsrede halten. Schmitz hatte in seiner Wut wohl vergessen, die verlorenen Skier zu erwähnen.

»Ach nix«, redete ich mich raus, doch am ungläubigen Husten meines Vaters konnte ich erkennen, dass das mongolische Internierungslager gerade doch wieder in greifbare Nähe gerückt war.

Ein Job für Stronzo

Bevor ich aber dort den Krokodilen zum Fraß vorgeworfen wurde, musste ich noch Schmitz Vader überstehen, der beim Aussuchen von drakonischen Strafen ebenso kreativ war wie bei der Wahl seiner Ballonseidensportanzüge. Er schloss mich für die nächsten Tage vom Skifahren aus und übergab mich der Obhut von Giuseppe, für den ich mittlerweile vom »Stronzo« zu einem »Best of« der italienischen Schimpfwörter geworden war. Jedes Mal, wenn er mich nur sah, verfinsterte sich sein Gesicht, und er murmelte etwas nicht Jugendfreies wie »coglione« oder »testa di mala minchia«, was laut Hannas Wörterbuch irgendwas mit Penis und Schafkopf zu tun hatte.

Giuseppe wollte den Zeitraum, den ich in seiner Gegenwart verbrachte, möglichst begrenzen, weil er mich sonst wahrscheinlich mit einer Schneekanone erschlagen hätte, weshalb ich die Aufgabe bekam, den Motor des Sessellifts zu bewachen, der in unregelmäßigen Abständen einfror. Bildeten sich Eiskristalle am vorsintflutlichen Zahnriemen, musste ich mit einem riesigen Drahtbesen daran herumputzen.

Schmitz hätte mir natürlich keinen größeren Gefallen tun können, als mich vom Skifahren auszuschließen. Jetzt durfte ich die restlichen Tage der Klassenfahrt auf das monoton vorbeilaufende Liftseil starren und von Hanna Sommer träumen. Meine Schulkollegen hatten erst Mitleid, bald jedoch nur noch Neid für mich übrig, als sie am nächsten Morgen versuchten, mit ihrer puterroten Gesichtshaut wieder eine Skibrille aufzusetzen, und dann mit schmerzverzerrten Gesichtern an mir vorbei in Richtung Bergspitze sausten.

Als Hanna an mir vorbeistiefelte, warf sie mir einen Blick zu, den ich so noch nicht kannte. War das etwa ein Augenaufschlag? Sie schob verschüchtert eine Locke ihres Haars hinter ihr Ohr und nestelte kurz daran herum, während sie mir, dem Wächter des Tellerlifts, zusah. Irgendwas hatte ich mit meiner Zaziki-Aktion richtig gemacht, anscheinend war ich jetzt ein Outlaw, ein Wildling, jemand, zu dem man auf- und nicht herabschauen musste.

Die letzten Tage bei der Skiliftkette bildeten sicherlich nicht den spannendsten Zeitraum meiner Existenz, aber immerhin war das noch besser, als unter der Führung von Herrn Schmitz den Berg hinabgetrieben zu werden. Wenn sich Kemal abends gebückt wie ein alter Mann auf seine Matratze warf, ächzte er jeden Abend nur »Du Glückspilz« in meine Richtung.

Als wir die Rückfahrt antraten, verabschiedete sich Giuseppe von jedem von uns mit einer väterlichen Ohrfeige, der Abdruck seiner Hand leuchtete noch Stunden hellweiß auf den knallroten Gesichtern. Ich blieb verschont, auch wenn ich meinen Job als Liftwart halbwegs ordentlich ausgeführt hatte, spuckte er nur einmal aus, als er an mir vorbeiging. Als wir einstiegen, sahen wir auch Örnst wieder, der die Zeit unserer Skifahrt bei einer Seniorenreise verbracht hatte und dementsprechend gut gelaunt war, was hieß, dass er immerhin zufrieden grunzte, als er uns sah.

Herr Schmitz beobachtete mittlerweile jede meiner Bewegungen mit Adleraugen. Vorwurfsvoll wies er mich an, die restliche Rückfahrt neben ihm zu sitzen, damit ich »keinen Blödsinn machen konnte«. In seinen Augen war aus dem Störenfried seiner Sportstunden ein Topterrorist geworden, es fehlte nur, dass er mich mit Handschellen an sich festkettete. Also machte ich es mir neben ihm vorm Panoramafenster des Busses gemütlich, während er gelangweilt in einer abgegriffenen Ausgabe von *Wild und Hund* blätterte. Die anderen wankten langsam in den Bus, die Gesichter immer noch feuerrot, die Knochen am Berg zerrieben. Mona Bauerfeind konnte gar nicht schnell genug auf ihren Platz kommen und musste zur Beruhigung erst mal einen Butterkeks einwerfen.

Als Hanna den Bus bestieg, wirkte sie zwar unverändert schön, aber auch ihr sah man die Erschöpfung an, denn auf ihrer Gesichtshaut wellten sich ein paar Fältchen, die Haare waren achtlos zu einem Zopf gebunden. Ich nickte ihr gewinnend zu.

»Ja, Einzelhaft. Schwerverbrecher, Baby«, sagte mein Blick. Hanna lächelte wieder ihr zauberhaftes Lächeln – und das nur für mich!

Ich schaute ihr nach und sah, wie sie sich wider Erwarten nicht neben Mona Bauerfeind setzte, sondern stattdessen auf einem Einzelsitz Platz nahm. Plötzlich musste ich daran denken, wie verstörend Mona Bauerfeinds Frage bei unserem »Wahrheit oder Pflicht«-Spiel auf Hanna gewirkt hatte, wie Hanna Mona angesehen hatte, wie für einen Augenblick das Strahlen, das sie umgab, erloschen war, nur wegen einer Frage: »Hast du ein Geheimnis, das keiner kennt?«

Die Frage ging mir von da an nicht mehr aus dem Kopf.

Name | Klasse | Datum | Blatt

Der Geschichtslehrer

Die Berufsgruppe der Geschichtslehrer ist der einzige Grund dafür, dass das braune Cordsakko noch nicht ausgestorben ist. Dieses Textilstück ist aber nicht das Einzige, was der Geschichtslehrer vor dem Aussterben bewahrt. Er ist ebenso Hüter eines generationenumspannenden Wissens, ein Bewahrer von Erinnerungen. Auch wenn im Dokumentarfernsehen jeden Tag mindestens fünfmal »Hitlers schönste Fliegerbomben« gezeigt werden und selbst das Popcornkino mithilfe eines muskulösen, braun gebrannten schwitzenden Brad Pitt als Achilles die »Ilias« für sich wiederentdeckt, wird das Wissen über unser Dasein als winzige Randnotiz im Gefüge der Zeit erst durch den Geschichtslehrer vermittelt. Der Geschichtslehrer ist im pädagogischen Alltag eher eine Randerscheinung. Im Gegensatz zu den überlauten sonstigen Pädagogen, die oft wie eine zu schnell abgespielte Schallplatte klingen, hat der Geschichtslehrer das Phlegma einer Randfichte: Unicolorbraun mit Wildledermokassins und Jean-Paul-Sartre-Brille schlappt er durch die Schule, so deplatziert wie ein Ritter auf einem Marilyn-Manson-Konzert. Der Geschichtslehrer unterrichtet eigentlich das spannendste Fach – bis auf den Religionslehrer, denn mit so viel Blut und Krieg wie in der Bibel kriegt man eigentlich jeden Teenager rum. Allerdings spielt der Geschichtslehrer diese Karte nicht allzu oft aus, denn er hat ein Präsentationsproblem. Was daran liegt, dass fünftausend Jahre Menschheitsgeschichte zwar nicht in den »Brockhaus« passen, dafür aber in den Kopf eines Geschichtsleh-

Name	Klasse	Datum	Blatt

rers. Viel Raum für Informationsverarbeitung der schulischen Gegenwart bleibt da leider nicht.
So auch bei Herrn Heinzelmann, unserem Mittelstufen-Geschichtslehrer: ein gerade mülltonnengroßes Männchen mit Stirnglatze und braungelbem Kinnbart, das nicht nur unter seinem unglücklichen Nachnamen, sondern auch unter der Missachtung mancher Mitschüler litt. Eigentlich war sein Nachname nicht das Problem, Herr Heinzelmann hätte auch Herr Donnerfaust heißen können, seine gutartige Leichtgläubigkeit machte ihm immer wieder einen Strich durch die Rechnung.
Herr Heinzelmann besaß eine ganze Garderobe voller brauner Cordsakkos, die sich nur durch das Haarschuppenmuster, das sich auf dem Schulterstoff gebildet hatte, unterscheiden ließen. Heute trug er »das italienische«, jedenfalls nannten wir Schüler es so, weil es Schuppenreste in Form eines Damenstiefels auf der Schulter erahnen ließ.
Herr Heinzelmanns bester Freund war der Overheadprojektor, ein antiker Kasten, der im gerade aufkommenden Internetzeitalter ähnlich aus der Zeit gefallen schien wie Herr Heinzelmann selbst. Stundenlang stand er gebeugt, den Hinterkopf von der Aureole einer Overheadlampe beschienen, und inhalierte den Dampf seiner wasserlöslichen Stabilos, mit denen er Myriaden von Querverweisen und Verknüpfungen auf dem Zahlenstrahl eintrug. Leider hielt sich die Begeisterung seiner Zuschauer für die bunten Linien in Grenzen, deswegen lief eine Unterrichtsstunde bei Herrn Heinzelmann normalerweise

Name	Klasse	Datum	Blatt

so ab: Herr Heinzelmann betrat den Raum, ging gemächlich zu seinem Pult und setzte sich. Dann entfaltete er ein Butterbrot mit Harzer Roller, die Jahre zwischen muffigen Kladden und vergilbten Geschichtsbüchern schienen seinen Geruchssinn erfolgreich abgetötet zu haben, in den ersten Reihen fielen manche Schüler aufgrund des Gestanks fast in Ohnmacht.

Dann folgte der Gang zum obligatorischen Overheadprojektor, aus einer Mappe mit unzähligen Möglichkeiten fingerte er eine Folie hervor und begann mit der Frontalbespaßung. Leider hatte Herr Heinzelmann das Humorverständnis eines Topfs Brunnenkresse (Lieblingsspruch: »Ist die Folie voll, schreibe ich auf der Rückseite weiter, haha«) und deutlich weniger Charisma als der ZDF-Welterklärer Guido Knopp. Egal, ob er jetzt über zahllose Kriege und Friedensschließungen, den Aufstieg und Niedergang von Adelsgeschlechtern oder die klassischen griechischen Sagen sprach, er nuschelte alles im unmodulierten Duktus eines Bahnschaffners daher, theoretisch hätte er auch aus dem neuesten ALDI-Prospekt vorlesen können.

Besonders knifflig wurde es immer, wenn ihm zwischendurch einfiel, dass seine Kritzeleien ursprünglich nicht nur seinem eigenen Vergnügen dienen sollten. Dann folgte meist das Grauen in Form druckreifer Dialoge, an deren Ende sich Herr Heinzelmann immer an sein Pult setzte, den Kopf senkte und augenblicklich um ein paar Zentimeter zu schrumpfen schien.

Name	Klasse	Datum	Blatt

»Gökhan, komm doch mal nach vorne«, versuchte er es in einem pädagogischen Bemühen, das sich in wenigen Sekunden aufgelöst haben würde wie ein Furz im Aufzug.
»Nee«, nörgelte der unwillige Gökhan und schüttelte den Kopf, er war gerade dabei, seinen Namen mit Edding auf den Tisch zu schreiben.
»Sapperlot, jetzt aber voran, du fauler Lümmel«, echauffierte sich Herr Heinzelmann antiquiert, nicht nur seine Unterrichtsthemen, auch seine Sprache schien aus einem anderen Jahrhundert zu stammen.
Gökhan schleppte sich lustlos nach vorne.
»Wo würdest du denn Homer in dieser Zeitskala einzeichnen, Gökhan?«, fragte Herr Heinzelmann.
»Walla, ey, wassn Homo, isch kenn kein Homo!«
»Homer ... der bekannte Dichter?«, erwiderte Herr Heinzelmann biererernst.
»Wie homosexuäl? Bissu schwul, oder was, Herr Heinzelmann?«
Tiefe Falten legten sich über Herrn Heinzelmanns rosafarbene Stirn, selbst solche Vulgarismen und dummen Fragen konnten ihn nicht von seinem Lehrauftrag abbringen.
»Gökhan, jetzt hör auf mit dem Quatsch, du sollst mir sagen, wann Homer in etwa gelebt hat.«
»Homer Simpson?«
»Gökhan, jetzt sag schon, wann hat Homer gelebt?«, bestand er weiter auf seiner Frage, auch wenn längst nicht mehr mit einer sinnvollen Antwort zu rechnen war.
Darauf gab Gökhan die wohl eloquenteste Antwort,

Name	Klasse	Datum	Blatt

die ihm einfiel und die selbst Herr Heinzelmann nicht als »falsch« bezeichnen konnte.

»Früher«, sagte er und ging wieder zu seinem Stuhl, den Kopf stolz in den Nacken gelegt, während Herr Heinzelmanns haarloses Haupt langsam Richtung Erdboden niedersank.

Daraufhin hielt Herr Heinzelmann einen längeren Vortrag über das Leben des weltbekannten Diktators und römischen Kaisers Gaius Julius Cäsar (allein der Vorname »Gaius« löste aufgrund seiner Nähe zum englischen »Gay« eine erneute Schwulendebatte aus). Auch hier offenbarte sich wieder das Gefälle zwischen der Lebenswirklichkeit der Schüler und der Relevanz historischer Stoffe, als Herr Heinzelmann wieder mal eine seiner beliebten Zwischenfragen stellte.

»Wie ist Cäsar denn ums Leben gekommen, wer weiß es?«

Es herrschte Totenstille im Raum, ein paar Schüler hatten es sich bereits mit der Stirn auf der Tischplatte gemütlich gemacht, nur die wenigsten waren noch nicht ihrem Schlafbedürfnis erlegen.

»Ja, Hanna, bitte«, sagte Herr Heinzelmann, seine Miene hellte sich in Erwartung einer sinnvollen Antwort erheblich auf.

»Er fiel einem Attentat zum Opfer, Anführer war sein Freund Marcus Brutus«, antwortete sie druckreif. Hanna hatte Herrn Heinzelmann noch nie enttäuscht, doch er wollte es noch genauer wissen.

»Und wie wurde er ermordet, Hanna?«

Hanna schüttelte den Kopf.

Name	Klasse	Datum	Blatt

»Weiß es sonst jemand?«
Plötzlich zeigte Gökhan auf, Herrn Heinzelmann rann eine einzelne Schweißperle über die Stirn, nach etwa tausend falschen Antworten in Folge war auch diesmal mit nichts Sinnigem zu rechnen.
»Ja, Gökhan«, gab ihm Herr Heinzelmann dennoch eine Chance.
»Er wurde gemessert«, sagte Gökhan und lachte.
»Was wurde er?«, fragte Herr Heinzelmann irritiert nach. »Messern« war nicht unbedingt in seinem Wortschatz enthalten.
»Kurzer Prozess, der wurde weggemessert«, resümierte Gökhan erneut wortreich, langsam schwante Herrn Heinzelmann, was sein Schüler damit sagen wollte.
»Du meinst, er wurde erdolcht?«, fragte Herr Heinzelmann unsicher.
»Sach isch doch, der wurde gemessert, wie bei Counterstrike, so von hinten.«
Langsam bewegten sich Geschichtslehrerkosmos und Pubertistenduktus aufeinander zu und trafen sich wie zwei Güterzüge.
»Na ja, also, in etwa richtig, würde ich sagen, gut, Gökhan!«, sagte Herr Heinzelmann und erweckte die Klasse damit aus dem dämmrigen Halbschlaf, eine richtige Antwort von Gökhan, damit hatte wohl keiner mehr gerechnet. Der Angesprochene wohl auch nicht, denn er grinste stolz über das ganze Gesicht.
»Gut, dann haben wir doch heute ganz schön was geschafft, Martin, fass doch bitte noch mal alles

Name	Klasse	Datum	Blatt

kurz zusammen«, sagte Herr Heinzelmann zufrieden und strich sich die Schweißperlen von der Stirn.
Martin schaute von seinem Tisch auf und fasste knapp zusammen: »Homer lebte früher, und Cäsar war schwul und wurde deswegen gemessert.«
»Tja, okay, kann man so stehen lassen«, sagte Herr Heinzelmann, zog sich seinen Anorak über, klemmte sich die Ledertasche unter den Arm und ging erstaunlich aufrecht aus dem Klassenraum.
Geschichte kann ja so einfach sein, wenn man sich darauf einlässt.

Der Passat ist tot

6:30 Uhr im Winter. Schwarz wie der Hintern eines Panthers hing die Nacht noch über dem eiszeitlichen Gelsenkirchen, die Kälte schob sich durch die Fensterläden unseres Hauses, vor dem Vorhang peitschte ein scharfer Wind ein paar Schneeflocken vorbei. Meine Eltern und ich saßen am Frühstückstisch und löffelten Knuspermüsli. Mein Kopf hing schlaff ein paar Zentimeter über der Schüssel, mein Vater griff beim Zeitungslesen mit halb offenen Augen ein paarmal in die Luft, bevor er die Kaffeetasse zu greifen bekam. Wer auch immer sich ausgedacht hatte, dass Schule generell um Viertel vor acht beginnen musste, war entweder ein Sadist oder litt unter krankhafter Schlaflosigkeit. Anders war nicht zu erklären, dass sich bereits Generationen von Schülern, noch bevor der Igel den Morgenschiss ins Beet vollendete, zur Schule quälen mussten. Vor neun Uhr war an geregelten Unterricht eigentlich nicht zu denken, die meisten Schüler saßen noch mit schlafbenetzten Augen auf ihren wackligen Pressholzstühlen und konsumierten erfolgreich Atemluft, zu einem Informationsaustausch zwischen Hirn und Außenwelt kam es nur im Einzelfall. Ähnlich war es bei den Lehrern, auch wenn viele schon zur ersten Stunde »volle Konzentration« einforderten, gab es ein unausgesprochenes Abkommen, dass der Lehrer die Schüler in der ersten Stunde nicht mit zu hartem Schulstoff zu belästigen hatte und die Schüler im Gegenzug schön entspannt stoffwechselten, anstatt ihren Frust über die urtümliche Zeit ihres Erscheinens am Lehrkörper auszulassen.

Meine Eltern hatten nach dreißig Jahren Schuldienst den immerwährenden Turnus ihres Aufwachens so stark verinnerlicht, dass sie das hohle *WDR-2*-Morgenfrühstücksradiogedudel, das mein Vater auf seinem Radiowecker eingestellt hatte, eigentlich gar nicht mehr brauchten, um pünktlich um 6:30 Uhr aus den Laken aufzuschrecken. Ich dagegen benötigte das morgendliche »hopp, hopp, hopp«, das mein Vater sich von Sportlehrer Schmitz entliehen hatte, um es zumindest bis ins Bad zu schaffen, ohne wieder schnarchend auf meinem Kinderzimmerboden zusammenzubrechen.

»Die KFZ-Steuer wird wieder erhöht«, brummte mein Vater in seine Zeitung, meine Mutter griff mechanisch zum Knuspermüsli.

»Vrdmmter Miiist«, hustete sie laut über die wortarme Tristesse unseres Frühstücks.

»Ja, das ist Mist, stimmt, Ingrid«, gab ihr mein Vater recht.

»Mmmmh, mine Plombe is' wech«, verschluckte meine Mutter die Vokale und gleichzeitig wahrscheinlich auch ihre Zahnfüllung.

Mein Vater setzte die Kaffeetasse ab, Hektik war nicht gerade seine Paradedisziplin.

»Wirklich?«

»Wllklch!!!«, gurrte meine Mutter zurück, Verzweiflung schwappte langsam über ihr Gesicht, wahrscheinlich hatte sich gerade eine Rosine in den offenen Zahnhals gesetzt.

»Auaaa«, plärrte meine Mutter, sie hatte die Vokale wiedergefunden.

»Dann müssen wir zum Zahnarzt«, schlussfolgerte mein Vater eine simple Kausalkette und stand ohne übertriebenes Tempo auf.

»Wir nehmen dich auf dem Weg mit, es ist ja eh schon spät«, sagte er und schielte mit einem Auge auf die Küchenuhr.

»Rchtg«, spuckte meine Mutter, ich ging zum Kühlschrank und nahm ein Paket Spinat aus dem Tiefkühlfach, eingewickelt in ein Küchentuch, presste ich das Päckchen auf ihre anschwellende Wange.

Wir traten vors Haus, und surrend schob sich das Garagentor hoch, im nasskalten Muff zwischen Gartenhaken und Torfbeuteln lag das Papamobil, der taubenkotgraue Pädagogen-Passat meiner Eltern, auf dessen Rücksitz ich die letzten Jahre zur Schule kutschiert worden war. Der Wagen übte eine fast schon magische Abstoßung auf mich aus, mit dem dickmaschigen Polyester der Sitze verband ich einen eigenartigen Blick auf meine Außenwelt, wie ein Goldfisch, der in seinem Glas gekocht wird und trotzdem nicht rauskann.

Mutter war zu einem gleichtönigen Ächzen übergegangen, das nur zwischendurch von ein paar kurzen Sprechversuchen durchbrochen wurde, die sich aber in einem vogelartigen Gurren verloren. Mein Vater drehte den Zündschlüssel, der Wagen röchelte wie eine kettenrauchende Oma, blies eine beachtliche Abgaswolke gegen die Garagenrückwand und erstarb dann in einem säuselnden Knarzen.

Wieder drehte mein Vater den Schlüssel, der Anlasser tackerte wie ein Maschinengewehr, der Versuch, den Motor zu beleben, ließ den Wagen erzittern, doch bevor unser Antrieb einmal erleichternd aufröhrte, endete das Motorengeräusch wieder in einem kraftlosen Husten.

»Der geht nicht an …«, stellte mein Vater bei Beschau unseres Automobils fest, der Wagen hatte seine besten Zeiten lange hinter sich und nun im Rentenalter wohl beschlossen, dass es bei einer solchen Scheißkälte und Dunkelheit purer Irrsinn wäre, die Garage zu verlassen.

»Ochhhh neeee«, gurgelte meine Mutter an dem Paket Spinat vorbei, dass ich ihr mithilfe des Küchentuchs am Kopf festgebunden hatte. Sie sah ein wenig eigenartig aus, wie sie da mit dem Inhalt der Kühltheke an der Backe versuchte, ihr Missfallen zu formulieren.

»Was jetzt?«, fragte mein Vater rhetorisch, unsere Blicke trafen sich, und es wurde klar, dass unserem Trio Infernale noch viel größeres Unheil bevorstand, als bei arktischen Temperaturen in der Garage schockgefrostet zu werden.

»Bupfs«, spuckte meine Mutter und gab damit das Stichwort.

Die einzige Verlässlichkeit des Gelsenkirchener Busbetriebs war, dass man sich darauf verlassen konnte, dass die Bupfse zielsicher zu spät kamen. Besonders bei diesem Wetter. Der eisige Wind trieb nun die ersten Hagelkörner vor sich her, der Himmel war noch immer schwarz und sternenlos. Die verglasten Wände der Haltestelle waren allesamt von jugendlichen Rowdys vorbeugend eingeschlagen worden, weil es wohl zum Standardrepertoire jugendlichen Rowdytums gehört, Bushaltestellen zu vernichten und Straßenlaternen auszutreten. Nun saßen wir ungeschützt in den orangefarbenen Sitzschalen und warteten. Mein Vater hatte seine Aktentasche auf dem Schoß, meine Mutter versuchte ihr Spinatkopftuch mit Würde zu tragen, und ich zog mir die Bänder meiner Kapuze so zusammen, dass nur noch ein schmales Guckloch in meinem Anorak blieb, aus dem ich die näher kommenden Lichter des Busses 381 am Straßenende aufblitzen sah.

Der 381er siebte sich wie ein überdimensionaler Schuhkarton durch die zugeschneiten Straßen Gelsenkirchens. Mit einem lauten Dröhnen kam er direkt an der Bushaltestelle zum Stehen und schoss uns zur Begrüßung ein wenig grauen Schneematsch vor die Füße.

Schlimmer noch, als sonst wie ein dickes Schneewittchen im Glassarg an meinen Mitschülern vorbeigekarrt zu werden, war nur, direkt im 381er Platz zu nehmen, in dem sich alle meine emotionalen Erzfeinde ihr morgendliches Stelldichein gaben. Gökhan Mutlu, Rene Maurer und einige ihrer namenlosen Anhängsel saßen immer in der letzten Reihe, bemalten die Rückseite der Sitzbänke mit unleserlichen Tags in falschem Englisch oder bespuckten die anderen Insassen mit vollgespeichelten Papierkügelchen, die eigentlich mal die Grundlage ihrer Hausaufgaben bilden sollten.

»Dreimal Kurzstrecke«, sprach mein Vater den völlig leblos dasitzenden Busfahrer an. Jahre des Chauffierens von übermütigen Teenagern hatten dem Mann jegliche Begeisterung für seine Tätigkeit ausgetrieben, kraftlos nuschelte er: »Wo wollense denn hin?«

»Ringstraße«, nuschelte mein Vater noch undeutlicher zurück.

»Nix Kurzstrecke, das sind 14 Stationen«, echauffierte sich der Mann in einem kurzen Aufbäumen seines Baritons.

Mein Vater tat so, als wüsste er nach dreißig Jahren Schuldienst nicht, dass 14 Stationen Busfahrt nicht mehr als Kurzstrecke durchgehen, und bezahlte murrend die drei Einzelfahrscheine.

Die Innereien des Busses waren einladend wie eh und je. Auf den Synthetiksitzen stumpfte uns ein Multicolorklötzchenmuster entgegen, das am ehesten an erbrochene Legosteine erinnerte. Das künstliche Licht der Neonröhren flimmerte die aschfahlen Gesichter der anderen Mitreisenden an, die meisten waren aufgrund der Temperaturen eingepackt, als wären sie in Teppiche gewickelt. Am Ende des Busses konnte ich die obligatorische Bande meiner Verdammnis entdecken, Gökhan Mutlu versuchte gerade, einen Nothammer zum Fenstereinschlagen aus der Halterung zu reißen. Der Bus war rappelvoll, nur in der hintersten Reihe, in Rufweite der versammelten Kommission gegen dicke Loser, waren noch vier Plätze frei.

»Ich will lieber stehen!«, insistierte ich meinen erstaunten Eltern entgegen, die Gründe meines Wunsches verschwieg ich lieber, so richtig hatten meine Eltern meine Stellung in der Schulhierarchie, die mich irgendwo zwischen dem Schimmelpilz in der Schultoilette und dem Jungen ansiedelte, der statt Käsebroten seine Popel fraß, nicht begriffen.

»Quatsch«, murrte mein Vater und schob mich durch das Dickicht der ausdruckslosen Gesichter unserer Mitreisenden, die allesamt auf dem Weg zur Arbeit waren und müde in die schwarze Nacht vor dem Fenster starrten.

Ich zog die Kapuze noch enger zu, unaufhaltsam rückte die Gruppe näher, mittlerweile hatten sie den Nothammer abbekommen und reichten ihn herum wie eine geladene Kalaschnikow.

Dann bemerkten sie uns, und ich konnte sehen, wie Gökhans braune Augen erst meinen Vater, dann meine Mutter, das Spinatmonster, und schlussendlich mich abtasteten, wie ich da versuchte, durch das schmale Guckloch in meiner Kapuze dem Erstickungstod zu entrinnen. Auf Gökhans rotem Kapuzenpulli konnte man ein Graffiti lesen, das die Worte »Original Gangsta« formte.

»Tach, Herr Bieeeelendööörfer«, brüllte der »Original Gangsta« mit seiner kastratenhaften Teenagerstimme durch den Bus, mein Vater nickte steif und setzte sich dann hin. Wir waren erkannt worden, jetzt war alles vorbei. Kurz dachte ich darüber nach, den roten Nothalteknopf an der Busdecke anzuspringen, doch meine Mutter zog mich an der Hand auf den Sitzplatz neben ihr. Nun saßen wir genau den Leuten gegenüber, die meine Schulzeit zur Komplettkatastrophe umgestaltet hatten. Ich konnte sehen, wie Gökhan mehrmals den Notfallhammer in seine Handfläche schlug.

Das hier war keine wirkliche Gefahr, das war eine reine Plastikgefahr, unecht und künstlich wie Gegner in alten »Star Trek«-Folgen, die mit angeklebten Antennen und blau bemaltem Gesicht als Aliens gegen die unschlagbare Supergroup der Weltraumstars Kirk und Spock in ihren pastellfarbenen Spandexpullovern antreten sollten. Aber wem sollte ich das hier schon erzählen? Doch wo Spock und Kirk Phaser, Beamen und Warp-Antrieb hatten, um sich der Gefahren der unendlichen Weiten ihrer Styroporkulissenwelt zu erwehren, konnte ich höchstens den gefrorenen Blattspinat vom Kopf meiner Mutter wickeln und wie ein Besenkter auf Gökhan und Rene Maurer losgehen.

»Ey, Herr Bielendööörfer, Auto kaputt?«, diagnostizierte Gökhan scharfsinnig, mein Vater nickte nur einmal stur, es schwang ein nonverbales »Halt doch die Schnauze, du haarige Kackbratze« mit.

»Sndf das Freunfe von dia?«, gluckste meine Mutter durch ihr Küchentuch eher rhetorisch, ich schüttelte zur Sicherheit trotzdem meine Kapuze.

»Ey, Herr Bielendörfer, is' das Ihre Alte?«, spottete Gökhan und nickte in die Richtung meiner Mutter. Im Rausch der Gruppe war jeder Anstand verloren gegangen, gleich würde wahrscheinlich mein Vater mit der Packung Blattspinat auf die paar Halbstarken losgehen, die ganze Situation war ein Krisengipfel des Unangenehmen, am liebsten wäre ich mit der Sitzschale verwachsen, einfach vom Synthetiksitz gefressen und im Nichts verschwunden.

Quietschend schoben sich die Hydrauliktüren des Busses auf, ein paar weitere Fahrgäste stürzten aus der arktischen Kälte in den Innenraum und stempelten mit einem unpassend hellen Klingeln ihre Tickets ab. Die meisten ordneten sich instinktiv im vorderen Bereich des Busses ein, die Gegenwart der Rückbank war allgegenwärtig, ein Terrortreff von Teenagern war das Letzte, was Leute auf dem Weg zur Arbeit brauchten. Nur eine Frau im Nadelstreifenanzug löste sich aus der grauen Masse, ihr Gesicht war kunstfertig geschminkt, die natürliche Bräune ihrer Haut und die Bestimmtheit ihres Schritts unterschieden sie sofort von den übrigen aschfahlen Passagieren, die teilweise eher aussahen, als würden sie zum Schlachthof und nicht zur Arbeit gefahren werden. Zielstrebig ging sie auf die Rückbank zu, ich schaute sie durch das Guckloch meines Anoraks an, am liebsten hätte ich mich auf den grauen Plastikboden zwischen den Sitzreihen geworfen und gebrüllt: »Junge Frau, gehen Sie zurück, das ist hier nichts für Sie, das sind Rabauken, die sich nicht benehmen können!«

Dann sah ich, wie Gökhans Blick an der Frau hängen blieb. Entsetzen lag in seinem Gesicht.

»Mama?«, hustete er mehr, als dass er sprach, der rote Notfallhammer hing schlaff in seiner Hand. Ach, auch der »Original Gangsta« hatte eine Mutter? Irgendwie passte diese aber nicht ganz in das Bild seiner Eltern, das Gökhan in einer Vorstellungsrunde mal mit »Isch bin Problembezirk, walla!« beschrieben hatte. Die Dame sah eher aus wie die Pressesprecherin der FDP. Gökhans Entourage war spontan vom Blick der Medusa versteinert worden, alle saßen da und starrten die nette Mutti ihres Anführers an, der mit brüchiger Stimme die nächste Frage stellte: »Was machst du denn hier, Mama?«

»Der Wagen sprang nicht an, muss ich halt so hin, ich kann meine Mandanten ja nicht warten lassen, oder was glaubst du? Was hast du da überhaupt an, hat Henri das erlaubt? »Original G-a-n-g-s-t-a«, ich glaub, ich spinne, Freundchen! Warum hat er dich nicht zur Schule gefahren? Das ist mal wieder so typisch für deinen Vater!«, echauffierte sich die Mutter, und mit jedem ihrer Worte zerbröckelte der »Original Gangsta« in seine Einzelteile. Von der Maskierung des Berufsverbrechers, mit der sich Gökhan bisher so erfolgreich getarnt hatte, blieb nicht mal ein kleiner unerzogener Rest übrig. Ich schaute zu meinem Vater, auch er konnte sich ein Grinsen nicht verkneifen.

»Ist das ein Notfallhammer in deiner Hand, Göki?«, motzte die Mutter entsetzt. Gökhan schaute auf den roten Klöppel in seiner Hand und wusste wohl selbst nicht, was er antworten sollte. Rene Maurer neben ihm zischte nur in einer Mischung aus Ungläubigkeit und Spott: »Göki?«

»Aber Mama …«, murrte Gökhan, »klein mit Hut« war schon keine Metapher mehr für dieses Häufchen Elend.

»Nix Mama, du bringst das sofort wieder an, sonst kannste vergessen, dass ich nächste Woche mit dir in den Zirkus Roncalli gehe, der Einzige, der dann Zirkus hat, ist dein Arsch, Freundchen!«

Wortlos schraubte Gökhan den Nothammer wieder in die Halterung, seine Mutter setzte sich auf den letzten freien Platz und begann, auf ihrem Handy herumzutippen.

Ich lockerte das Band meiner Kapuze und schlüpfte mit meinem Kopf in die Freiheit.

»Nette Pfrau!«, sagte meine Mutter.

Ein Klassenfahrtbericht

Traditionell geben Schüler am Ende ihrer Schulzeit eine Zeitschrift heraus, in der sie die Erfahrungen der letzten Jahre mehr oder weniger heiter beschreiben. Da die Abiturzeitung aber ja nicht nur von Schülern, sondern auch von deren Eltern und dem Lehrkörper gelesen wird, sind manche Beschreibungen von Schulstunden, den Pädagogen selbst oder auch gemeinsamen Klassenfahrten teilweise doch sehr geschönt. Die Eltern der Klassenfahrer, die ihre Kinder subventioniert und auf die Reise geschickt haben, sollen natürlich nicht unbedingt jedes Detail des Ausflugs und die möglichen Vorfälle genau kennen, deshalb werden die eigentlichen Höhepunkte der Klassenfahrt verschlüsselt wiedergegeben. Vorsicht, liebe Eltern! Hier gibt es einiges zu beachten. Sollten Sie das nächste Mal die Abiturzeitung Ihres Kindes aufschlagen und den fröhlichen Bericht über die Abschlussfahrt lesen, sollten Sie folgende Transkriptionshilfe bereithalten:

Drei schöne Tage in der Ewigen Stadt
Oder: Wie wir Rom überlebten, ohne im Knast zu landen

Unser Deutschlehrer Dr. Meinzl und Oberstudienrätin Frau Sperber warteten bereits am Bus auf uns. Auf Anregung von Dr. Meinzl brachen wir schon am frühen Morgen auf, die Schuluhr zeigte gerade mal 4:30 Uhr an.
Der bekloppte Dr. Meinzl soll zur Fremdenlegion gehen, wenn er um die Uhrzeit geweckt werden will! Kein Mensch steht freiwillig so früh auf, erst recht kein Schüler, das grenzt an fahrlässige Körperverletzung!

Auf uns wartete Rom, die Ewige Stadt, alle waren von unserem Reiseziel begeistert.
Wenn man wie wir aus Gelsenkirchen stammt, ist man aber auch schon begeistert, wenn man ein Parkhaus in Bottrop besichtigen darf.

Unser Busfahrer nannte sich »Horsti« und schien ein sehr offener Mensch zu sein.
Ja, besonders weil bei Horsti immer »Tag der offenen Hose« war und er von Körperhygiene so viel wusste wie der Papst vom Hüftschwung.

Manche von uns waren noch sehr müde, andere dagegen hellwach und konnten sich deshalb bereits für die lange Fahrt stärken. Dr. Meinzl erläuterte uns dabei über das Bordmikro die Reiseroute.
Bier eins des Tages perlte schön und gab Kraft in den Hüften. Dr. Meinzls Geschwafel war so besser zu ertragen.

Die Fahrt ging eigentlich problemlos vonstatten, auch wenn sie etwas länger dauerte, als Dr. Meinzls Routenbeschreibung angegeben hatte.
Stau, Stau, Stau … Dr. Meinzl hatte uns zielsicher in jede Verkehrsstörung zwischen Gelsenkirchen und Italien geführt. Alle Wege führen ja bekanntlich nach Rom, jedenfalls alle außer dem, den sich Dr.-Kein-Ziel für uns ausgesucht hatte! Wäre die Grundversorgung mit Bier nicht gesichert gewesen, wären manche Schüler wahrscheinlich an Skorbut eingegangen. Selbst die Alpenüberquerung Hannibals hat weniger Opfer gefordert als Dr. Meinzls Privatroute des Todes.

Horsti gab sich Mühe, uns mit Stimmungsmusik bei Laune zu halten.
Die »Bestof«-CD der Inzestbarden Die Amigos und eine Sammlung an Wildecker-Herzbuben-CDs hatten manche Schüler innerhalb weniger Stunden in den Wahnsinn getrieben. Manche versuchten sich Radiergummis in die Ohren zu schieben. Horsti war erbarmungslos.

Gut gelaunt kamen wir am frühen Abend in unserer Herberge »La Phantasia« am Stadtrand von Rom an.
Aufgrund der Thrombose konnten manche schon nicht mehr stehen, aber uns war ohnehin mehr nach Liegen. Stadtrand von Rom ist übrigens ein sehr geschönter Begriff für das Industriegebiet, in dem wir uns befanden. Auch das Straßenschild »Roma 42 km« ließ nicht gerade vermuten, dass das Kolosseum fußläufig zu erreichen war.

Die Unterbringung war zweckmäßig.
Ja, aber für Schweine. Und selbst die hätten sich in dem nasskalten Plattenbauverschlag eher unwohl gefühlt. Der Name »La Phantasia« kam wahrscheinlich davon, dass

man eine Menge Phantasie braucht, um dies noch als Schlafstätte für Menschen zu betrachten. Bettina Mohlheim, von Beruf Tochter eines Großindustriellen, fing bei der Beschau unserer fragwürdigen Herberge engagiert an zu flennen. »Das ist ja schlimmer als Knast«, heulte sie, worauf Dr. Meinzl nur »Nein, wir haben nur Halbpension« einfiel.

Der Rest der Klasse nahm die Unterbringung stoisch hin. »Jugendherbergen sind wie Familiengräber, irgendwann kommen alle mal dahin«, war der einzige Kommentar, zu dem sich Frau Sperber hinreißen ließ.

Unser Herbergsvater Angelo begrüßte uns mit landestypischem Enthusiasmus.

Angelo sah aus wie Super Mario auf Crack und hatte ganz offensichtlich schwer einen sitzen, er küsste Dr. Meinzl auf den Mund und begrapschte Frau Sperber.

Da sich unsere Fahrt etwas verzögert hatte, fuhren wir an diesem Abend nicht mehr in die Innenstadt von Rom, sondern erkundeten die Umgebung unseres Hotels.

Diese bestand aus einer Fabrik für Industrieschmierstoffe, einem Kraftwerk und einer Autobahnauffahrt, an der ein ausgemergelter Anhalter anscheinend schon seit den frühen Neunzigerjahren herumstand.

Am nächsten Morgen erwartete uns ein kontinentales Frühstück. Frau Sperber stellte uns dabei schon mal den Tagesplan vor, der einige kulturelle Höhepunkte beinhaltete.

Ob mit »kontinental« nicht doch eher die Dritte Welt gemeint war, wissen wir nicht. Jedenfalls schmeckte die Auswahl an knochentrockenem Brot und Marmelade aus dem Mayonnaiseeimer eher dürftig, da konnte eigentlich nur ein Konterbier Abhilfe schaffen.

Besim unterhielt uns alle mit ein paar lockeren Sprüchen.
Eigentlich hustete er nur »Hier is' auch nich' besser als Guantanamo, alles voller Araber« und schlug dann Oktay in den Nacken.

Wir fuhren mit der »Metropolitana di Roma« ins Stadtzentrum, Dr. Meinzl war von der Rustikalität der römischen U-Bahn überrascht.
Die Metro war ein tiefschwarzes Dreckloch, in dem das letzte Mal zu Zeiten Cäsars feucht durchgewischt worden war.

Matthias und Dennis kamen gleich mit den Einheimischen ins Gespräch.
Matthias verlor sein gesamtes Urlaubsgeld an einen Hütchenspieler. Als Dr. Meinzl dazwischenging, musste der auch noch sein Portemonnaie leeren. Matthias heulte wie ein kleines Mädchen. Dr. Meinzl nicht.

Am Kolosseum angekommen, waren wir alle von diesem Jahrtausendbauwerk tief beeindruckt.
»Gibt's hier irgendwo 'ne Pommesbude?«, fragte Dennis Wagner, als wir davorstanden. Dr. Meinzl schüttelte genervt den Kopf. »Döner?«, schob Oktay hinterher.

Unser aufgeschlossener Tourguide Silvio erläuterte uns interessante Fakten über das alte Rom und die Gladiatorenkämpfe, die hier stattgefunden hatten.
Silvio glaubte nur, »Deutsch« zu sprechen, stattdessen brabbelte er eine Mischung aus Italienisch und Polnisch.

Silvio erläuterte uns, dass das Kolosseum über 50 000 Besucher fassen konnte.
»Arena auf Schalke kann mehr«, sagte Besim nüchtern, alle lachten. Außer Dr. Meinzl und Frau Sperber.

Nach diesem kulturellen Höhepunkt durften wir eine kleine Stärkung in einem Restaurant vor dem Kolosseum einnehmen.
Das Essen war unbezahlbar. Nur Bettina Mohlheim aß Scampi in Knoblauchsoße. Für alle anderen gab es *Bier 12*. Zum Nachtisch Korn-*Sprite*.

Dr. Meinzl fuhr nun schon das achte Mal mit der Schule nach Rom, er bot aufgrund seiner Erfahrungen an, auf einen Stadtführer zu verzichten. Wir nahmen das Angebot gerne an.
Innerhalb weniger Minuten hatten wir uns heillos in den Großstadtschluchten verloren, die Mädchen waren in einem *H&M* verschwunden, die Jungs durchstöberten einen Souveniershop, der Plastikpenisse mit Gesichtern verkaufte. Dr. Meinzl fing plötzlich an, völlig verschwitzt einen Kompass zu schwenken. Frau Sperber winkte ab und ging hinter den Mädchen her zu *H&M*.

Als wir letztlich am Trevi-Brunnen ankamen, ermunterte uns Dr. Meinzl, ein paar Fotos zu schießen, und gab uns eine halbe Stunde zur freien Verfügung.
Der Brunnen war geradezu dafür geschaffen, Füße und Bierdosen zu kühlen. Ein tolles Bauwerk, das wir nie vergessen werden, wahrscheinlich auch wegen der Fotos von den sieben freigelegten Schülerhintern vor den Götterstatuen.

Auch sonst bot Rom unvergessliche Fotomotive.
Dennis Wagner wollte nur ein Stück der antiken Stadtmauer fotografieren, übersah dabei aber die Profibeischläferin am Bildrand. Diese verlangte 50 Euro für das Foto und war nur durch den beherzten Einsatz von Dr. Meinzl (und 30 Euro) wieder zu beruhigen.

Danach besuchten wir die Vatikanstadt und den geschichtsträchtigen Petersplatz, auf dem traditionell die Wahl eines neuen Papstes durch weißen Rauch bekannt gegeben wird.
»Boah, langweilig, imma kommen wa zu spät«, brüllte Oktay sichtlich enttäuscht, als Dr. Meinzl erläuterte, dass kein verstorbener Papst zu ersetzen war.

Langsam dämmerte es, und da Dr. Meinzl nicht erneut den Nahverkehr nutzen wollte, wurden wir von Horsti abgeholt.
Horsti hatte nach der Fahrt durch den Stadtverkehr die Laune eines blindwütigen Beschälers und fuhr deshalb wie ein Besengter. Seine Laune besserte sich nur unmerklich, als Bettina Mohlheim ihre Scampi in Knoblauchsoße wieder in die Freiheit entließ, direkt auf den Rücksitz des Busses.

Natürlich waren wir nach so einem erlebnisreichen und eindrucksvollen Tag alle hundemüde, deshalb ließen wir den Abend in der kleinen Bar der Jugendherberge gemeinsam ausklingen.
Unsere Lehrer sahen ziemlich einweisungsbedürftig aus. Dr. Meinzl brauchte nach diesem Horrortrip erst mal einen Grappa, damit ihm nicht die Aorta riss, Frau Sperber bestellte zu unserer Verwunderung kein Glas, sondern eine ganze Flasche Prosecco. Aus dem mitgebrach-

ten Gettoblaster nölte Adriano Celentano »Azzurro« in Endlosschleife, während unsere Lehrer sich langsam anschickten, unseren Pegel aufzuholen.

An diesem heiteren Abend taute auch die Stimmung zwischen Schülern und Lehrern allmählich auf.
Dr. Meinzl grölte: »Nennt mich Udoooo!«, griff Frau Sperber an die Hüfte und schleuderte sie auf die Tanzfläche wie einen Truthahn in den Ofen. Dann tanzte er zu »Azzurro« den Ententanz, während wir eine Polonaise um unseren Lehrkörper anstimmten. Als wir Bruderschaft tranken, erfuhren wir von Frau Sperber, dass man sie in ihrer Jugend auch »Klara Korn« genannt hatte. Der Abend endete damit, dass Dr. Meinzl beim Versuch, gegen Ilja beim Kasatschok-Tanzen anzutreten, über den Gettoblaster stolperte und den kompletten Tisch samt Frau Sperber abräumte.

Der nächste Morgen gestaltete sich aufgrund unseres anstrengenden Programms vom Vortag eher ruhig.
Manche Schüler lagen bis zum Nachmittag in ihren Betten und delirierten, andere durchwanderten die Jugendherberge wie Untote und grunzten unverständliche Laute durch die Gänge. Dr. Meinzl oder »Udooo«, wie wir ihn mittlerweile nannten, kam nachmittags aus seinem Zimmer getorkelt, nuschelte etwas von »Naschmittag zur freien Verfügung« und verschwand dann wieder in seinem Zimmer.

Am Abend erkundeten wir gemeinsam wieder die Umgebung und fanden eine Bowlingbahn, in der auch viele Ortsansässige waren.
Da unser Interesse an Industrieschmierstoffen recht ge-

ring war, war die etwas einsam dastehende Bowlingbahn die Rettung.

Beim gemeinsamen Spiel mit ein paar italienischen Jugendlichen flirteten die Jungs ein paar Dorfschönheiten an. Da diese allerdings auch noch Dorfschönlinge mitgebracht hatten, gab es dafür erst mal was auf die Fresse, aber grande, wie der Italiener sagt.

Am nächsten Tag kündigte der Wetterbericht eine Hitzewelle an, deshalb entschied Dr. Meinzl auf unsere Bitte hin, dass wir gemeinsam unseren letzten Tag nicht in Rom, sondern am zwanzig Kilometer entfernten Strand von Ostia verbringen durften. Unser immer fröhlicher Busfahrer Horsti fuhr uns hin.

Horstis Laune war mal wieder auf dem Marianengraben angekommen, vielleicht auch weil die Rekordhitze den Duft von Bettina Mohlheims Kotze aus den Rücksitzen aufsteigen ließ. Seine Stimmung besserte sich jedoch schlagartig, als er aus der Umkleide an den überraschend schönen Strand von Ostia trat. Horsti trug das Badehosenmodell »Ockerfarbener Muttermörder« in kariert und stürzte sich mit einem Bauchklatscher in die Fluten. Da konnte selbst Dr. Meinzl, dessen kalkweißes Wohlstandsbäuchlein über einen *Speedo*-Slip von *Karstadt* ragte, nicht mithalten.

Das Meer war ruhig, und auch die heimische Fauna machte sich bald mit uns vertraut.

Florian Stiegler schwamm nach drei Metern in eine Feuerqualle und entstieg dem Meer laut heulend und mit knallrotem Arsch. Danach gingen wir alle nur noch bis zu den Knien ins Wasser, die meisten verlegten sich aufs Beachvolleyballspielen.

Den letzten Abend ließen wir dann ebenso angenehm ausklingen wie unsere vorigen Tage.
»Udddoooo«, Korn, Polonaise, »Azzurro«, Geheule, Kotzen – alles dabei!

Die Rückfahrt gestaltete sich angenehm ruhig und verging auch viel schneller als unsere recht beschwerliche Hinfahrt.
Im Koma hat man kein Zeitgefühl. Wenigstens hört man dann aber auch »die Amigos« aus den Bordlautsprechern nicht.

Insgesamt können wir nur sagen: Danke an unsere beiden Lehrer für die tolle Betreuung und die erfahrungsreiche und spannende Reise!
Mein Gott, wir sind heilfroh, diesen Irrsinnstrip überlebt zu haben! Gut, Dennis Wagner ist seit der Fahrt nicht mehr aufgetaucht, das Busunternehmen hat der Schule eine Wahnsinnsrechnung für die vollgekotzte Sitzreihe in Rechnung gestellt, und wegen des erheblichen Verlusts von Hirnzellen erinnern wir uns an kaum etwas außer dem Geschmack von Aktivkohle. Aber wenigstens haben wir uns in zwanzig Jahren auf dem Klassentreffen, wo wir uns gegenseitig durch Halbglatze und Reiterhosen fremd geworden sind, was zu erzählen. Alles in allem hat es sich also gelohnt.

Eine Welt in Mintgrün

Die Krawattennadel des Arztes war verrutscht, der grünbraun gestreifte Strick baumelte vor dem weißen Kittel von Dr. Stöwer, wie auf seinem Namensschild zu lesen war. Kopfschüttelnd notierte er etwas auf einem Block. Ein Ventilator surrte unmotiviert über uns, während ich mit jeder noch so kleinen Bewegung das Schutzpapier der grünen Plastikliege zerriss, auf der ich saß. Es roch nach Desinfektionsmittel, im Nebenraum hustete jemand.

»Sie wissen, dass wir mit Ihren Eltern sprechen müssen«, sagte Dr. Stöwer und schaute mich ernst aus seinen halb offenen Augen an. Doppelschicht. Vierzehn Kaffee. Kinder mit Keuchhusten, Grippewelle. Sanfter Schlaf lag in weiter Ferne, stattdessen Notaufnahme und Fließbandbetrieb. Bald fünfzehn Kaffee.

»Er hat keine Eltern, is 'n Heimkind«, log Patrick, dessen Arm lässig über der Lehne eines mintgrünen Plastikstuhls hing. Ihm schien die ganze Situation weit weniger Unbehagen zu bereiten als mir.

Wenn meine Eltern wüssten, wo ich gerade war, hätten sie seine Aussage wahrscheinlich bestätigt.

Ungläubig sah ihn der Arzt an, selbst im Halbschlaf schmeckte er die Lüge noch zielsicher aus der schweren Luft des Behandlungsraums hinaus, nickte dann aber nur.

»Bist du gegen Tetanus geimpft?«, fragte Dr. Stöwer, ohne mich anzuschauen. Ich konnte nur ein kurzes »Weiß nicht« murren, während mein Blut vom Verband auf das Recyclingpapier tropfte und zu mausgrauen Klecksen trocknete. Patricks Blick lief an der Schrankwand entlang, in der eine Unzahl an medizinischen Bestecken lagerte: Skalpelle, Zangen, Spreizer.

»Wir müssen was tun, damit du keine Blutvergiftung kriegst«, sagte Dr. Stöwer und öffnete eine der Schubladen. Plötzlich hielt er eine Waffe in der Hand. Oder einen Torpedo. Ich konnte nur eine dicke, weiße Plastiktube sehen, aus deren Ende ein Nagel hervorstand. Dann wurde Dr. Stöwers Gesicht undeutlich, seine fahle Haut verblasste, Patrick verblasste, selbst der mintgrüne Stuhl verblasste. Bevor alles schwarz wurde, konnte ich noch sehen, wie Dr. Stöwers Kopf eine Schieflage einnahm – das Geräusch meines Aufpralls auf dem Linoleum hörte ich schon kaum noch. Aber ich sah, wie der Ventilator sich über mir weiterdrehte.

Richtung Süden

»Prost«, sagte Patrick und stieß mit mir an, das hohle Klirren von Mischbierflaschen hallte über das Schrägdach, am Himmel flogen ein paar Gänse in V-Formation davon. Im Süden lag Essen-Kray – und das Krankenhaus, in dem ich wenig später auf dem Boden liegen sollte.

Die Sonne leuchtete wie eine riesige Blutorange über das ambitionslose Neubaugebiet, das wie eine Modellbausiedlung vor uns lag. Im Nachbarsgarten schnitt Herr Fennermann seinen Buchsbaum mit einer elektrischen Heckenschere. Die rote Spielstraße, die die Backsteinhäuser miteinander verband, war schon lange verwaist. Die Familien waren fast alle parallel eingezogen, mittlerweile aber in alle Winde zerstreut, vor Langeweile erstarrt oder von Krankheiten dahingerafft worden.

»Du musst einen Liebesbrief schreiben, das mögen die Ladys«, sagte Patrick und nippte an seinem Bier. »Ladys« sagte Patrick mit einem Zungenschnalzen, als wäre die Liste seiner Verflossenen so lang wie die von Mick Jagger, eigentlich war da bisher nur Sina, aber ich ließ dem Casanova von Gelsenkirchen mal seine Würde. Außerdem führte er 1:0. Hanna Sommer war für mich immer noch weiter weg als Alpha Centauri, Sina dagegen war omnipräsent, dass sie ausnahmsweise mal nicht an Patricks Kopf hing und ein Vakuum in seinen Schädel saugte, war ein echtes Privileg.

Sina war Patricks erste Freundin und war aus dem Nichts aufgetaucht wie Lippenherpes. Ich fand Sina blöd, weil sie seit ihrer Ankunft an meinem besten Freund klebte und unser Kontingent an gemeinsamer Zeit zusehends schrumpfte, vor allem seit er achtzehn geworden war und Sina ständig im Auto seiner Mutter durch die Gegend kutschierte.

Wenn ich jedoch ehrlich war, verbrachten Patrick und ich immer noch jeden Tag miteinander. Allerdings war jetzt auch Sina immer dabei, dieser gelockte, blonde Hirnparasit, der jedes von Patricks Worten mit schmachtenden Blicken quittierte und ihm schon nach einer Woche einen Ring mit Tribal-Muster geschenkt hatte, mit dem Patrick aussah wie der Schweinesäger vom Schlachthof. Ich war vom besten Freund zum Blinddarm geworden, zu einer Art Leberfleck, der mehr mitgeführt als wahrgenommen wurde. Sina knutschte Patrick im Kino, Sina knutschte Patrick im Schwimmbad, Sina knutschte Patrick sogar, während wir auf der Playstation Aliens erschossen.

»Ich weiß doch gar nicht, wie man einen Liebesbrief schreibt«, gab ich zu bedenken. »Und der an Ashley damals war ja auch ein voller Erfolg«, erinnerte ich Patrick an meine wenig ruhmreiche Vergangenheit. Alle anderen Briefe, die ich in meinem kurzen Leben geschrieben hatte, waren an meinen Vater gegangen und allesamt, meist mit einer schlechten Note, korrigiert zurückgekommen. Wenn Hanna Sommer meinen Brief korrigiert und benotet hätte, wäre ich vor Scham vom Schrägdach gesprungen.

»Ach, du musst einfach schreiben, was du fühlst«, sagte Patrick und stach mit seinem gestreckten Zeigefinger in meine Brust. »Oder soll ich doch mal mit ihr ins Kino gehen und eine Botschaft von dir im Popcorn verstecken?«, frotzelte er. Ausgerechnet Patrick, der größte Pragmatiker der Welt, der statt Rosen lieber eine Packung Blumensamen verschenkte und mit »Hasse mehr von« begründete. Meine Gefühle für Hanna Sommer hatten seit dem Skiurlaub ein pathologisches Maß angenommen, wenn ich ihr auf dem Schulflur begegnete, lief ich sofort rot an wie ein Thermometer, zeitweise setzte mein Herzschlag aus, während ich die letzten Sauerstoffmoleküle aus dem Raum sog und mit offenem Mund dastand wie ein Nilpferd mit Maulsperre. Immerhin hatte Hannas Interesse für Patrick es nicht geschafft, unsere Freundschaft zu zerstören. Als ich auf der Rückfahrt aus England endlich darüber sprechen konnte, was mir Hanna während Patricks Auftritt ins Ohr geflüstert hatte, schob er mir nur einen Zehnmarkschein rüber und sagte: »Das mit dem Kino, das musst du schon selbst in die Hand nehmen, du Idiot!«

»Ich hab Sina auch schon einen geschrieben, die war begeistert«, schwärmte Patrick.

Sina war so in ihn verschossen, die hätte sich auch gefreut, wenn Patrick für sie einen Salto ins Klärbecken gemacht hätte.

»Ich hab meinen kopiert ... willste sehen?«, fragte Patrick und zog ein Blatt Papier aus seiner Hosentasche, ohne meine Antwort abzuwarten. Stolz reichte er es mir herüber, immerhin kein Diddl-Papier mit einer Maus auf Schlittschuhen, stattdessen formvollendete Sachlichkeit, graues Recyclingpapier, das A in der Anrede hatte er durch ein Herz ersetzt. Ich las:

Liebe Sin♡,
jetzt sind wir schon 23 Tage zusammen und ich muss echt sagen, ich lieb dich, aber so richtig. Mit Herzklopfen und dem ganzen Kleister. Ist schon verrückt, weil ich mich vorher eigentlich gar nicht für dich interessiert habe, weil du eigentlich nicht so mein Typ bist. Mittlerweile finde ich dich aber mega, echt. Ich glaub, wir haben Zukunft, auch später. Du bist mein Mädchen, es gibt da keine andere, also außer Tatjana aus der 10c, aber da ist nix, versprochen.
Ich lieb dich total, Kuss
Dein Patrick

Fassungslos starrte ich auf das Papier, Patrick hätte auch in ein Poesiealbum kacken können, schlimmer wäre das Ergebnis kaum geworden.

»Romantisch«, murrte ich und schaute weiter entsetzt auf diese Mutation eines Liebesbriefs, selbst ein Drohbrief von Palästina an Israel konnte nicht so viele

Spannungen hervorrufen wie dieses Machwerk. So-sehr ich meinen Freund schätzte, ein Dichter war an ihm nicht verloren gegangen. Wenn es so leicht war, Frauen zu bezaubern, hätte ich mich ja auch einfach nackt mit einem Glas Löwensenf einreiben und Hanna Sommer »Ich bin die Frikadelle der Liebe« vorsingen können.

Mit dem Zeigefinger strich ich über einen seltsamen Fleck, der unter seinem Namen klebte. Wahrscheinlich Ketchup, vielleicht hatte er Sina Fritten zu dem Brief gereicht, das wäre immerhin eine mögliche Erklärung für ihre Begeisterung gewesen.

»Was ist denn das?«

»Blut, ich hab meinen Daumen angeritzt und den Abdruck neben meinen Namen gesetzt, als Zeichen meiner ewigen Liebe«, sinnierte Patrick und zeigte mir die Schnittwunde an seinem Daumen. Tatsächlich, bei genauerem Hinsehen erkannte man einen Fingerabdruck in Form von Patricks Daumen. Unterschrieb man so nicht normalerweise Erpresserbriefe und legte im besten Fall noch den abgehackten Finger des Entführungsopfers bei?

»Mmmh ... sei froh, dass Sina nicht bei der Kripo ist«, witzelte ich, der romantische Wert von blutigen Fingerabdrücken erschloss sich mir noch nicht.

»Es geht darum, dass du bereit bist, für die Frau etwas zu opfern«, sagte Patrick und schaute mich dabei an, als hätte er sich für Sina den Arm abgesägt oder seinen Motorroller rituell geopfert.

Ein Opfer für Hanna Sommer? Das ergab Sinn, für Hanna hätte ich mitten auf dem Schulhof eine Maya-Zeremonie initiiert, samt Pyramidenbau und lustigem Federkopfschmuck, ein Schnitt in den Finger war dagegen ja geradezu banal ...

Der Liebesbrief

Der nächste Nachmittag, ich saß an meinem Schreibtisch, auf dem sich das normale Chaos eines Siebzehnjährigen auftürmte. Ein Stapel Schulhefte schimmelte neben einem unmotivierten Wecker mit Alf-Motiv, auch die Leselampe war ein Relikt aus der Grundschulzeit, ihr fröhlicher Standfuß in Regenbogenfarben passte nicht mehr in meine Welt der großen Gefühle.

Ein Liebesbrief für Hanna Sommer, was sollte ich da bloß niederschreiben? »Danke, Hanna, dass du mich damals gerettet hast, als ich beim Versuch, Ski zu fahren, fast umgekommen wäre«? »Danke, Hanna, dass du jeden Schultag ein bisschen weniger schlimm für mich machst«?

Mein Vater klopfte, was ich mit einem genervten »Joaaa« quittierte.

»Kannst du mal meinen Radiowecker einstellen? Deine Mutter hat beim Staubsaugen den Stecker gezogen«, fragte er vorsichtig in Richtung meines Schreibtischs. Ich saß mit dem Gesicht in der Handfläche da und brütete über dem leeren Papier.

»Joaaa«, wiederholte ich genervt, als hätte mich mein Vater gebeten, dass ich mal kurz das Wohnzimmer neu tapeziere. Meine Eltern litten unter einem massiven Technikunverständnis, manchmal fühlte es sich an, als müsste man Dschinghis Khan das Internet erklären. Meine Eltern waren Plattenspieler, sie waren Farbfernseher und Toaster – ein digitaler Radiowecker stellte schon ein Mysterium dar, an dem mein Vater verzweifelte wie an der Entschlüsselung eines seltenen Hindu-Dialekts.

»Was machst du denn da?«, fragte er neugierig und lugte über meine Schulter. Das war eindeutig zu viel Einsicht in mein kostbares Privatleben, ich riss das leere Papier vom Tisch, zerknüllte es und schmiss es bockig in die Ecke. Alarmstufe Rot der Hormone, mein Vater ging einen Schritt zurück, ich knurrte.

»Ich schreib 'nen Liebesbrief ... irgendwie«, sagte ich dann doch und zeigte auf den Haufen zerknülltes Papier in der Ecke.

»Mhm«, vergaß mein Vater die Vokale, er war sicherlich nicht der richtige Berater in Liebesdingen, ich spürte immer noch das erbrochene Eis von Isabella Calotti in meinem Gesicht. Das letzte Mal, als mein Vater Amor gespielt hatte, wurde ich angekotzt, und Onkel Wilfried schlief eine Nacht in der Arrestzelle. Keine sehr gute Bilanz für den Liebesgott in Birkenstocksandalen.

»Schreib doch einfach, was du fühlst...«, kopierte mein Vater unbewusst den Ratschlag Patricks, das schien ja eine gängige Formel zu sein. Leider war das nicht so einfach; meine Gefühle für Hanna in Worte zu fassen war ein hoffnungsloses Unterfangen, die Myriaden von Hormonen, die wie Kanonenkugeln durch mein Herz und Hirn schossen, hätten höchstens zu einem seltsamen Wortbrei geführt, der wie der Bettelbrief eines Triebtäters geklungen hätte.

»Kann ich nicht«, knurrte ich schon etwas zarter, es war ja auch nett, dass mein Vater Anteil nahm an den Verwicklungen meines banalen Daseins.

»Dann schreib doch, was jemand anders mal gefühlt hat ...«, schlug er vor. Westfälischer Pragmatismus. Raubkopie vor dem Zeitalter von Napster und MP3, eine Art analoger Gedankendiebstahl, das schien nicht verwerflich.

»Nimm doch Rilke, der geht immer …«, sagte mein Vater, als wäre Rilke eine Packung Rohrfrei.

Ein paar Minuten später war er aus dem Keller zurückgekehrt, wo er den Großteil seiner riesigen Bibliothek aufbewahrte. Der gesammelte Rilke lag in seiner Hand, das Buch war nicht wirklich dick, so viel hatte der Mann, bevor ihn die Leukämie dahinraffte, wohl gar nicht produziert. Ich kannte ohnehin nur den »Panther«, den unser Deutschlehrer in schöner Regelmäßigkeit zitierte.

»Und was soll Hanna Sommer darüber denken, wenn ich ihr was von Raubkatzen schreibe?«, sagte ich bockig, für mich war Rilke so etwas wie ein dichtender Zoopfleger.

Mein Vater schaute irritiert.

»Nimm doch das hier … das hab ich deiner Mutter mal geschrieben … sie hat's nicht gemerkt«, sagte er und schlug das Buch auf. Durch den Türspalt konnte ich meine Mutter sehen, sie saugte gerade das Wohnzimmer. Er reichte mir das Buch, und ich las:

Wie soll ich meine Seele halten, daß
sie nicht an deine rührt? Wie soll ich sie
hinheben über dich zu andern Dingen?
Ach gerne möcht ich sie bei irgendwas
Verlorenem im Dunkel unterbringen
an einer fremden stillen Stelle, die
nicht weiterschwingt, wenn deine Tiefen schwingen.
Doch alles, was uns anrührt, dich und mich,
nimmt uns zusammen wie ein Bogenstrich,
der aus zwei Saiten *eine* Stimme zieht.
Auf welches Instrument sind wir gespannt?
Und welcher Geiger hat uns in der Hand?
O süßes Lied.

Oh Mann, Rilke war kein Rohrfrei, kein Zoopfleger, der Mann hatte es drauf, eindeutig. Das war genau das, was ich Hanna Sommer sagen wollte, die verdichtete Masse all meiner Gefühle, die schwarze Materie meiner Teenageremotionen.

»Mensch, klasse, das mach ich …«, sagte ich euphorisiert, mein Vater lächelte, in seinem Geist war sein Versagen bei Isabella Calotti damit wohl wieder aufgehoben, er war rehabilitiert.

Aber konnte ich einfach nur das Gedicht abschreiben? War das nicht etwas einfallslos? Da erinnerte ich mich an Patricks Worte über die ewige Liebe, Opfer darbringen und so.

Opfer darbringen? Ich kam bis zur zweiten Zeile, bevor ich entkräftet mit dem Kopf auf meinem Schreibtisch aufschlug. Mir fiel noch auf, dass der Alf-Wecker stillstand, die Batterie war wohl leer.

Eine Welt in Blutrot

Schon wieder Dr. Stöwers Krawatte, diesmal hing sie direkt vor meinem Gesicht. Dumpf konnte ich die Stimme des Assistenzarztes hören, Patrick grinste mich von seinem mintgrünen Hocker aus an.

»Da ist er ja wieder«, sagte er, seine Stimme war schwer und unwirklich, als würden sie durch ein Abflussrohr zu mir dringen.

»Junge, du kannst doch nicht einfach so wegklappen«, warf mir Dr. Stöwer vor, als wäre mein Kreislauf ein kleines Kind, das ermahnt gehört. Ich sah an mir herab, mein Arm war mittlerweile fest verbunden, die stiftlange Schnittwunde wurde nun von einer weißen Kompresse bedeckt.

»Ich muss bei solchen Suizidversuchen einen Psychologen dazuholen, das sag ich euch jetzt schon«, sagte der Arzt, immer noch vorwurfsvoll und notierte wieder etwas auf seinem Block.

»Selbstmord ... was für ein Kappes«, sagte Patrick und schlug sich lachend auf den Oberschenkel.

Ich wollte eigentlich sagen: »Nein, Herr Doktor, ich wollte nur einen Liebesbrief mit Blutschwur schreiben, keine Sorge!«, allerdings verließ meinen Mund, geschwächt von Ohnmacht und Betäubung, nur ein gestrecktes »Nääää«.

»Lach mal nicht, junger Mann, das ist eine ernste Sache«, sagte Dr. Stöwer anteilslos und genervt, ich war wahrscheinlich nicht der einzige Liebestrunkene, der hier mit zerschnittenen Armen auftauchte. Wahrscheinlich aber der Einzige, der einfach mal einen kompletten Liebesbrief mit Blut schreiben wollte. Patricks Fingerabdruck war eine tolle Idee gewesen, und ich dachte, wenn Sina wegen des Ketchupflecks schon fast die Zähne vor Begeisterung ausfielen, konnte ich die Sache doch noch auf die Spitze treiben und gleich einen ganzen Brief mit meinem Lebenssaft verfassen. Wie ich allerdings schnell feststellen musste, war es gar nicht so leicht, an genug Blut für einen ganzen Brief zu kommen. Der Daumen reichte gerade mal für die Anrede, also hatte ich mir mit dem Käsemesser in den Arm gesägt. Grandios dämlich.

»Er wollte einen Liebesbrief schreiben, ist aber nur bis zur Seele gekommen, bis zum Geiger hat er's nicht mehr geschafft«, gab Patrick dem Arzt zu Protokoll, der wiederum darüber nachdachte, ob vielleicht sogar zwei Psychologen gebraucht würden.

»Ich wollte wie immer durchs Fenster in sein Zimmer steigen, hab ihn dann so an seinem Schreibtisch gefunden und mit dem Taxi hergebracht, zum Glück waren seine Eltern nicht da …«, sagte Patrick und hielt sich zum Abschluss des Satzes die Hand vor den Mund. Blödmann. Ich sabberte ein zweites »Nääa« in seine Richtung, das diesmal aber auch so gemeint war. Die Lüge vom Heimkind hatte ja lange gehalten. Die Augenbraue des Arztes schnellte das zweite Mal an diesem Tag in die Höhe.

Zwanzig Minuten später standen meine Eltern in der Tür des Behandlungsraums und veranstalteten einen Wettstreit im »Bösedreinblicken«. Meine Mutter führte eindeutig, ihre Augenbrauen stießen vor Wut auf ihrer Stirn zusammen, in ihren Augen sammelten sich Tränen, jede einzelne ein stummer Vorwurf an mich. Mein Vater versuchte es ihr gleichzutun, allerdings mischte sich bei ihm noch ein wenig das schlechte Gewissen mit ein, da er mir das lange Rilke-Gedicht für meinen Liebesbrief gegeben hatte. Wäre es nur ein netter Zweizeiler oder ein Haiku gewesen, wäre ich wahrscheinlich nicht auf meinem Schreibtisch zusammengesackt.

Auf der Heimfahrt schwiegen meine Eltern wieder um die Wette, meine Mutter führte erneut, mein Vater gab beim Beschleunigen wenigstens noch ein Grummeln von sich, selbst Patrick neben mir schaute betreten auf meinen verbundenen Arm. Als wir ihn vor seiner Haustür absetzten, wollte er wohl noch etwas Aufmunterndes sagen, doch bevor er seine Hand zum Winken heben konnte, gab mein Vater Vollgas und schoss die ereignislose Nebenstraße entlang. Ich sah Patrick durch das Rückfenster kleiner werden. Unsere Freundschaft würde nicht leicht werden in Zukunft, dachte ich, als der Wagen um die Kurve bog und Patrick aus meinem Blickfeld verschwand.

Familienkonferenz

Als wir zu Hause ankamen, beamte mich der Blick meiner Eltern wie ein Traktorstrahl in mein Zimmer. Geräuschvoll schloss ich die Tür hinter mir, von der mich jetzt Bruce Willis vom »Stirb langsam«-Plakat vorwurfsvoll anschaute. Immer noch lieber Bruce Willis als meine Mutter, dachte ich. Meine Eltern hielten gerade Familienkonferenz ab. Ohne mich. Familienkonferenz bestand daraus, dass sie sich an unseren Esstisch setzten, meine Mutter ihr Gesicht in den Handflächen vergrub, heulte und mein Vater dazu grunzte. Ein relativ komplizierter Entscheidungsfindungsprozess, an dessen Ende meist mein Vater in mein Zimmer gestürmt kam, ungeschickt die Playstation vom Fernseher schraubte und den Raum verließ. Hausarrest war kein sonderlich probates Mittel bei einem unbeliebten Teenager, ich hatte mich ja selbst schon zu lebenslangem Hausarrest verurteilt, schlimmer wäre gewesen, sie hätten mich ins Freibad gezwungen.

Ich schraubte schon mal die Playstation ab, dann riss mein Vater wenigstens nicht wieder den kompletten Fernseher vom Tisch, weil er ein Kabel übersehen hatte. Termingerecht sprang die Tür keine zwei Minuten später auf, mein Vater stolperte herein, die pure Empörung über meine Dummheit, eine Zornesfalte grub sich wie der Grand Canyon in seine Stirn. Ich stand schon hinter der Tür und überreichte feierlich mein Multimediawerkzeug, mein Vater rang sich kaum ein Nicken ab.

»Mit dem Kerl triffst du dich nicht mehr!«, war das Urteil, das er und meine Mutter in wenigen Minuten des gemeinsamen Grunzens und Heulens gefunden hatten. Ich wollte noch einen Widerspruch formulieren, doch bevor sich mein Mund öffnete, war die Anwesenheit meines Vaters schon wieder verstrichen. Dort, wo zuvor sein Körper die klamme Stille meines Jugendzimmers mit Gegenwart erfüllt hatte, ließ jetzt nur noch ein Sonnenstrahl die Milben mit meinem Hausstaub tanzen.

Ring frei für den Samurai

Immerhin drei Tage Einzelhaft hatte ich mir mit dem Käsemesser aus dem unaufhörlichen Lauf der Zeit geschnitten, in der Schule ging nach der Radikalrasur meiner Familie im letzten Jahr wahrscheinlich schon wieder das Gerücht rum, die Läuse wären zurückgekehrt. In der Zwischenzeit schrieb ich mir Phantasienamen auf meinen Verband, Signaturen von Phantomfreunden, ich wünschte mir selbst im Namen anderer »Gute Besserung«, sogar ein Herz mit zwei kryptischen Initialen fanden auf meinem bandagierten Unterarm Platz.

Irgendwann waren die drei Tage Krankschreibung aber verstrichen, der Passat meines Vaters hatte mich wieder, quietschend bogen wir auf den Lehrerparkplatz ein. Mein Vater hatte die letzten drei Tage seinen Unmut durch lautes Schweigen kundgetan, nun reichte er mir mit zusammengekniffenen Augen den Ranzen.

Als ich unseren senfgelben Klassenraum betrat, verstummte plötzlich das übliche Chaos, das vor den Unterrichtsstunden pflichtbewusst von allen Schülern veranstaltet wurde. Gökhan Mutlus Hand, die gerade die Klassenhefte von Marvin Petzokat in die Höhe warf, blieb in der Luft stehen, Patrick hielt seinen kippelnden Stuhl für einen Augenblick still, selbst Hanna

Sommers Augen ruhten auf mir. Vielmehr auf meinem Arm, meinem Verband, dem bemalten Zeugnis meines Fernbleibens, das ich unter meiner Jacke zu verstecken versuchte. Also doch keine Läuse, schwebte als gemeinsame Gedankenblase im Raum. Unser Physiklehrer Herr Trottler räumte gerade seine Ledermappe aus, selbst er verharrte für den Bruchteil einer Sekunde und schaute mich durch seine dicke Brille ungläubig an.

Ich ging, während die Welt langsam aus dem Stillstand in Zeitlupe wechselte, zu meinem Platz neben Patrick, zweite Reihe, vorne links.

Patrick schlug mir kollegial auf den Rücken und durchbrach als Erster die Stille. »Sauber, da bist du ja wieder.« Ich lächelte verlegen, die Frage, was mit mir passiert war, lag unausgesprochen im Raum. Patrick schien bisher nichts erzählt zu haben, er wusste wohl, dass ich vor Scham im Boden versunken wäre, wenn Hanna Sommer gewusst hätte, dass ich ihretwegen meinen Schreibtisch rot gestrichen hatte. Ich hatte mir eine geniale Story ausgedacht, ich war Mountainbike gefahren und bei einem sehr gefährlichen Sprung gestürzt, alles nicht so schlimm, nur eine Fleischwunde, Indianer weinen nicht, keiner würde mir glauben.

»Hey, was ist denn passiert, Basti?«, sagte eine Stimme rechts von mir. Mein Herz blieb stehen, langsam drehte ich meinen Kopf, Hanna Sommer hatte mich gerade angesprochen. Akuter Wortnotstand, ich war kein Indianer, meine Uroma kam aus Schlesien, was man über Schlesier sagte, wusste ich nicht, jedenfalls bestimmt nicht, dass sie nicht heulten.

»Derbe Schlägerei, der andere sieht schlimmer aus, der sucht immer noch seine Zähne«, sprang mir Patrick bei, bevor ich von meinem blöden Mountainbike anfangen konnte.

»Echt?«, fragte Hanna und schaute Patrick ungläubig an.

»Klar, der Kerl ist 'n Samurai, zwei Schläge, Faustkoma, Feierabend!«, unterstrich Patrick die Lüge mit einem Ausrufezeichen. Gökhans Mund stand offen, zerkaute Reste eines Schokokussbrötchens lagen wie ein Autounfall auf seiner Zunge.

»Kann ich auf deinen Verband schreiben?«, fragte Hanna und suchte mit ihren blauen Augen schon nach einer freien Stelle, irgendwo neben dem imaginären Timo und der inexistenten Katharina war noch ein Platz frei. Wortlos hielt ich ihr meinen Verband hin, während Patrick sich zurückhielt, die Sage um meine Heldentaten noch weiterzuspinnen. Ich war ja nicht Conan der Barbar, irgendwann schlägt jede Geschichte, so gut sie auch ist, um und wird zu dem, was sie eigentlich ist, eine Lüge.

Nun las ich »Hanna« auf meinem weißen Verband. Es stand fest, ich würde das Ding nie wieder ausziehen, eines Tages würde nur noch eine zerfaserte Stoffbahn an meinem greisen Arm hängen, ein verblichener, grauer Beweis der Vergangenheit, für immer würde »Hanna« mich begleiten. Ich schaute Patrick an, er lächelte, ich lächelte.

Im Kampf Basti gegen das Leben stand es 1:0, und die zweite Runde hatte gerade begonnen.

Name	Klasse	Datum	Blatt
Der Deutschlehrer			

»Es regnet, Entwarnung«, sagte Martin Siekmann und schloss knarzend das Fenster unseres Klassenraums. Ein paar kleine Tröpfchen perlten an der Scheibe ab, doch der leichte Nieselregen gab uns schon die nötige Gewissheit dafür, dass uns Frau Seckbach heute nicht beehren würde. Die Wahrscheinlichkeit ihres Erscheinens lag sowieso im unteren Promillebereich, wobei Frau Seckbach selbst wohl meist eher im oberen Promillebereich anzutreffen war. Unsere Deutschlehrerin erschien nur im Ausnahmefall – deuteten sich am Horizont Wolken an, stand der Mond ungünstig oder war der Luftdruck zu hoch, blieb sie lieber zu Hause und starrte ein wenig an die Leinentapete. Irgendwo in den letzten dreißig Jahren Schuldienst war Frau Seckbachs Enthusiasmus komplett verloren gegangen. Die dünne Frau mit der Angewohnheit, sich wie ein Medizinmann zu schminken, war langsam, aber sicher in den Mühlen des schulischen Systems zerrieben worden. Selbst die Tatsache, dass sie mittlerweile ihr gesamtes Blut durch Jakobs Krönung ersetzt hatte, steigerte das Aktionspotenzial unserer Lehrerin nicht, sie kam über Wochen einfach nicht zur Schule.

Doch Frau Seckbach hatte einen Fallschirm, und der hieß nicht etwa John Morgan oder Jim Beam, sondern Verbeamtung. Unsere Deutschlehrerin war sich der Tatsache, dass sie rechtlich nicht mal mithilfe eines Polizeiräumkommandos aus der Schule zu vertreiben war, ziemlich bewusst. Dementsprechend nahm sie den regelmäßigen Anschiss des Direktors,

Name	Klasse	Datum	Blatt

ihre Anwesenheitsrate sei mittlerweile kleiner als die Zahl von Ufosichtungen im Münsterland, mit Gleichmut hin.

Mittlerweile zirkulierten bei uns schon Sinnsprüche der Marke: »Bevor Frau Seckbach kommt, betritt der Mensch den Mars« oder »Bevor Frau Seckbach kommt, wird Schalke Meister«. Schon eine leichte Brise oder ein Donnergrollen in der Ferne konnte unsere Pädagogin so weit erschüttern, dass sie lieber daheim blieb. Daher war es auch mit unserer weiteren Einführung in die deutsche Sprache eher schlecht gestellt, manche meiner Mitschüler schöpften ihren Wortschatz eigentlich schon beim mehrmaligen Anhören einer Bushido-CD komplett aus.

Das Fach Deutsch war ein besonders frustrierender Zweig in der nicht gerade frustrationsarmen Umgebung Schule, denn Deutschlehrer zu sein, hieß einerseits, die fehlende Alphabetisierung der meisten Kinder persönlich nachholen zu dürfen, und andererseits, den immer gleichen Lehrplänen unterworfen zu sein. Mein Vater konnte den »Faust« mittlerweile im Schlaf rückwärts pfeifen, trotzdem blieb er in seinen Oberstufenklassen von Goethes Jahrtausendwerk nicht verschont, weil es ja zum Curriculum gehörte. Frau Seckbach war in diesem Spagat irgendwann weggesackt wie die Beliebtheitswerte von Heidi Klum, sie hatte die immerwährende Wiederholung und Monotonie ihrer Aufgabe nicht verkraftet.

Doch eines Tages, vor dem Fenster unseres Klassenzimmers waren gerade ein paar sanfte Schneeflöckchen aufgetaucht und hatten damit Frau Seck-

Name	Klasse	Datum	Blatt

bachs Erscheinen geradezu unmöglich gemacht, sprang unsere Klassentür auf, als hätte man sie mit einer Panzerfaust gesprengt. Die Panzerfaust hieß Konrad Wolke, war ein rundlicher Mann mittleren Alters mit Wangenbart und Ebby-Thust-Gedächtnisbrille, der so voller Kraft war, dass die Luft um seine braune Wildlederjacke zu flirren schien. Wir erwachten nur langsam aus unserer Lethargie. Im Gegensatz zur lange verschollenen Frau Seckbach, die sich sonst wie ein phlegmatischer Teichmolch ans Lehrerpult schleppte, hechtete Herr Wolke wie eine Urgewalt mit einem Ausfallschritt und einer sorgsam gepackten Ledertasche in der Armbeuge auf seinen Platz. Dann ertönte das erste Mal seine Stimme, irgendwo zwischen Pavarotti und einem Aalverkäufer auf dem Hamburger Fischmarkt, ein so einnehmendes Organ, dass den meisten das erste Mal an diesem Tag Blut ins Gehirn schoss und wir alle plötzlich senkrecht auf unseren Stühlen saßen.

Frau Seckbach sei längerfristig unabkömmlich, dementsprechend würde er jetzt den Laden übernehmen und alles erst mal auf Vordermann bringen. Heute würden wir uns mal an »Moby Dick« von Herman Melville wagen, wahre Weltliteratur, ein Buch wie ein Monument.

»Laaangweilig«, schnurrte Gökhan durch seine Zahnlücke, ein weiterer Pädagoge war zum Zermürbtwerden angetreten, zwei, drei Wochen, dann hätten wir auch aus ihm zielsicher jeden Funken Begeisterung gequetscht.

Name	Klasse	Datum	Blatt

»Was soll denn bitte ›Laangweilig‹ heißen?«, fragte der Mann mit dem Stadionsprecherorgan verdutzt, auch Gökhan schaute nun etwas unsicher. Bei Frau Seckbach konnte man im Zweifelsfall in den Bücherschrank kacken, selbst das rang ihr höchstens ein müdes Heben der Augenbraue ab.

»Weiß nisch«, sagte Gökhan und zuckte mit den Schultern, seine Bewertung von »Moby Dick« war eher eine allgemeine Absage an jede Literatur, er schaute halt lieber Vin Diesel beim Weltenretten zu, als sich einen einbeinigen Irren beim Kampf mit einem kapitalen Meeressäuger vorzustellen.

»Wenn du es nicht weißt, dann musst du ja hier nicht das Maul aufreißen«, sagte Herr Wolke knochentrocken, aber bestimmt, Gökhan verstummte.

Dann begann unser neuer Deutschlehrer, aus dem Buch vorzutragen, und innerhalb weniger Sekunden füllte sich der Klassenraum mit Meerwasser, über uns peitschte ein unbarmherziger Sturm hinweg, in dem das Walfängerschiff *Pequod* dem weißen Wal nachjagte, während am Horizont schon die Ahnung einer Katastrophe dämmerte. Herr Wolke trug die paar Seiten mit solcher Inbrunst vor, als würde er auf der Bühne des Burgtheaters stehen, seine Hand formte in der Luft Wellen, stieß eine Harpune in die Fluten und erstarrte plötzlich, als Moby Dick sein schwarzes Auge auf Captain Ahab richtete. Die Schulklingel ertönte, Ende der Stunde.

Gökhan saß da, als hätte ihm jemand einen Pürierstab in den Schädel gerammt, auch wir anderen waren versunken in die Erlebnisse der Walfänger, in

Name	Klasse	Datum	Blatt

die Stimme unseres Lehrers, in das Buch als Erlebnis. Wir blieben einfach sitzen. Normalerweise hätten selbst einzementierte Füße uns nicht aufgehalten, doch heute war etwas passiert, was keiner nach den Jahren unter Frau Seckbach, in denen man froh sein konnte, wenn die Lehrerin nicht vor uns auf dem Pult einschlief, für möglich gehalten hatte: Wir waren begeistert von einem *Buch*.

Natürlich musste Herr Wolke sich auch an Lehrpläne halten, war den absurden Regeln eines Gymnasiums unterworfen und manchmal schwer genervt von der immer wieder aufblitzenden Ahnungslosigkeit seiner Schüler, die sich in so schönen Sätzen wie »Der Kafka war doch auch nur so 'n kaputter Hansel« niederschlug.

Herr Wolke war das, was ein Lehrer sein sollte, ein Inspirator, ein Begeisterter, der imstande war, seine Begeisterung zu teilen.

Auch wenn das Ergebnis nicht immer optimal war (zum Beispiel trug Gökhan bei einem Gedichtwettbewerb mal etwas Selbstverfasstes mit dem Titel »Wenn die Bitches Schleier tragen« vor), hatte Herr Wolke doch eines vollbracht: Diesen Montagmorgen, an dem plötzlich Captain Ahab, ein weißer Wal und die magische Welt der Literatur in unserem müffeligen Klassenzimmer zu Gast waren, würden wir nie vergessen.

Rückkehr in Mütterchens Schoß

»Hast du etwa Angst?«, fragte Patrick verwundert und starrte auf meine klatschnasse Stirn, die ich unablässig mit einer kleinen Serviette abtupfte, die dem Begrüßungsgetränk beigelegen hatte. Aus dem *Aeroflot*-Logo war bereits ein schweißgetränkter, unidentifizierbarer Farbbrei geworden, hektisch nippte ich am schalen Wässerchen.

»Ich, Angst? Nö«, winkte ich ab. »Angst« war nicht das richtige Wort, für das, was ich gerade empfand. »Alles umfassende Todesfurcht« oder »seelische Götterdämmerung« erschienen mir da passender.

Hektisch blickte ich um mich und konnte zu meiner Beruhigung feststellen, dass sich der Fall des Eisernen Vorhangs positiv auf die Gegebenheiten der russischen Staatsfluglinie ausgewirkt hatte. Wo uns zwei Jahre zuvor noch eine kakaobraune Maschine im Antiklook empfangen hatte und der Pilot während des Flugs über den Bordlautsprecher die Passagiere nach Werkzeug gefragt hatte, wirkte diesmal alles halbwegs zeitgemäß. Die braune Innenverkleidung war einem nüchternen grauen Plastik gewichen, es dominierte die neue Sachlichkeit, man hätte fast glauben können, halbwegs sicher zu sein.

Auch meine Mutter war nicht ganz entspannt und nestelte hektisch an ihrem Sicherheitsgurt herum.

Seit wir bei unserer letzten Russlandreise in die Sowjetmetropole Rostow fast über der russischen Tundra abgestürzt waren, hatten wir beide eine gewisse Abneigung gegen das Fliegen entwickelt. Selbst mein Vater, der sonst den Ruhepuls eines Bimssteins besaß und normalerweise nicht mal durch einen Atompilz am Horizont zu verunsichern war, schien leichtes Unwohlsein zu verspüren. Als die Maschine auf die Startbahn rollte, griff er zu den Sicherheitsbeschreibungen, die vorschriftsgemäß neben den Kotztüten an der Rückseite des Vordersitzes angebracht waren.

Aber Moment … er studierte nicht etwa die Lage der Notausgänge. Er korrigierte!

»Du korrigierst das doch nicht … oder?«, fragte ich ihn entgeistert, während er kopfschüttelnd versuchte, die Fehler auf dem laminierten Papier anzustreichen.

»Schau dir das mal an. He, she, it – das S muss mit. Davon haben die anscheinend noch nie was gehört«, empörte er sich und kratzte mit dem Kuli weiter auf dem Infozettel herum. Sein Korrekturzwang war offensichtlich bilingual ausgelegt.

Damit ich bei diesem Trip nicht wieder ganz allein in den Genuss der transkontinentalen Bildungsreise kommen musste, hatte ich durchgesetzt, Patrick einladen zu dürfen. Nachdem der mich im Krankenhaus bei Dr. Stöwer als Heimkind angemeldet hatte, waren sie zwar eine Weile nicht gut auf ihn zu sprechen gewesen, mussten ihre Meinung aber revidieren, wenn sie nicht wollten, dass ich mich in Zukunft mit imaginären Freunden umgab.

Patrick hatte meine Körpersprache schon ganz richtig interpretiert: die linke Hand in die Armlehne gekrallt, die rechte leidend an den Kopf gedrückt, machte ich eher den Eindruck, als würde ich gerade ein Elefantenbaby gebären.

»Einen Tomatensaft bitte!«, orderte die grotesk geschminkte Frau hinter uns und blätterte dabei gelangweilt in ihrer Zeitschrift.

»Was soll nur immer dieser Blödsinn mit dem Tomatensaft«, zischte ich Patrick zu. »Nur weil man in einem Flugzeug sitzt, muss man doch nicht anfangen, Ketchup ohne Zucker zu trinken!« Die Frau hinter uns hustete betreten.

»Wenn man mit einem U-Boot abtaucht, bestellt man doch auch nicht plötzlich Saumagen mit Schokosoße«, ereiferte ich mich weiter, als würde sie damit gegen die Genfer Konventionen verstoßen.

Im Prinzip war mir völlig egal, ob die anderen Passagiere nun Tomatensaft oder Tapetenkleister tranken, ich brauchte einfach nur ein Ventil für meine Angst und fragte mich, warum ich mich schon zum zweiten Mal auf diesen Trip eingelassen hatte. Der Anlass für unsere erneute Reise ins Oblast Rostow war die große Liebe. Nur ging es diesmal nicht um meine große Liebe, sondern um die von Sergej, dem Gastgeber unseres ersten Aufenthalts und Blutsbruder meines Vaters. Na ja, eigentlich waren sie nicht wirklich Blutsbrüder geworden, mein Vater hatte damals abgelehnt, nachdem sich Sergej in die Hand gesägt und martialisch das halbe Wohnzimmer vollgeblutet hatte. Aber das Band zwischen den beiden Männern war trotzdem so eng, zumindest auf Sergejs Seite, dass er uns vor einigen Wochen zu seiner Hochzeit eingeladen hatte.

Natürlich hatte mein Vater sofort höflich aber bestimmt abgelehnt. Allerdings hatte Sergej seitdem täglich angerufen. Mehrmals. Abzusagen war bei russischen Hochzeiten anscheinend keine Option, außer dem Tod gab es keine Entschuldigung, die Sergej hätte gelten lassen. Als uns dann ein paar Wochen später unkommentiert vier Flugtickets zugestellt wurden, ergab sich mein Vater und flehte meine Mutter und mich inständig an, mitzukommen.

Dass Sergej vier Tickets geschickt hatte, resultierte aus der Annahme, ich müsse im zeugungsfähigen Alter von siebzehn Jahren bereits über eine Freundin verfügen. Wenn er die traurige Wahrheit über mein Liebesleben gekannt hätte, wären meinem Flugticket wahrscheinlich eher Flyer einer russischen Partnervermittlung beigelegen.

Und wer weiß, vielleicht gab es in Russland ja tatsächlich ein Mädchen, das auf dermale Trümmerwüste stand?

Als ich Patrick vorschlug, uns nach Russland zu begleiten, hatte er sofort zugesagt. Ob es bei Patrick Spontanität oder Gedankenlosigkeit war, konnte ich nie sagen. Während ich so lange alle Eventualitäten gegeneinander abwog, bis sich die Gelegenheit von selbst erledigt hatte, brauchte er für eine Entscheidung nicht mal lang genug, um überhaupt zweifeln zu können. Er sagte einfach immer erst mal »Ja« zu allem, mit voller Kraft, ohne Zweifel. Selbst wenn ich ihm von unserem Beinaheabsturz vor zwei Jahren erzählt hätte, wäre er wahrscheinlich mit einem »wird schon nicht so schlimm« grinsend und voller Zuversicht ins Flugzeug gestiegen.

»Chello Lädis änd Chentlemän, we wälcom you on borrrd", stammelte unser Flugkapitän in diesem Moment durch den Deckenlautsprecher, was auf mich nicht sehr vertrauenserweckend wirkte.

»Den versteht doch keiner im Tower«, sagte ich mehr zu mir selbst.

»Nein, Englisch können die Russen wirklich nicht«, murmelte mein Vater nur und kritzelte weiter auf der Sicherheitsbeschreibung herum.

»Im Tower sind bei der Ankunft doch auch nur Russen«, lachte Patrick und beruhigte mich mit dieser Schlussfolgerung zumindest ein wenig. Vielleicht setzte aber auch langsam die Jahrespackung Diazepam ein, die ich mir noch auf dem Gate unter Zuhilfenahme einer Flasche Cola runtergewürgt hatte.

»Kinder, wir haben gerade Krakau überflogen«, surrte mein Vater und deutete auf die pixelige Europakarte, die auf dem kleinen Bildschirm über unseren Köpfen blinkte. Dort ruckelte ein lächelndes Comicflugzeug über die grüne Landkarte, gerade segelten wir also irgendwo über Polen herum.

»Von dieser Stadt leitet sich der Name der berühmten Wurst ab, Bastian. Allerdings ist die Krakauer nur in Deutschland eine Bratwurst, in Polen wird sie als Aufschnitt zum Frühstück gegessen«, dozierte mein Vater im genetisch programmierten Pädagogenduktus. Hoffentlich hielt er nicht gleich noch einen Vortrag über Pasteurisierungsverfahren oder Schweinemast. Mein Vater war Bildungsfernsehen auf Beinen, nur leider konnte man bei ihm niemals umschalten.

»Ist mir doch völlig egal!«, motzte ich genervt und starrte auf die kleinen Männchen in der Sicherheitsbeschreibung, die grinsend ihre Köpfe zwischen ihre Knie drückten und glücklich auf den Aufprall warteten. Auch das, was uns die Chef-Stewardess als »Borrt-Änterrrtäinment« ankündigte, vermochte meine Angst nicht zu zerstreuen. Der dargebotene Film lag leider nur auf Russisch vor und ließ sich deshalb nur vage deuten. Es ging dabei offensichtlich um eine Frau, die aussah wie Daniela Katzenberger, sowie um den hässlichen Bruder von Axel Schulz, der sie vor Dinosauriern in einem schwebenden Hochhaus retten sollte. Großes Kino. Na ja, immerhin zeigten sie nicht »Final Destination« oder »Con Air«.

Der Präsident ist gelandet

Zwei Stunden, drei halb entblößte Daniela Katzenbergers und unzählige tote Dinosaurier später, waren wir gelandet. Der Flughafen von Rostow hatte sich kaum verändert, nur die zahlreichen Bewacher mit Fellmützen waren dicken Frauen in kaffeefilterbeigen Uniformen gewichen. Hier brachte Gaddafi also seine Privatarmee nach dem Ruhestand unter. Hinter der gläsernen Trennwand konnten wir bereits Sergej und Ivan winken sehen. Sergej hatte sich anlässlich seiner Hochzeit sogar den buschigen Bart abrasiert, Ivan hielt einen glänzenden Gegenstand in der Hand, hoffentlich nicht wieder seinen Revolver, sonst wurden wir bestimmt gleich von einer Sicherheitskraft über den Haufen geschossen.

Als wir unseren Gepäckwagen durch das Tor schoben, entpuppte sich der glänzende Gegenstand als etwas bedeutend Schlimmeres: Es war eine rostige Trompete, auf der Ivan die deutsche Nationalhymne anstimmte. Das Deutschlandlied schmetterte durch die riesige Empfangshalle des Flughafens, als wäre der Bundespräsident soeben eingeschwebt. Stattdessen standen dort aber nur vier verschwitzte Deutsche mit Unmengen an Gepäck und Geschenken. Die anderen Passagiere deuteten unseren Empfang wohl falsch, ein alter Mann zog sogar seinen Hut vor meinem Vater, dem nichts Besseres einfiel, als mit seiner gerollten Zeitung zu winken wie die Queen mit dem Zepter.

Um auf jeden kulturellen Fauxpas vorbereitet zu sein, hatte mein Vater diesmal eine Liste mit lokalen Eigenheiten erstellt, die er akribisch befolgte und daher auch in dieser grotesken Situation keine Miene verzog.

Tipp 1: Weg mit dem europäischen Understatement, Begrüßungen müssen von Herzen kommen und möglichst lang und innig sein, am besten mit Fanfaren und Feuerwerk.

»Roooobeerrrrrt«, brüllte Sergej durch die klamme Luft der Innenhalle in Ivans schreckliches Gedudel hinein.

»Seeergeeej«, schrie mein Vater regelkonform mit, woraufhin gedrückt, geküsst und geheult wurde, als wäre meine Familie gerade von der ersten bemannten Marsmission zurückgekehrt. Patrick neben mir schaute mich ob dieser undeutschen Theatralik etwas verwundert an. Eigentlich hatten wir aber noch Glück, dass die Lokosimovs als Zeichen der Freude nicht direkt in der Empfangshalle ein Schwein schlachteten. Bei Ivans Trompetengeknarze wäre es wahrscheinlich freiwillig ins Messer gesprungen.

»Baaastiaaan«, setzte Sergej seinen Begrüßungsmarathon fort. Wie es Sitte war, bekam ich erst mal rechts und links eine gescheuert und wurde dann an meinem Waschbärbauch getätschelt, als wäre ich ein trächtiges Haustier. »Chön! Und wer ist das?«, fragte Sergej und zeigte freundlich auf Patrick, der sein Sonntagslächeln auflegte. Er hatte schnell begriffen, dass man hier mit subtilen Signalen nicht weit kam.

»Patrick, mein bester Freund«, sagte ich und Patrick

streckte ihm die Hand hin. Doch bevor Sergej auch auf ihn einschlug, warf er meinem Vater einen Blick zu, der in seiner nonverbalen Kraft kaum zu überbieten war.

»Ist sich Tunte?«, fragte er dann in meine Richtung. Bevor ich hektisch verneinen konnte, brüllte unser Gastgeber bereits: »Jist egal, Chast ist Chast«, und bedeckte Patrick mit der gleichen ritualisierten Abfolge von Ohrfeigen, Küssen und Umarmungen wie mich. Bei jeder Umarmung entwich die Luft aus Patrick, als wäre man auf einen Staubsaugerbeutel gesprungen. Ich hörte nur ein lautes »Uff«. Wenn noch drei, vier weitere Verwandte der Lokosimovs das Leben aus meinem Freund quetschten, konnte ich ihn auf der Rückreise gebügelt ins Handgepäck legen.

Dann folgte der Programmpunkt der Geschenkübergabe, bei dem sich mein Vater diesmal streng nach Regel Nummer Zwei seines Kulturleitfadens hielt:

Tipp 2: Lehne Geschenke erst ab, nimm sie dann aber an! Zwinge den Gastgeber deine Geschenke anzunehmen, notfalls mit Waffengewalt.

Wo man in Deutschland vielleicht höflich ein Blumensträußchen in Cellophanpapier als Gastgeschenk mitbrachte, musste man in Russland damit rechnen, einen in Geschenkpapier eingerollten weißen Tiger überreicht zu bekommen, der spätestens nach dem Auspacken zum Problem wurde. Beim letzten Besuch hatte mein Vater fast einen internationalen Zwischenfall ausgelöst, weil er einen Bildband über das Ruhrgebiet, den Sergej als Geschenk höflich ablehnte, einfach wieder in sein Reisegepäck tat, woraufhin die gesamte Familie Lokosimov pures Entsetzen äußerte. Diesmal waren wir vorbereitet und überreichten eine extraklobige Kuckucksuhr und ein Nussknackerehepaar, das aussah, als hätte man Ivan Rebroff und Stefanie Hertel mumifiziert. Zudem setzte mein Vater einen symbolischen Meilenstein der Völkerverständigung, als er feierlich ein Stück der Berliner Mauer übergab. Der Westen und der Osten waren hier und heute, am Flughafen von Rostow endlich wieder vereint, eine lange Trennung aufgehoben durch ein Stück Mauer, dass bildlich für alles stand, was vorher trennte und nun verband.

Zum Glück ahnte keiner, dass das Mauerstück in Wirklichkeit ein halber Backstein aus dem Vorgarten meiner Oma war – aber es zählte ja die Geste. Sergej brach sofort in Tränen aus, selbst Ivan bekam feuchte Augen, während er immer noch das Deutschlandlied in Endlosschleife in seine Trompete pustete.

»Das ist mein Värlobte Ludmilla«, setzte Sergej die Begrüßungszeremonie schließlich fort und enthüllte hinter sich eine Dame, die entfernt an Marilyn Monroe erinnerte – vierzig Jahre später wieder ausgegraben. Ludmilla war ein kleines, fleischiges Wesen mit schlechter Blondierung, das augenscheinlich die zehn besten Schminktipps von Harald Glööckler beherzigt hatte. Ihr freundlich lächelndes Gesicht lag unter einer Schicht Schminke, dick wie Permafrost. Als die kräftigen Arme der dicken Ludmilla sich um den Hals meines Vaters schlossen, konnte ich sehen, wie er versuchte, die Knie durchzudrücken um das Gleichgewicht zu halten.

Ihr Parfüm trieb uns die Tränen in die Augen, jetzt heulten auch wir, was von Sergej mit einem begeisterten Zücken der Wodkaflasche quittiert wurde.

Tipp 3: Trinke mit, Wodka tötet nicht, er macht nur härter!
Das Vorurteil, dass alle Russen zu jedem Anlass Wodka trinken, gehört in die Welt von Märchen und Mythen, denn ein Anlass zum Saufen ist eigentlich nicht vonnöten.

Betreten starrte ich auf Ivans Selbstgebrannten, so etwas verwendete man sonst, um Leichen zu plastinieren oder Brennstäbe abzukühlen, der menschliche Organismus war auf den Alkoholgehalt des Gebräus nicht ausreichend vorbereitet, es sei denn, man trank vorher eine Haushaltskerze.

Ergeben beugte ich mich meinem Schicksal und schloss mich Patrick an, der schon das zweite Glas hinabstürzte. Das leere Glas zitterte in meiner Hand und dort, wo zuvor noch ein Hals und eine Kehle die Verbindung vom Kopf zum Körper bildeten, befand sich nur noch ein ausgefranstes Ofenrohr. Bevor mir die Mischung aus Diazepam, Cola und Sergejs Teufelstropfen aus allen Enden schießen konnte, drückte mir Patrick schon das nächste Glas in die Hand.

»Nastrovje«, hallte es durch das riesige Flughafengebäude. Ich war schon am Ende, während unsere Reise noch ganz am Anfang stand. Das konnte was werden, dachte ich.

Red Dawn

Nach einer pittoresken Fahrt durch schier endlose Wälder erreichten wir Sergejs Zuhause. Ein paar vereinzelte Häuser waren zu sehen, grünbraune Berge und ein Horizont, an dem sich ein paar einsame Wolken verloren. Die ganze Umgebung wirkte, als wäre der Eiserne Vorhang umgestürzt und hätte dabei alles Leben erschlagen.

»Alles viel bessar cheute ... nix Räuber«, stellte Ivan trocken fest und deutete auf den Straßenrand. Eine wahre Feststellung, keine Spur irgendwelcher Unsympathen mit Kalaschnikows, nur ein paar Straßenhunde waren zu sehen, die neben uns herliefen und um Futter oder Menschenfleisch bettelten.

Beim Eintreten vermisste ich sofort die Geräuschkulisse von Opa Alexej.

»Ist im Chimmel«, sagte Sergej beim Blick auf die freie Sofaseite, auf der der alte Mann mit seinem piepsenden Lungenautomaten immer wie eine wandelnde Elektrodisco geklungen hatte.

Sergejs Wohnung hatte sich durch den weiblichen Einfluss von Ludmilla stark verändert. Ludmilla hatte aus der graubraunen Höhle mit Wandteppichbehang einen ekstatischen Albtraum in Flamingorosa gemacht, alles war mit pinkem Plüsch oder Frotteebezug ausgestattet worden, eine Armee von Teddybären saß aufgereiht auf der Sofalehne.

Im Wohnzimmer hatte Ludmilla ein Festmahl aufgebaut, das vermuten ließ, die Hochzeit würde nicht erst am nächsten Tag, sondern gleich hier und heute erfolgen.

Nachdem wir uns durch Borschtsch, Piroschki, Pampuschki und ein halbes Spanferkel gefuttert hatten – natürlich unter der genauen Beobachtung unserer Gastgeber, die jeden Bissen und jede Genussbekundung von unserer Seite mit einem Wodka begossen –, lag unsere gesamte Reisegruppe bewegungsunfähig auf dem Sofa und versuchte Sergej und Ivan vom Verteilen weiterer Begrüßungsgetränke abzuhalten.

»Oh mein Gott, ich bin tot«, ächzte Patrick. »Noch

eine Mahlzeit und ich lasse mir im Krankenhaus freiwillig den Magen auspumpen«, krümmte er sich neben mir auf dem Sofa, während meine Mutter komplettierte: »Wie sollen wir denn morgen noch zur Hochzeit gehen? Ich passe doch in kein Kleid mehr«, was mein Vater nur mit einem herzlichen Rülpsen beantwortete.

Dann sprang die Tür auf und Ludmilla hielt zwei weitere Tabletts hoch.

»Chommen, zweite Gang ist färrrtig!«, verkündete sie immer noch taufrisch wie der junge Morgen und wies uns den Weg in die Küche.

Vielleicht ist das russische Krankenhaus wirklich keine schlechte Alternative, dachte ich und half meinen Eltern von der Couch hoch.

Bis die Troika sie scheidet

Der orthodoxe Priester betrachtete uns mit Argwohn. Tiefe Falten hatten sich um seinen Mund in die alte Gesichtshaut gegraben, gelächelt hatte dieser Mann das letzte Mal irgendwann Ende der Sechzigerjahre, seitdem bediente er sich eines mimischen Sparprogramms zwischen »böse« und »misstrauisch«. Wir ausländische Atheisten, die den ganzen russisch-orthodoxen Zirkus mit einer gehörigen Portion westfälischer Pragmatik beobachteten, erschienen dem Gottesmann höchst verdächtig. Zum Glück hatte er am heutigen Tag aber noch andere Aufgaben außer unserer Überwachung, denn Ludmilla war gerade vor den Altar getreten und fügte mit ihrem Hochzeitskleid der internationalen Farbskala noch ein paar Facetten hinzu. Sie trug ein Kleid in ihrer Lieblingsfarbe »Schreipink« mit

Glitzerpailletten, Modell »Prinzessin Lilifee mit Drogenproblemen«.

Ein erstaunlich erlesener Kreis hatte sich in der Kirche eingefunden, inklusive meiner Familie wohnte nur die engste Verwandtschaft der Zeremonie bei. In der ersten Reihe schluchzte Sergejs Mutter Mamita Maja, ein hutzliges Wesen mit Kopftuch, das wahrscheinlich alt genug war, um in seiner Jugend noch die letzten Mammuts bejagt zu haben. Die kleine Frau erfüllte den Raum mit einem so allumfassenden Schnäuzen und Geheul, dass man glauben konnte, es handele sich hierbei um eine Trauerfeier. Selbst Ivan, der eigener Aussage nach noch nie »gecheult« hatte, strich sich eine Träne von der fleischigen Wange.

Der Priester sprach ein paar feierliche Sentenzen, schwenkte seinen Weihraucheimer und machte ein wenig christlichen Zirkus, der diesseits der Grenze eigentlich genauso bei jeder Trauung abgehalten wurde.

Da begann der Priester mit einer Art singendem Selbstgespräch, das anscheinend der Trauungsritus war. Er wechselte sich mit einem bemützten Assistenten ab und schmetterte eine geschlagene Stunde lang orthodoxe Beschwörungsformeln ins Mikro. Plötzlich wurden Braut und Bräutigam tonnenschwere Kronen aufs Haupt gesetzt und sie fingen an, um den Altar zu wandern. Nach drei Umrundungen gaben sie erschöpft auf und machten es sich wieder vor dem Altar bequem.

Die riesigen Kronen auf Sergejs und Ludmillas Kopf waren anscheinend aus massivem Gold, jedenfalls sollte Ivans erhobene Augenbraue und sein demonstratives Reiben von Daumen und Mittelfinger das wohl andeuten.

Als das Brautpaar die Kirche verließ, trompetete

Ivan die russische Nationalhymne in den mittäglichen Himmel, ein paar pink eingefärbte Brautjungfern schmissen mit Reis und Rosenblättern und statt der Schrottmühlen, die uns hergebracht hatten, stand nun ein pinker Cadillac vor dem Gotteshaus, den Ludmilla mit einem begeisterten Klatschten bestieg.

Brauchtum

»War aber schön, die Trauung«, sagte meine Mutter und versuchte, sich im Rückspiegel von Ivans Auto den Lippenstift nachzuziehen.

»Chirche ist wichtig für Liebe, Feier ist wichtig für Familie«, brummte Ivan zustimmend und hupte pflichtbewusst.

Nun waren wir auf dem Weg zu der »chleine Parrrty«, die der Trauung folgte. Patrick hatte aus sakralem Pflichtgefühl heraus sogar seine Mütze abgelegt, ich trug meinen Anzug aus der »Big is beautiful«-Abteilung, der zwar am Bauch nicht spannte, dafür aber viel zu kurze Ärmel hatte und dementsprechend dämlich aussah. Designer von Konfektionsware für Übergröße konnten sich anscheinend nicht vorstellen, dass man fett und groß zugleich sein konnte, deshalb klingelten die Manschettenknöpfe nun hochgekrempelt in meiner Armbeuge.

Tipp 4: Lass dich auf Bräuche ein, egal wie bescheuert sie sind!
Plötzlich bog unser Wagen in einen Feldweg ab und hielt nach ein paar Minuten vor einer riesigen Halle, während die restliche Kolonne derweil weiterfuhr.

»Musswa noch Traditona machen, Rrrobert und

Bassstian«, begründete Ivan seinen kleinen Abstecher und bat meinen Vater und mich vor die Tür des Wagens. Ein kleiner Mann in brauner Latzhose trat aus der Halle und kaute auf einem Grashalm. Er sah aus, als hätte man Hugo Egon Balder im Wald verwahrlosen lassen. Ich konnte Patrick und meine Mutter durchs Wagenfenster beobachten, wahrscheinlich erwarteten sie nicht unbedingt, uns lebend wiederzusehen.

»Straßtwujti«, brummte Ivan den kleinen Mann an, der als Ersatz einer Begrüßung dreimal auf den matschigen Boden spuckte. Es roch nach Ammoniak und nassem Holz, Hugo Egon schaute uns Ausländer an, als würde er jeden Moment eine doppelläufige Schrotflinte aus seiner Latzhose ziehen. Dumpf konnten wir durch das Wellblech der Halle ein tausendfach echoendes Geräusch hören, das zu einem immer lauter werdenden Dröhnen anschwoll.

Plötzlich trat der Mann einen Schritt zurück, griff hinters Hallentor und holte einen Käfig voller Hühner hervor, die wild gackernd in dem Maschendrahtquader auf und ab sprangen.

»Wollta chaben?«, fragte uns Ivan und zeigte auf den Käfig.

»Wofür?«, entglitt es meinem Vater, Ivan schaute völlig verständnislos, als hätte er gerade nach dem Atomgewicht vom Silizium gefragt.

»Fürr Chochzeit, als Prrräsent natürrlich«, sagte er mit einer Selbstverständlichkeit, als wäre es auch in der westlichen Welt Brauch, der Braut ausgemusterte Legehennen zu überreichen.

»Oderr willst du ohne Prrräsent chommen?«, fragte Ivan vorwurfsvoll, als er das Zögern meines Vaters bemerkte.

»Gut, äh, dann nehme ich zwei«, sagte mein Vater

und zückte sein Portemonnaie, doch Ivan schlug es ihm sofort aus der Hand. »Musstu chandeln«, zischte er erbost. Die Hühner guckten doof, wir ebenso, nur Hugo Egon im braunen Bauerndress schien siegessicher und lächelte uns eine beachtliche Zahnlücke entgegen.

»Ne, ich nehm' die so, ist schon okay!«, widersprach mein Vater sichtlich angestrengt, ihm schienen nun alle interkulturellen Besonderheiten egal zu sein.

»Nix da. Ohne Chandeln nix Hühner, nix Chochzeit!«, insistierte Ivan.

Dann fing Ivan an, dem kleinen Hugo Egon Balder einen Zahlvorschlag auf russisch zu machen, den dieser wild kopfschüttelnd ablehnte. Er seinerseits unterbreitete umgehend ein Gegenangebot, das Ivan aber nur mit einem Fußstampfen und einem erhobenen Zeigefinger zurückwies.

»Jetzt gib dem doch das blöde Geld, Robert«, brüllte nun auch meine Mutter aus dem Wagen heraus und kurbelte schnell wieder das halb offene Fenster hoch. Mein Vater stand hilflos neben Ivan und machte eine Geste völliger Ahnungslosigkeit, so unsouverän hatte ich ihn selten gesehen.

»Durrraaak!«, brüllte Ivan mit hochrotem Kopf und riss meinem Vater wütend die Geldbörse aus der Hand, er und Hugo Egon Balder waren kurz davor, sich gegenseitig mit Heugabeln zu ermorden. Ich versuchte tief einzuatmen und an das autogene Training zu denken, das meine Eltern mir mal auf CD geschenkt hatten. »Grüne Wiese, grüne Wiese«, flüsterte ich mir wie ein irrer Gärtner zu, während Ivan ein paar Rubel aus der Geldbörse kramte und sie auf den matschigen Boden neben den Hühnerkäfig warf. Hugo Egon nickte einmal verächtlich und schob mit seinem Stiefel den

Käfig über den Modder, die armen Viecher krächzten um ihr Leben, auch wenn ich glaube, dass sie es auf dem Rücksitz unseres Lada besser hatten, als in der Wellblechhalle.

Fassungslos schaute ich meinen Vater und die Hühner an, entkräftet griff er nach dem Käfig und stapfte zurück zum Auto. Wir stiegen wieder ein, der Hühnerkäfig stand jetzt zwischen Patrick und meiner Mutter, die sich sprachlos an ihren Sicherheitsgurten festhielten, während Ivan den Motor wieder zu Leben erweckte.

»Cha! Ist Idiot, ich nur die Chälfte bezahlt!«, triumphierte Ivan und legte lachend den Rückwärtsgang ein, während Hugo Egon Balder wieder in dem dunklen Loch verschwand, das als Eingang zur Halle diente.

»Und wofür sollen die jetzt sein?«, fragte ich, während eine der Hennen einen kapitalen Schiss auf den Rücksitz donnerte.

»Ist für Fruchtbarkeit, damit Frau bekommt viele Babies«, erläuterte Ivan fachkundig, als wäre das hier das Esoterikseminar der Volkshochschule Unna-West. Betreten schauten wir auf die gefederten Fruchtbarkeitsboten, die sich gegenseitig in die Seite pickten.

»Aber Chuhn ist nur bisschen gut, ist nur für Leutes wie euch. Richtig Freunde schenken Chweinchen«, sagte Ivan und lachte. Meine Eltern nickten, und gerade als mein Vater etwas entgegnen wollte, war uns, als hätten wir ein Grunzen aus dem Kofferraum gehört.

»Sind wir da«, sagte Ivan und sprang aus dem Lada in eine braune Pfütze hinein. Meine Eltern standen bereits mit offenem Mund vor dem Auto und starrten an dem riesigen Komplex hinauf, vor dem sich eine Menschenmenge versammelt hatte, die so absurd groß war, dass man vermuten konnte, hier würde gleich das WM-Endspiel abgehalten. Die personelle Bescheidenheit der Trauung hatte sich hier eindeutig nicht fortgesetzt.

Die Ausmaße, die Sergejs »chleine Party« annahm, waren vergleichbar mit einer Papstkrönung. Die Dekoration war bunt und pompös, als hätte man Boy George in die Luft gejagt, anscheinend war die gesamte russische Landbevölkerung im Umkreis von fünfhundert Kilometern angereist, um mit den Lokosimovs diesen Ehrentag zu begehen. Sofort wurden wir einer Parade von Menschen vorgestellt. Wie bei einem Staatsempfang schritten wir die endlose Menschenschlange ab, jeder verbeugte sich demütig, während Ivan unsere Herkunft erläuterte. Bei meinen Eltern und Patrick säuselte er ihren Namen, doch bei mir brummte er nur ein hohles »Durak« und ging weiter.

Am Kopfende des Saals saßen Sergej und Ludmilla bereits an einer gesonderten Festtafel und begrüßten ihre Anverwandten. Eine Hochzeit wie diese verschlang locker die Ersparnisse der gesamten Familie, allerdings war die Refinanzierung eines solchen Fests ebenso Bestandteil des Brauchs, denn es wurde massenhaft Geld und Vieh geschenkt, das wahrscheinlich kotend in den Autos der Gäste auf seinen Einsatz wartete.

Neben der Festtafel hatte eine Band bereits ihre Instrumente errichtet, sie schien allerdings noch beim Soundcheck zu sein. Am Mikrofon stand ein Mann mit gewebter Weste und rauchte leger eine Zigarette.

Dann trat ein Moderatorenpaar auf, Igor und Svetlana, wie sie uns Ivan stolz vorstellte, die alle Abläufe minutiös kommentierten, die einzelnen Tagesordnungspunkte ankündigten und die zahlreichen Spiele organisierten. Igor, der in seinem knallroten Folienanzug aussah wie der menschgewordene Zonk und Svetlana, deren Frisur an ein Tischfeuerwerk erinnerte, neigten doch eher zur großen Geste. Als sie im Konfettiregen die Treppe am Saalende hinabstiegen, sangen sie ein Lied, dessen Titel uns Ivan mit »Liebe ist Chonig von Leben« übersetze. Anders als einer Ode an das Imkerhandwerk war dieses Duett allerdings so süßlich, dass man Sorge habe musste, Diabetes zu bekommen, der etwas untersetzte Igor schmachtete auf Knien, während sich Svetlana mehrmals den Handrücken an die Stirn führte, ein Bollywoodfilm war dagegen ein emotionsarmes Kammerspiel.

Ivan übersetzte uns jeden einzelnen Satz des Liedes, auch wenn bestimmte Verse wie »Ich shrimpe deine Füße« oder »Statt Gesäge viele Schläge« sicherlich im Russischen etwas anderes bedeutet haben mochten als in seiner interessanten Interpretation der deutschen Sprache. Nach dem Lied machten sich der Zonk und Svetlana daran, die einzelnen Hochzeitsgäste vorzustellen, was bei einer so großen Festgesellschaft ein ziemlich gewagtes Unterfangen war. Letztlich erschloss sich für uns nur, dass alle miteinander verwandt zu sein schienen und sich dementsprechend nicht ausstehen konnten. »Tisch sieben mit Tisch neun ist Chrrrieg … Bumm, Bumm«, stellte Ivan fest und zeigte auf ein paar sehr intensiv tätowierte Herren, die sich gegenseitig böse Blick zuwarfen.

Als die Reihe dann an uns kam, wurde uns wieder unsere Rolle als Ehrengäste bewusst, das Flutlicht tauchte unseren Tisch in ein grelles Weiß und dazu nahm der Zonk auf dem Schoß meines Vaters Platz und ignorierte damit völlig jegliches westliche Bedürfnis nach körperlicher Distanz.

Mehrmals wurde mein Vater zum Aufstehen genötigt, der Zonk riss seine Arme hoch wie bei einem Preisboxer, der gerade einen Kampf gewonnen hatte, und dazu lief wieder die deutsche Nationalhymne, diesmal zumindest nicht auf Ivans Todestrompete, sondern auf dem Keyboard.

»Hui, die Russen haben ganz schön einen am Senkel«, resümierte Patrick leise.

»Das war erst der Anfang, mein Freund«, dachte ich mir still und schwieg.

Nun kündigten der Zonk und Svetlana den nächsten Tagesordnungspunkt an: die Geschenkübergabe. Meine Familie reihte sich ordentlich in eine unendlich wirkende Menschenschlange, die zur Festtafel führte. In der Menschenmenge hatte sich mittlerweile ein kleiner Streichelzoo eingefunden, fröhlich angetrunkene Kolchosebauern schoben Ferkel vor sich her, ein paar Gänse rannten mit ausgebreiteten Flügeln vor einem Kind davon, insgesamt wirkte es eher wie die Auflösung eines Tierheims. Ich umklammerte den Hühnerkäfig, während mein Vater wie ein slowenischer Autoschieber seine Geldscheine zählte, Ivan beobachtete ihn dabei kritisch, nach seinem fehlenden Handelsversuch beim Hühnerhändler vertraute er meinem Vater wohl nicht mehr.

Als wir an der Reihe waren, ohrfeigte mich Sergej

aufs herzlichste, Ludmilla verschlang mein Gesicht mit einem riesigen Schmatzer und nahm uns die Hühner ab, die neben der Hochzeitstafel Platz fanden. Ivan überprüfte, ob mein Vater auch das volle Geldbündel an die Eheleute Lokosimov überreichte, erst dann wurden wir wieder zu unserem Tisch geführt, der ausschließlich auch mit Gästen aus »Cheurrropa« besetzt war, jedenfalls nach Ivans Interpretation. Eigentlich hatte nur Onkel Nikita mal einige Zeit in Hamburg gelebt, was er uns mit einem »Deutscheland supadupa« verdeutlichte. Viel war von seinen deutschen Sprachkenntnissen nicht mehr übrig, der kleine Mann mit der Halbglatze, den karierten Hosenträgern und dem Dauergrinsen erzählte radebrechend von seiner Zeit in »Santa Fu«, was sich erst nach einiger Pantomime als Bezeichnung für das Hamburger Gefängnis in Fuhlsbüttel auflöste. Trotzdem »Deutscheland supadupa«.

Dann gab es einen kleinen Wodka für alle Hochzeitsgäste. Ich hätte zwar lieber eines der Hochzeitshühner samt Federn heruntergeschluckt, als schon wieder den russischen Rachenputzer hinabzustürzen, aber Onkel Nikitas kritischer Blick ließ keine Ausnahme zu. Patrick dagegen setze sofort an, was Onkel Nikita mit einem High Five belohnte. Insgesamt wirkte der lustige, kleine Mann ein wenig wie Ivans Hilfssheriff, gerade als wir froh waren, Ivans Trinkkontrolle entronnen zu sein, setzte jetzt Onkel Nikita an, uns generalsstabmäßig abzufüllen.

Onkel Nikita hatte sich vorgenommen, uns einen russischen Trinkspruch beizubringen, aber weder Zunge noch Hirn gehorchten mehr. Aus seinem fein ausformulierten »Potstalom mui uvidimsje snova« wurde aus meinem Mund ein wenig verständliches »Pnosten muvuschnoffa«, was anscheinend einer russischen Beschimpfung ähnelte, jedenfalls haute mir Onkel Nikitia erst mal beherzt eine runter.

»Prostren movisnuffi«, versuchte es Patrick erneut und bekam ebenfalls eine gebrezelt. Es war nicht ganz klar, ob das jetzt noch trinkpädagogisches Bemühen oder schon Sadismus war. Mittlerweile hätte ich sogar lieber eine Vertretungsstunde bei meinem Vater genossen als dieses Seminar bei Onkel Nikita, denn als ich es endlich schaffte, seinen Trinkspruch halbwegs richtig wiederzugeben, bekam ich eine doppelte Portion eingeschenkt. Auch die Wodkaversorgung meiner Eltern überwachte Onkel Nikita generalstabsmäßig, meine Mutter hatte mittlerweile aufgegeben, während mein Vater noch versuchte, sich zu wehren und einen Großteil des Schnapses mit Wasser auszugleichen. Ein heilloses Unterfangen.

»Papa, weißt du eigentlich, was dieser Trinkspruch zu bedeuten hat?«, fragte ich meinen Vater leise, um mir nicht wieder eine Backpfeife von Nikita einzufangen.

»Wir sehen uns unter dem Tisch« sagte er trocken und nahm noch einen tiefen Schluck aus seinem Wasserglas.

Dass diese Hochzeit mehr von einem Kindergeburtstag auf LSD hatte, als von einer besinnlichen Feier, verdeutlichte auch der nächste Anlass. Dazu wurden verschiedene Männer von dem Zonk und Svetlana von den Tischen geholt und dann von den als Frauen verkleideten Cousins, die den Abend über in eigenartiger Folkloretracht kellnerten, an allen vier Gliedmaßen festgehalten und in die Luft gehoben. Daraufhin musste sich die Braut unter dem Gejohle des Publikums auf zwei Stühle stellen und der jeweilige Mann wurde unter ihren Beinen wie eine Glocke hin- und hergeschwungen. Dabei wurde jedes Mal, wenn der Kopf des Mannes unter dem Brautkleid verschwand, vom gesamten Publikum »Kuckuck-Kuckuck« gerufen.

Ich sah wie Patrick langsam kleiner wurde und sein Kopf an der Tischkante abwärts wanderte, ich konnte es ihm gerade noch gleich tun und mich verstecken, bevor der Zonk unseren Tisch passierte und meinen Vater auf Aufforderung von Onkel Nikita an sich zog. Wenige Augenblicke später wurde mein westfälischer Musterpädagogenvater von verkleideten Russen mit dem Kopf zwischen die Beine der kräftigen Ludmilla gerammt, während das gesamte Publikum laut »Kuckuck« brüllte. Meine Mutter brüllte am lautesten, daneben Onkel Nikita, der mich und Patrick erst mal zwang, etwas auf unseren mutigen Vater zu trinken und eloquent »Deutscheland supadupa« feststellte. Langsam sah ich bei Patrick ein leichtes Schielen einsetzen, bei mir hatten sich bereits sämtliche Neuronen in den Pogo begeben. Mein Vater nahm wieder Platz, sein halber Anzug war aufgerissen, die Haare zerzaust und er war angemessen verstört.

Plötzlich zog Onkel Nikita ein dickes, glänzendes Messer aus seinem Socken und rammte es lachend in den Tisch. Wenn es ein Codewort zur Evakuierung gegeben hätte, wäre es nun zum Einsatz gekommen, doch leider blieb uns nichts anderes übrig, als auch diese Vorführung über uns ergehen zu lassen. Mehrmals streckte Nikita uns seine haarige Pranke entgegen und zeigte auf seine wurstigen Fingerchen, dann knallte er die Hand auf den Tisch und rammte das Messer mit einer rasenden Geschwindigkeit in die Tischplatte zwischen seinen Fingern. Sein Nicken in unsere Richtung sollte wohl heißen, dass wir die nächsten sein würden, deshalb setzten Patrick und ich uns vorsorglich auf unsere Hände. Faszinierend, wie kunstfertig es Onkel Nikita trotz der beachtlichen Menge Wodka schaffte, das Messer zwischen seinen Fingern hin und her springen zu lassen, ohne sich zu verletzten, dachte ich – bis er sich das Ding genau eine Sekunde später in die Hand rammte.

Patrick und ich starrten ihn fassungslos an, doch Onkel Nikita zog sich nur die Klinge aus dem Fleisch und lachte laut. Wir hatten die letzten Stunden also mit einem russischen Cyborg gezecht.

Zum Glück wurden wir von einer plötzlichen Musikeinspielung unterbrochen, bevor Onkel Nikita noch auf die Idee kam, Messer zu werfen oder mit Kettensägen zu jonglieren.

Sergej und Ludmilla tanzten den ersten Tanz des Abends und die rührende Romantik, die der dargebotene Walzer verströmte, machte sogar den Nutztierzoo und das Moderatorenduo vergessen. Mein Vater war zwar nach seiner Verwendung als menschliche Glocke noch ein wenig steif, trotzdem schauten wir alle gerührt auf das Brautpaar, das zu russischer Folklore im Dreivierteltakt tanzte.

Ich musste wieder an Hanna denken, als ich Sergej und Ludmilla sah, wie sie da eng umschlungen auf der Tanzfläche standen. Jetzt war ich tausende Kilometer weg, hatte meiner Flugangst getrotzt und trotzdem verfolgte mich Hanna immer noch. Da half nur noch ein Hirnzellenbremser aus Onkel Nikitas Vorrat.

»Deutscheland … DEUTSCHELAND!«, brüllte auf einmal der Zonk und es richtete sich wiederum alle Aufmerksamkeit auf uns. Sergej und Ludmilla traten auf uns zu und führten uns auf die Tanzfläche.

Der Zonk kündigte irgendetwas an, was, auch wenn man kein Wort verstand, sofortiges Unwohlsein auslöste.

»Ihr dürft Tanzefläche eröffnen … mit Spezialmusik, mit deutsche Folklore«, sagte Ivan freudestrahlend.

Diese Ankündigung reichte, um jeden meiner Körperteile in Alarmzustand zu versetzen. Tanzen war seit jeher der Feind eines dicken Kindes, egal was da jetzt an Blasmusik kam, ich würde mich einfach totstellen.

Doch Blasmusik war es nicht, was andernorts unter deutscher Folklore verstanden wurde. Es kam viel, viel schlimmer …

»Cheri Cheri Lady«, kreischten uns Thomas Anders und Dieter Bohlen entgegen, die deutschen Nichtmusiker von Modern Talking galten in Russland also als deutsche »Volksmusik«, ein Umstand der wahrscheinlich 99 Prozent der Bundesbürger die Schamesröte ins Gesicht getrieben hätte.

Meine Eltern standen reglos da und schauten mich und Patrick verzweifelt an, für diesen worst case hatte selbst mein Vater mit seinen Survivaltipps keinen Ratschlag parat. Modern Talking war so weit weg von meinem Musikgeschmack entfernt wie eine Schildkröte vom Fliegen. Selbst mein Vater mit seiner endlos großen Schallplattensammlung hätte lieber einen Tonträger mit Dieselmotorengeräuschen in sein Regal gestellt als eine LP dieser Vokuhila-Kapelle.

Dementsprechend gering war auch unser Bewegungsspektrum, mein Vater wippte ein wenig apathisch von einem Fuß auf den anderen, während meine Mutter verzweifelt in die Hände klatschte, als würde sie gerade anderen Leuten beim Tanzen zujubeln. In den Augen meiner Eltern konnte ich einen stillen Generationenvertrag aufflammen sehen, dass diese Episode unseres Lebens für immer in Russland bleiben, auf ewig in den Orkus peinlicher Erinnerung verdrängt würde. Selbst Patrick hatte ich noch nie so fassungslos gesehen, seine sonstige Souveränität war auf Molekülgröße zusammengeschrumpft.

Mein einziger Trost war, dass Hanna mich jetzt nicht sah, und ich entschied mich spontan dazu, meine Familie zu retten.

Während Föhntolle Thomas Anders seifig seine Beleidigung der englischen Sprache in den Saal sülzte, begab ich mich in die Hocke, verschränkte die Arme vor meiner Brust und versuchte mich halbwegs an das Bewegungsmuster zu erinnern, dass Sergej mir zwei Jahre zuvor eingebläut hatte.

Ich bot eine sehr mitleiderregende Version von Kasatschok dar, dem russischen Volkstanz, bei dem mein Oberkörper steif wie ein Brett blieb, während meine Beine ruckartig nach vorne schnellten. Einen kurzen Augenblick verharrte das russische Publikum, das Klatschen setzte aus und ich war mir sicher, dass ich jetzt sofort für den Missbrauch eines nationalen Kulturguts gelyncht werden würde.

Doch die Russen waren gnädig, ein Sturm aus Applaus und Jubel setzte ein, der meiner Familie und Patrick die kurze Deckung bot, von eigenen, unbeholfenen Tanzbewegungen zu meinem Beklatschen überzugehen, Dankbarkeit zeichnete sich in ihren Gesichtern ab.

»Deutscheland supadupa«, schrie Nikita, stürmte ebenfalls auf die Tanzfläche und stimmte in meinen Kasatschok ein. Der Wodka, der bei uns Deutschen zu motorischen Ausfallerscheinungen führte, füllte bei Onkel Nikita den Akku wohl erst richtig auf, jetzt fehlte nur noch, dass er einen Salto schlug und breakdancte.

Das tat er dann zwar auch noch, allerdings war dieser Anblick bei mir bereits einem satten Schwarz gewichen. Prost.

Hartes Erwachen

Irgendwie war die Couch heute noch härter als am Vortag, dachte ich und ließ meine Zunge durch meinen Mund wandern, der sich anfühlte, als wäre er mit Kunstrasen ausgelegt. Als ich die Augen öffnete, sah ich nur die Maserung von Holz, ich hatte die Nacht offensichtlich unter dem Tisch für die »cheuropäischen Gäste« verbracht.

Ich kletterte unter dem Tisch hervor und blickte auf die Überreste des Festsaals, der aussah, als hätte man ihn bombardiert. Alles lag in Schutt und Asche, die Tische waren umgekippt, Essensreste klebten an der Wand und auf der Tanzfläche bewegte sich noch ein einzelnes Männlein von einem Fuß auf den anderen.

Es war Onkel Nikita, er hielt eine halb aufgegessene Makrele in der Hand und tanzte mit geschlossenen Augen zu »Losing my Religion« von R.E.M.

Ich musste tot sein oder noch schlafen, das konnten nur die Hölle oder ein Traum sein, dachte ich und ließ mich dann aber von meinem schmerzenden Körper davon überzeugen, dass ich doch am Leben und wach war. Mein Kopf fühlte sich an wie ein Autobahnkreuz, das Donnern von Motoren und das Aufblitzen von Lichtern war das einzige, was ich außer Onkel Nikitas Verrenkungen und seinem wackelnden Po wahrnehmen konnte. Neben mir gab Patrick ein

Lebenszeichen von sich, irgendetwas zwischen Furzen und Gähnen. Er schaute mich schlaftrunken an, durch seinen Kopf schien die gleiche Lkw-Kolonne zu fahren, wie durch meinen.

»Oh mein Gott«, ächzte er und ließ seinen Arm kraftlos von der Tischplatte fallen, auf der er übernachtet hatte. Dieser Abend hatte uns einiges an Hirnmasse gekostet. Irgendwann war alles außer Kontrolle geraten, Patrick und ich hatten mehrere Volkstänze von Sirtaki bis Schuhplattler vergewaltigt und dann angefangen, uns gegenseitig mithilfe eines Filzstifts zu dekorieren. Deshalb hatte mein Freund jetzt auch eine aufgemalte Augenklappe und einen Salvador-Dalí-Bart, der ihm gar nicht mal so schlecht stand.

Wo waren meine Eltern? Das Letzte, an das ich mich erinnerte, war, wie Onkel Nikita versucht hatte auf meinem Vater zu reiten, während »Geronimo's Cadillac« lief.

In der Ferne konnte ich undeutlich ein paar Gestalten erkennen, die meisten waren die mit Perücken und Frauenkleidern bestückten Cousins, die sich ob ihres Anblicks anscheinend ab einem bestimmten Punkt nur noch selbst bekellnert hatten.

Dahinter erblickte ich meine Mutter, die meinem Vater vom Boden aufhalf. Dafür, dass meine Eltern ein paar Jährchen älter waren als Patrick und ich, hatten sie sich erstaunlich gut gehalten. Ich winkte ihnen zu und spürte schon bei dem Versuch, meine Hand zu heben, einen so formidablen Kopfschmerz, dass ich auf weitere Bewegung gekonnt verzichtete und versuchte, eine bequeme Stellung auf Patricks Tisch einzunehmen, auf dem ich die restlichen fünf Tage unserer Reise verbringen wollte.

Doch leider kam es nicht dazu, weil Onkel Nikita

uns heimsuchte und mir »Deutscheland supadupa« für meine gestrige Performance attestierte. Wie aus dem Nichts tauchten auch Sergej und Ludmilla auf und boten uns gut gelaunt und frisch geduscht heißen Kaffee an. Mit großen Augen schauten wir sie an, hätten sie bei der ganzen Veranstaltung nicht die mit der einprägsamsten Nahtoderfahrung sein müssen?

Stattdessen präsentierten sie sich aufgeräumt und bewirteten uns nach bester russischer Tradition, wie uns der ebenso desolate Ivan erklärte, der sich zuvor aus einer Ecke des Raums geschält hatte. Dass neben dem Kaffee ein kleines Gläschen mit Wodka stand, ignorierten wir geflissentlich. Umso besser für Onkel Nikita, der anscheinend nicht geboren sondern destilliert worden war, anders war nicht zu erklären, wie der kleine Mann mit den Hosenträgern jetzt schon wieder so einen Durst haben konnte.

»Deutscheland supadupa«, sagte er und prostete uns zu.

»Und Bielendorfers, waar schön?«, fragte Ivan rhetorisch, man hatte nicht das Gefühl, dass irgendeine andere Antwort als »Ja« gelten würde. Wir nickten, so stark es der Kopfschmerz zuließ, nur mein Vater traute sich zu fragen, ob alle Hochzeiten in Russland so gefeiert würden.

»Waaas?«, fragte Ivan schockiert. »Nein! Das waar garrrnichts. Sonst ist nicht so langweilich. Heute Abend machen wir besser!«, sagte er und genehmigte sich mit Onkel Nikitia einen kleinen Muntermacher.

Wir hielten Ivans Worte für einen Scherz, doch die Realität belehrte uns schnell eines Besseren. In Russland gab es keine Zeit der inneren Einkehr nach so einer Orgie, keine Möglichkeit sich zu sammeln, sich neu zu sortieren, sich in Abstinenz zu üben und höchstens eine Salzgurke und einen Rollmops zu sich zu nehmen.

Stattdessen dauerte die Hochzeit weitere fünf Tage, fünf Tage in denen gefressen, gesoffen und jeden Abend aufs Neue das Œuvre von Modern Talking zu unseren Ehren dargeboten wurde, erschreckend, wie viel Folter für Ohren und Hirn diese Band verbrochen hatte.

Nach fünf Tagen standen wir dann wieder am Flughafen. Mein Vater sah um Jahre gealtert aus, seine Schläfen waren leicht ergraut und auch seine Gesichtsfarbe ging immer mehr ins monochrome. Meiner Mutter ging es nicht besser, sie hatte zwar am Vorabend Migräne vorgetäuscht, was aber nur für ein kurzes Verschnaufen zwischen »You're my heart, you're my soul« und »Brother Louie« ausreichte. Patrick und ich sahen trotz unserer Jugend aus, als hätten wir einen Monat am Ballermann auf der Bassbox geschlafen, mein bester Freund stützte sich an meiner Schulter ab, während wir beide versuchten, die Koffer mit etwas Würde durch die Abflughalle zu ziehen.

Die nimmermüden Lokosimovs hatten auf unsere äußerste Bitte hin nur das kleinstmögliche Komitee zu unserer Verabschiedung geschickt: Ivan, Sergej und Ludmilla deckten uns nun wieder mit einer Myriade an Körperlichkeiten ein, die nach zahllosen Verbrüderungsschnäpsen auf der Hochzeit aber kaum noch Widerwehr provozierten. Auch Ivans Todestrompete blieb im Halfter – als er sie gerade ansetzen wollte, um wahrscheinlich irgendetwas von Scooter oder den Scorpions zu blasen, hob meine Mutter so unmissverständlich die Hand, dass selbst Ivan, der sensibel wie ein Wackerstein war, verstand.

»Nächstes Jahr ich cheirate auch, dann wir machen ein richtige Party, ihr seid Ehrenchäste«, drohte Ivan, was mein Vater bewusst überhörte und von meiner Mutter mit einem »Wir werden sehen« und einem sehr doppeldeutigen Blick in unsere Richtung kommentiert wurde.

Als wir die Gangway hochkletterten, unsere russischen Freunde hinter uns immer kleiner wurden und schließlich ganz aus unserem Blickfeld verschwanden, sah ich ein wenig Wehmut im Gesicht meines Vaters aufkeimen.

»Eine Woche Russland und wir haben nichts gelernt«, murmelte er traurig.

Ich sah ihn an, wie er da gebrochen mit seinem Handgepäck unterm Arm durch das Flugzeug schlurfte, und er tat mir leid. Er war seinem Anspruch, dass jeder Urlaub einem Bildungsauftrag folgen musste, in unserer Woche konsequenten Vollrauschs nicht wirklich gerecht geworden.

»Ach Papa, wir haben doch eine Menge gelernt!«, versuchte ich ihn aufzumuntern und sah ein hoffnungsvolles Blitzen in seinen Augen.

»Ja, zum Beispiel Kasatschok und die gesammelten Werke von Modern Talking«, stellte Patrick trocken fest und rückte seine Mütze zurecht.

»Und noch was«, ergänzte mein Vater lachend: »Potstalom mui uvidimsje snova«.

Das doppelte Lehrerkind

Meine Anmutung als todessehnsüchtiger Samurai hielt lange genug, um den Sommer zu überdauern, vielen in der Schule war ich mit meinem bekritzelten Verband als Alleinstellungsmerkmal wohl zum ersten Mal aufgefallen, und auch in Hannas Bewusstsein war ich mittlerweile ein Plätzchen höher gerückt. Auch an anderer Stelle hatten sich Veränderungen ergeben: Sina hatte sich von Patrick getrennt, was er mit einem geradezu erschreckend pragmatischen »Tja« kommentierte. Einfach nur »Tja«. Als sie ihm eines Abends offenbarte, dass ihr Herz mittlerweile weitergewandert sei und die kindische Verliebtheit den Alltag nicht überdauert habe, schnalzte Patrick nur dieses nüchterne »Tja« und ging. Den herzzerreißenden Heulanfall, den sie noch auf dem Bordstein bekam, hörte er schon nicht mehr, weil er, ohne sich umzudrehen, in den Bus gestiegen war.

War Liebe wirklich so einfach an- und auszuziehen wie ein Paar neue Schuhe, die man am Anfang gerne trug und sie dann abgelaufen und alt in die Ecke warf, sobald ihr Zenit überschritten war? Für Patrick anscheinend schon, er machte sich nichts aus großer Dramatik, für ihn war ein Ende auch gleich wieder ein Anfang, und er fasste seine Gedanken dazu oft recht knapp zusammen.

»Weiber«, sagte er nur und lehnte sich mit hinter dem Kopf zusammengeschlagenen Händen auf meinem Bett zurück.

»Vermisst du sie denn nicht?«, fragte ich ihn unsicher, denn wenn Freundinnen so austauschbar waren, waren es Freunde dann nicht auch?

»Na ja, ein bisschen, aber bei sieben Milliarden Menschen auf der Welt wird sich schon jemand anderes finden«, war sein nüchternes Urteil, das Sina innerhalb von Augenblicken von einer Herzensangelegenheit zur Fremden degradiert hatte.

Sieben Milliarden Menschen, und mich interessierte doch nur eine: Hanna Sommer. Doch auch bei ihr kündigten sich Veränderungen an, als der Herbst eintrat und wir alle plötzlich Oberstufenschüler waren.

Unser Schulleiter ging in Pension, Herr Lobe war ein herzlicher, etwas verschrobener Bürokrat mit dichtem Haupthaar und einer beigefarbenen Sakko-Anzughosen-Kombination, die er anscheinend die letzten vierzig Schuljahre getragen hatte. Zu seinem Abschied gab es zeremonielles Brimborium in der Aula, Hände wurden geschüttelt, Reden gehalten, Herr Lobe verabschiedete sich sichtlich gerührt und mit heiserer Stimme. Seinem Nachfolger, Herrn Sommer, wünsche er von Herzen alles Gute, sagte er.

Als der Nachfolger die Bühne betrat, um ein paar Worte an uns zu richten, war gleich klar, wer Herr Sommer war.

Er war Hannas Vater.

Auch wenn er sich unter den fleischigen Gesichtszügen und dem Doppelkinn geschickt maskiert hatte, sah man ihm die Verwandtschaft an. Die Augen hatten ein ähnliches Blitzen, der Mund verzog sich beim Lächeln in der gleichen Manier und gab den Blick auf eine ebenso gerade Zahnreihe frei wie die von Hanna. Es setzte sofort ein Tuscheln im abgedunkelten Saal ein, und unzählige Augen fixierten Hanna, drehten sich zu ihr um und starrten sie an, wie sie wohl auf ihren Vater reagieren würde. Doch nichts geschah, sie klatschte und lächelte, während ihr Vater eine kurze Rede hielt, die von »großen Umbrüchen im Schulbetrieb« und »zukünftigen Herausforderungen« handelte. Hanna war also auch ein Lehrerkind, ein Umstand, der allen bisher verborgen geblieben war, so auch mir.

Das also war ihr großes Geheimnis gewesen.

Irgendwie machte es mich froh zu sehen, dass wir mehr gemeinsam hatten als gedacht. Auch wenn Herr Sommer im Gegensatz zu meinem sehr ironiebegabten Vater eine staatsmännische Anmutung hatte und statt abgetragener Sakkos von der Stange lieber teure Markenanzüge trug, hatten seine Bewegungen etwas Mechanisches. Er wirkte mehr wie ein Politiker als wie ein Schulleiter. Mit einem Ruck zog er beim Sprechen seine Krawatte enger, als müsste er ein mechanisches Ventil zuschrauben, um Druck aufzubauen. Seine Hand malte weite Kreise in die Luft, folgte dem imaginären Verlauf von Ergebnissen der Pisa-Studie und fuhr dann immer wieder ans Rednerpult, um sich an besonders bedeutsamen Stellen seiner Rede darauf abzustützen.

Von der Seite konnte ich meinen Vater sehen, wie er dort ungelenk auf dem Klappstuhl saß, die Arme vor der Brust verschränkt, den Kopf leicht angehoben, seinen Blick wie gebannt auf den neuen Schulleiter gerichtet. Ein leichtes Kopfschütteln war zu erkennen, am liebsten hätte er wahrscheinlich eine Packung roter Stabilos geworfen und »Buh« gerufen.

Mein Vater war alles andere als ein Karrierist, sein Ideal war Bildung, nicht die Maximierung von Gewinn und Minimierung von Kosten, er war frei von Parteidenken und Wirtschaftlichkeitsinteressen, wie der pomadige Gordon-Gekko-Verschnitt sie dort gerade auf der Bühne in die Luft malte.

Mein Vater sah mich an, und ich wusste, dass unsere Gedanken sich die Hand gaben, das würde weder für ihn noch für mich ein Spaß werden. Herr Sommer hatte eine gepresste, unangenehme Stimme, die zwar gleichwohl eingängig war, aber auch in den Ohren zu brennen schien. Auch wenn er sich für Herrn Lobes nette Einleitungsworte bedankt hatte, ließ er keinen Zweifel daran, dass es im Sinne der »adäquaten Zukunftsplanung« zu einer Neustrukturierung kommen müsse, die schon zu lange überfällig sei. Die Übersetzung dessen trieb ein wenig den Glanz aus Herrn Lobes Gesicht, da die nur schwach kaschierte Kritik letztlich auf seinen Führungsstil zurückzuführen war, den Herr Sommer als »altertümlich« bezeichnete.

Wieder drehten sich alle zu Hanna um, diesmal ein bisschen anklagender, was sie uns denn dort für einen Reformator vorgesetzt hatte, doch ihr Gesicht blieb ebenso wie ihr Lächeln stumm.

»Einiges wird sich ändern …«, sagte Herr Sommer zum Abschluss seiner Rede, bevor er den Pro-forma-Applaus entgegennahm und von der Bühne trat. Wir glaubten ihm alle sofort.

Die Abschlussfahrt

Hanna Sommers Vater hatte nach seiner Antrittsrede Wort gehalten. Vieles hatte sich seitdem geändert, und nicht nur wir Schüler schienen unter der härteren Gangart seines Führungsstils zu leiden. Hitzefrei war abgeschafft worden (mein Vater erzählte, Herr Sommer habe in seinem Büro ein Thermometer, das immer konstant 23 Grad anzeigte, egal, ob es draußen schneite oder die Sonne schien), die Lehrer mussten ebenso wie die Schüler bereits am ersten Fehltag ein Attest vorlegen (was Vertretungsstunden fast überflüssig machte, da kaum noch ein Lehrer fehlte), und die Nutzung neuer Medien wurde verpflichtend, selbst für Lehrer, die ihre Klausuren zuvor noch auf Schiefertafeln gemeißelt hatten. Mitleiderregende Gestalten wie Frau Storchler, eine kleine Frau mit zerzausten Haaren und einer stets schief sitzenden Lesebrille, die seit Jahren Physik in der Oberstufe unterrichtete, mühten sich jetzt mit Laserpointern vor PowerPoint-Präsentationen ab und mussten nach jeder Unterrichtsstunde erst mal eine Schachtel *Ernte 23* plattmachen, um den Stress zu kompensieren.

Von uns traute sich keiner, Hanna auf ihren Vater anzusprechen, nur manche Lehrer betonten ihren Nachnamen bei der Überprüfung der Anwesenheit mittlerweile mit einer gewissen Bitterkeit.

Auch mein Vater musste immer husten, wenn er den Namen unseres neuen Schulleiters aussprach, so, als würden sich seine Stimmbänder gegen diesen unerträglichen Reformator versperren, das größte Übel seiner bisherigen Schulkarriere. Genervt tippte er auf dem neu angeschafften »Personalcomputer« (mein Vater benutzte schon aus Prinzip keine Abkürzungen) herum, der jetzt im Arbeitszimmer fleißig piepte, auch er hatte sich dem Dekret der Modernisierung gebeugt. Meinen Versuch, ihm eine Einführung in die Computerkunde zu geben, hatten wir seit einem Zerwürfnis über das Thema »Maus« wieder beendet. Ich hatte ihm damals erklären wollen, dass das Manövrieren mit der Maus in seiner Hand den Bewegungen des Zeigers auf dem Bildschirm entspräche. Als er daraufhin mit der ganzen Maus über den Monitor gefahren war und sich dann genervt beschwert hatte, dass das so nicht funktioniere, war ich abgebrochen und wurde des Raumes verwiesen. Mein nicht enden wollender Lachkrampf hatte ihn so erzürnt, dass er sich seither mit unterarmdicken Computerbüchern behalf, was aber eher leidlich funktionierte. Jedenfalls hörte man ihn zwischen den Fehlermeldungen und dem Gepiepse des PCs immer wieder nur laut fluchen.

Das Budget unserer Schule war von Herrn Sommer mittlerweile so massiv zusammengestrichen worden, dass die Sportlehrer wahrscheinlich schon fürchteten, Herr Sommer würde die Turnhalle als Schlafsaal untervermieten und die Basketbälle durch Kürbisse ersetzen. Auch bei der Planung unserer Abschlussfahrt war der Rotstift früh angesetzt worden. Herr Wolke verkündete, dass die Schule keine Reisesubvention für die Lehrer anbieten könne und wir uns deshalb etwas im Umkreis von dreihundert Kilometern suchen sollten. Die Wahl fiel einheitlich auf Amsterdam, auch wenn Kemal noch Antalya ins Rennen warf (»Können wir bei meiner Oma schlafen, alle, ist Gastfreundschaft«), was Herr Wolke mit einem kritischen Blick auf die Europakarte ablehnte. Amsterdam, Hauptstadt der Niederlande, zeitweilige Heimat vieler wichtiger Künstler wie Van Gogh, Rembrandt und Louis van Gaal, sollte also das Ziel unserer Abschlussfahrt sein, der rituelle Endpunkt unserer Schullaufbahn.

»Boah, super, Amsterdam …«, lachte Patrick neben mir und stieß mir grinsend mit seinem Ellbogen in die Seite. In seinen Augen blitzte eine Vorahnung von Rausch und Exzessen auf, er dachte wohl weniger an die Gemälde alter Meister. Mit ein wenig Wehmut schaute ich in das Gesicht meines engsten Freundes. Auch wenn ich die Schule oft als Folter empfunden hatte, auch wenn sich vieles unfair und entwürdigend angefühlt hatte, war das nahende Ende unserer Schulzeit trotzdem etwas, dem ich mit gemischten Gefühlen entgegensah. Schule war Struktur und Ordnung, etwas, das die unendliche Anzahl an Möglichkeiten für uns in eine Bahn gelenkt hatte. Außerdem war es komisch, bald nicht mehr wie selbstverständlich neben Patrick zu sitzen, morgens nicht mehr mit meinem Vater im Passat zur Schule zu fahren, irgendwie würde es mir fehlen. Ob Patrick meine Gefühle teilte?

»Die haben da sogar ein Sexmuseum, yeah!«, sagte er und knuffte mich wieder in die Seite.

Wahrscheinlich eher nicht.

Herr Wolke bereitete uns schon Tage vor der Abfahrt mit ausschweifenden Monologen über die Geschichte Amsterdams auf unsere Klassenfahrt vor. Bildreich erzählte er von der bewegten Geschichte der Stadt, die von einem kleinen, verschlafenen Fischerort zur Hauptstadt der Niederlande geworden war, weshalb es sich sicher lohne, in die »Untiefen dieser Metropole« einzutauchen. Herr Wolkes farbenfrohe Formulierung traf voll ins Schwarze, auch wenn er das so sicher nicht beabsichtigte. Das Ziel der meisten Klassenfahrer waren eindeutig die Untiefen der Stadt, allerdings weniger die geschichtsträchtigen Hauptstraßen als vielmehr die ebenso geschichtsträchtigen Seitengassen.

»Da gibbet Nutten, überall nur Nutten, hat mein Bruder gesagt«, prahlte unser Frauenbeauftragter Gökhan direkt mit seinem Fachwissen, bis Herr Wolke nicht mehr um ein gebrülltes »Schnauze, Gökhan« herumkam. Herr Wolke war locker genug, um zu wissen, dass das eine oder andere Bier auf einer solchen Fahrt fließen würde. Doch viele der urbanen Legenden, die Gökhans Bruder und andere viel gereiste Geschwister weitergegeben hatten, entsprachen nicht ganz seinen Vorstellungen von der Wahrung der Aufsichtspflicht. Für uns jedoch klang es sehr verlockend, dass man in Amsterdam anscheinend an jeder Ecke Drogen hinterhergeschmissen bekam und selbst die Omas im Park mit der Haschpfeife dasaßen und zu Technomusik mit Eichhörnchen tanzten.

Doch dann öffnete sich die Tür unseres Klassenzimmers, und innerhalb weniger Augenblicke schien die Temperatur um mehrere Grade gefallen zu sein. Unser neuer Schulleiter trat ein, den wir mittlerweile nur noch »Lord Voldemort« nannten. In der Reihe vor mir konnte ich sehen, wie sich Hannas Schulterblätter zusammenzogen, als ihr Vater in seinen schwarzen Lederschuhen den Raum betrat. Herr Wolke schreckte ruckartig aus seinem Stuhl auf und musste sich am Pult festhalten. Auch wenn er gerne erzählte, dass er als junger Mann wegen seiner Sprungweite »der Panther« genannt wurde, war er mittlerweile eher »der Panda«.

»Ach, wie schön, dass Sie da sind, Direktor Sommer«, machte Herr Wolke ein wenig Politik, während der Angesprochene nur mit einem halbseitigen Aufblitzen seiner Haifischzähne reagierte.

»Danke, Herr Wolke«, sagte unser Schulleiter gnädig und nickte.

»Kinder, wie ihr wisst, steht ja bald eure Abschlussfahrt nach Amsterdam an«, eröffnete Herr Sommer und hielt kurz inne, als müsste seine Zunge Kraft sammeln, wie ein Muskel, der zum Schlag ausholte. Wir nickten wie eine Armee aus Wackeldackeln, gleich würde er uns offenbaren, dass sich die Schulmittel mittlerweile so nah am Staatshaushalt von Griechenland orientierten, dass unsere Abschlussfahrt leider nicht nach Amsterdam, sondern nach Gelsenkirchen-Horst gehen würde, wohin man sogar zu Fuß gehen könnte.

Doch das, was dann kam, war schlimmer als Gelsenkirchen-Horst.

»Frau Möbus ist leider krank, daher werde ich für sie mitfahren«, sagte er, und abermals schien sich die Raumtemperatur um ein paar Grade abzusenken.

Ein Raunen ging durch die Klasse, das man wahrscheinlich als Vorzeichen eines Erdbebens auf den

Seismografen ablesen konnte. Selbst Herr Wolke schluckte merklich, gerade erstarben seine Hoffnungen auf ein bierseliges Kulturwochenende mit seiner Lieblingsklasse. »Lord Voldemort« mitzuführen, klang so sehr nach Spaß wie eine Warzenvereisung.

Hanna vor mir sank in sich zusammen, aus ihrem eben noch angespannten Körper schien jede Luft zu weichen.

»Aber Herr Direktor, das ist bestimmt nicht nötig, Ihre Zeit ist doch zu kostbar, da kann ich die Klasse sicher auch alleine beaufsichtigen!«, sagte Herr Wolke mit fast flehender Stimme.

»Keinesfalls, die Schulordnung sieht vor, dass jede Klasse von zwei Pädagogen betreut wird. Wer soll sich denn um die Schüler kümmern, falls sie krank werden oder einen Unfall haben? Außerdem ist keiner der anderen Lehrer abkömmlich, das Fortbildungswochenende steht an.«

Herr Wolke senkte den Kopf, das Totschlagargument war gefallen, game over. Seit Direktor Sommer regelmäßige verbindliche Fortbildungen eingeführt hatte, dämmerten unsere Pädagogen regelmäßig über die Wochenenden in grauen Plattenbauten in der Eifel dahin und versuchten zu verstehen, dass PowerPoint die moderne Form des Overheadprojektors war. Es wirkte eigenartig, dass Herr Sommer, bei dem man jedes Gespräch über Wochen im Voraus anmelden musste und der immer gehetzt und gestresst wirkte, plötzlich genug Zeit hatte, um uns in Amsterdam zu beaufsichtigen.

»Uh, das ist nicht gut«, zischte Patrick neben mir, während Herr Sommer kehrtmachte und, Eishauch vor sich hertreibend, wieder auf den Flur trat.

On the Road again

Der Bus war, den Umständen geschuldet, mal wieder ein Modell von Rudis Resterampe, allerdings musste er uns diesmal auch nicht über die Alpen hieven oder eine Fährüberfahrt bestehen. Dementsprechend gab es deutlich weniger Eltern, die sich bekreuzigten und Gebete aussprachen, als das Ding vom Schulhof rollte. Mein Vater stand nur da und nickte, anstatt zu winken, die Abschlussfahrt war irgendwie auch eine zeremonielle Verabschiedung von der Kindheit, ich zog als Jugendlicher los und kehrte als Erwachsener zurück. So lautete jedenfalls mein Plan. In seinen Augen waren Initiationsriten Blödsinn, jedoch war die Tatsache, dass er mir zum Abschied die Hand gab, anstatt mich wie ein paar Jahre zuvor noch wie Hui Buh das Schlossgespenst mit Penaten einzureiben, war schon Signal genug, dass ich in seinen Augen erwachsen geworden war.

Jetzt fehlte nur noch die Krönung meiner Reifung: die längst überfällige Liebeserklärung an Hanna Sommer. Sie hatte direkt hinter ihrem Vater Platz genommen, der hektisch versuchte, das Bordmikrofon zur Mitarbeit zu bewegen. Neben ihm wühlte Herr Wolke in einer Tüte Erdnüsse, er sah unzufrieden aus wie ein Stammspieler, der gerade auf die Ersatzbank verbannt worden war.

So viele Jahre hatte ich jetzt hinter Hanna gesessen, in der Schule, im Bus und im Leben. Bald musste damit wirklich Schluss sein, weil sonst das Abitur endgültig jede Verbindung zwischen uns kappen würde. Wenn nicht auf dieser Abschlussfahrt, dann nie, dachte ich und drückte mich schicksalsschwer in den Sitz.

»So, Kinder, wir haben die Schule pünktlich um 9:30 Uhr verlassen und müssten dann bei der derzeitigen Verkehrslage pünktlich um 12:30 Uhr am Hotel Dolores in Amsterdam ankommen«, verlautbarte Herr Sommer, doch niemand hörte zu. Gökhan turnte zwischen den Sitzen hin und her, eine Armada aus Papierfliegern flog von der letzten in die erste Reihe und wieder zurück, manche Schüler hatten sich bereits mit ihren iPods weggestöpselt und lehnten schlaftrunken an der vom mangelhaften Bodenbelag zitternden Busscheibe.

»TRRÖÖÖÖT«, machte es plötzlich, es klang, als hätte jeder Lkw zwischen Gelsenkirchen und Amsterdam gerade spontan die Hupe betätigt. Herr Wolke ließ seine Erdnüsse fallen, Patrick neben mir sackte erschrocken zur Seite weg, und selbst unser Busfahrer schien sich einen Augenblick erschreckt zu haben, jedenfalls scherte der Bus für einen Moment aus und fand erst schlingernd wieder in seine Spur. Herr Sommer hatte eine Pressluftröte ans Bordmikrofon gehalten, ein paar Schülern lief zwar wahrscheinlich gerade Blut aus dem Ohr, aber immerhin hatte er jetzt unsere ungeteilte Aufmerksamkeit.

»Ich sag es euch gleich, ich hab keine Lust auf irgendwelche Mätzchen, auch wenn das eine Abschlussfahrt ist, werde ich kein Sodom und Gomorrha dulden, ihr seid hier immer noch in der Schule.«

»Komisch«, sagte Patrick, »ich wusste gar nicht, dass es in unserer Schule *McDonald's* gibt«, lachte und zeigte auf das gelbe Burgerbraterschild, das gerade an der Autobahnraststätte an uns vorüberzog. Ich wünschte manchmal, ich hätte seinen Galgenhumor.

Hotel Dolores

Das Hotel Dolores enttäuschte uns nicht, es befand sich mitten im Stadtzentrum Amsterdams, wo sich Szeneviertel und Rotlichtviertel trafen und zu einer wahrscheinlich weltweit einzigartigen Mischung verschmolzen. Weil Reisebusse offensichtlich noch nicht erfunden waren, als sich die einzelnen Straßenzüge Amsterdams herausgebildet hatten, mussten wir an einer breiten Hauptstraße halten, wo uns der Bus entlud. Ein Stau bildete sich, die Amsterdamer hupten einen Dreivierteltakt in die Mittagsluft, und unser Busfahrer winkte dazu beschwichtigend alle paar Augenblicke aus seinem Seitenfenster. Das sah eher nach Improvisationstheater als nach realem Leben aus. Ein überdimensionierter Koffer nach dem anderen wurde aus dem Bus gehievt, man konnte glauben, manche Schülerinnen wären mit ihrem kompletten Hausstand angereist. Als Herr Wolke nachfragte, was sich denn in den zentnerschweren Reisekoffern für gerade mal drei Tage Klassenfahrt befinde, winkten die meisten Mädchen genervt ab, nur Funda erklärte sich mit: »Sie glauben doch wohl nicht, dass ich ohne Glätteisen in den Urlaub fahre, Herr Wolke … no way!« und schwang dazu ihren erhobenen Zeigefinger wie einen Taktstock durch die Luft.

Das Hotel selbst war am besten mit dem Wort »zweckmäßig« zu beschreiben: eine Übernachtungsstätte, an der man ohne größeren Schaden mehrere Stunden Nachtruhe zubringen konnte, wo sich aber jede überflüssige Minute wie Folter anfühlte. Das mehrgeschossige Grachtenhaus war so schmal, dass man mit ausgestreckten Armen die Fenster auf beiden

Seiten der Haushälfte gleichzeitig öffnen und schließen konnte, und an der Rezeption begrüßte uns eine runzelige Oma, die ein braunes Haarnetz auf dem Kopf trug. Da sie offensichtlich schlief, betätigte Herr Sommer mehrmals die kleine Hotelklingel auf dem Rezeptionstresen, was die Frau immerhin zu einem halbwachen Grunzen veranlasste.

»Boah, is datt 'ne Absteige«, formulierte Martin Siekmann, während wir in dem muffigen schmalen Flur auf das Erwachen unserer Herbergsmutter warteten. Es stimmte, neben Indien und ein paar entlegenen Südseekolonien war dies wahrscheinlich der einzige Ort der Welt, an dem man noch quicklebendige Pesterreger finden konnte. Aber wenigstens war keine Gastfamilienoma mit Mordabsichten oder ein schlecht gelaunter Skiliftbetreiber auszumachen – schon mal eine klare Verbesserung gegenüber unseren früheren Reisen. Herr Sommer hämmerte noch mal auf die Klingel und wischte sich die Hand dann am Anzugärmel ab, doch nichts passierte.

Dann kam wieder die Pressluftröte zum Einsatz, Herrn Sommers Allzweckwaffe des Alltags. »Trööööt«, gellte es durch den muffigen Hotelflur direkt in Richtung des Haarnetzes. Die kleine Frau schreckte hoch, als hätte Sommer ihren »On«-Schalter entdeckt. Erstaunlich freundlich, nestelte die Dame eine Gästeliste hervor und verteilte uns auf unsere Zimmer, ich durfte mir meines zum Glück mit Patrick teilen. Die Zimmer erinnerten vom Raumangebot eher an U-Boot-Kojen, und die Haare in der Dusche schienen ein Eigenleben zu entwickeln. Bei der Wahl des Duschwassers konnte man nur zwischen »Eisschmelze« und »Isländischer Geysir« entscheiden, und in den Toiletten benutzten Ratten schwimmende Köttel als Surfbretter. Statt einer

Decke lag ein schmales Tuch auf dem neunzig Zentimeter breiten Bett, was wahrscheinlich schon bei Ehepartnern zu Revierkämpfen geführt hätte – bei zwei Teenagern, die nicht unbedingt »Löffelchen« liegen wollten, bedeutete dies, dass immer nur einer das Tuch benutzen durfte, während der andere sich auf seine Fähigkeit zur Körpertemperaturerhaltung als wechselwarmes Wesen verlassen musste.

Die Betten waren wohl auch für die anderen etwas gewöhnungsbedürftig, denn Herr Wolke stürzte plötzlich mit hochrotem Kopf aus seinem Zimmer, weil er nach dem Probeliegen ganze zwanzig Minuten gebraucht hatte, bis er sich aus dem durchgelegenen Bett wieder herausgeschält hatte. Die Matratze hatte ihn weich wie Schweinespeck umschlungen, sodass er sich am Nachttischchen herausziehen musste, sagte er und strich sich den Schweiß von der Stirn.

»Alles okay, Herr Wolke?«, fragte Patrick und klopfte unserem Klassenlehrer auf den Rücken, der, die Hände auf die Knie gestemmt, Luft holen musste.

»Dolores heißt Schmerzen auf Spanisch«, stieß er zwischen zwei Atemzügen genervt hervor. Anscheinend unterschied sich die Bedeutung im Niederländischen nicht sehr.

Welkom in Amsterdam

Weder Herrn Wolke noch uns blieb viel Zeit zum Verschnaufen, denn Herr Sommer hatte ein straffes Tagesprogramm zusammengestellt. Die erste Station unserer Städtetour war das Anne-Frank-Haus in der Prinsengracht, ein ebenso schmales Gebäude wie unser Hotel, an das mittlerweile ein moderner Neubau aus Glas angegliedert war. Anne Frank und ihre Familie hatten sich hier über Monate vor den Nazis versteckt, eingepfercht in einen kleinen Zwischenraum, ständig in der Angst, entdeckt zu werden, und deshalb zu gespenstischer Ruhe verdammt.

»Was meint ihr, was Anne Frank hier am meisten gefehlt hat?«, fragte Herr Sommer, während wir die spärlich möblierten Zimmer durchschritten.

»Ein Schlagzeug?«, lachte Gökhan und bekam von Patrick sofort einen Klaps auf den Hinterkopf. Manche Gehirne schienen für das Leid anderer zu wenige Synapsen zu besitzen.

»Noch so ein Spruch, und ich bringe dich persönlich nach Hause, Gökhan«, wies Herr Sommer Gökhan scharf an, und niemand bezweifelte, dass er es ernst meinte.

»Die Außenwelt?«, sagte Patrick neben mir, mehr zu sich selbst als zu Herrn Sommer, der diese richtige Antwort mit einem Nicken quittierte.

»Sie lebte wie in einem Kokon, gefangen in diesem Haus, beherrscht von Angst«, sagte Herr Wolke. »Mit seiner Angst ganz allein gelassen zu werden, muss eine schreckliche Erfahrung sein«, sagte er und sprach damit unsere Gedanken aus. Selbst Gökhan hielt mal für ein paar Minuten den Mund und verzichtete auf dumme Witze.

Nach dieser wirklich bedrückenden Erfahrung fiel es den meisten zwar schwer, aber der straffe Tagesplan von Herrn Sommer sah nun ein Mittagessen vor. Unsere Wahl fiel zu Herrn Sommers Entsetzen auf einen Febo-Selbstbedienungsladen, in dem man ausschließlich holländische Spezialitäten aus Verkaufsautomaten ziehen konnte. Alles war frittiert, selbst der aschblonde Mann, der die Automatenfächer auffüllte und Kleingeld wechselte, sah irgendwie frittiert aus, ganztägig in einem solchen Geschäft zu stehen, war wahrscheinlich schädlicher, als Rattengift zu lutschen.

Frikandel, Kroketten, Bitterballen – die holländische Küche hielt einige köstliche Panadebrocken mit schwer identifizierbarem Inhalt parat, was dazu führte, dass ein Großteil der Klasse nicht nur sein komplettes Kleingeld, sondern auch seine Bewegungsfähigkeit einbüßte. Vollgestopft mit gesundheitsschädlichem Frittierfett, hingen wir nach der Mahlzeit träge auf der lieblosen Plastikbestuhlung. Ans Weitergehen war nicht mehr zu denken. Jedenfalls nicht für uns, Herr Sommer deutete schon mehrmals genervt auf die Uhr, während Herr Wolke selbst eine ganze Automatenladung plünderte. Kurz dachte ich darüber nach, Hanna Sommer jetzt meine Liebe zu gestehen, da sie im fettsedierten Zustand zumindest nicht schreiend weglaufen konnte, sah dann aber davon ab, weil ihr Vater dabei war und ich mich wie eine Mastgans fühlte. Nicht besonders sexy.

Herr Sommers drängender Hinweis auf den engen Zeitplan und die Uhrzeit brachte ohnehin nichts, denn unser nächster Tagesordnungspunkt, das Van-Gogh-Museum, war ganztägig geschlossen wegen Umbauarbeiten.

»Na ja, kein Grund, sich ein Ohr abzuschneiden«, scherzte Herr Wolke, Herr Sommer sah das anders und packte genervt den Stadtplan aus. Die ganze schöne Planung war dahin, man konnte seinen kolossalen Ärger problemlos an seiner Mimik ablesen.

Plötzlich hörte man Kemal laut aufschreien: »Herr Wolke!« War unser türkischer Pornopapst und Karaokefan von den Bitterballen geplatzt? Doch nichts dergleichen, Kemal hatte lediglich ein Werbeplakat erblickt, das innerhalb weniger Augenblicke die gesamte Klasse in seinen Bann zog.

»Amsterdam Dungeon«, las man da in blutroten Lettern, daneben war ein Bild von einem Mann mit zugenähtem Mund und Platzwunde abgebildet, sehr einladend. Dachten jedenfalls Kemal und der Rest der Klasse, und nun wurden Herr Sommer und Herr Wolke bearbeitet und bekniet, dass das doch eine gelungene Alternative zu Van Gogh wäre.

Kaum zu glauben, aber sie schafften es, auch wenn Herr Sommer insistierte und damit drohte, dass er aber bestimmt nicht mitkäme, was überraschenderweise für alle akzeptabel war. Wahrscheinlich waren unsere beiden Klassenfahrtbetreuer froh, dass nicht Rotlichtviertel oder Sexmuseum vorgeschlagen wurden.

Eine halbe Stunde später standen wir in einem verdunkelten Kellerverlies, in dem sich eine Unzahl von Folterinstrumenten aneinanderreihte. Gökhan verbriet gerade den Rest seines Wechselgeldes an einem Automaten, an dem man eine Puppe unter eingespieltem Geschrei auf dem elektrischen Stuhl rösten konnte. 50 Cent pro Durchgang, Gökhan hatte mittlerweile schon mehrere Gulden eingeworfen, um die Puppe zu braten, der Sadist in ihm war deutlich stärker als der Kapitalist.

Das Gruselkabinett des Dungeon war genau das Richtige für uns, an jeder Ecke wurde gehängt, gevierteilt und gefoltert. Also nicht viel schlimmer als Sportunterricht, dachte ich und ließ ein Souvenirfoto von mir und Patrick machen, bei dem er den Hebel einer Guillotine umlegte, in der mein Kopf steckte.

»Wann willst du eigentlich mit Hanna reden?«, fragte Patrick, nachdem er mich fröhlich hingerichtet hatte.

»Keine Ahnung, heute Abend?«, schlug ich eher aus Verlegenheit vor, die Frage war mir unangenehmer als das Hackebeil, unter dem ich immer noch lag.

»Wird ja auch Zeit«, stellte er fest, als befände ich mich schon an der Grenze zur Vergreisung. Aber er hatte ja recht.

Jetzt war aber auch kein schlechter Zeitpunkt, Hanna und Mona standen gerade vor einem Galgen, an dem man für 50 Cent eine Puppe vom Schemel in den Tod stoßen konnte.

»Soll ich sie mal fragen, was sie da so abhängen«, scherzte ich, doch Patrick warf mir nur einen vorwurfsvollen Blick zu, er wusste ganz genau, dass ich mich drückte.

Zurück im Hotel Dolores, wurde uns eine Suppe kredenzt, die aussah, als hätte die Oma von der Rezeption ihr Haarnetz ausgekocht. Da die meisten von uns volljährig waren, ließen Herr Wolke und Herr Sommer uns sogar alleine losziehen.

Vorher zeichneten sie allerdings mit einem roten Filzstift noch jene Viertel in den Stadtplan ein, in die wir auf gar keinen Fall gehen sollten.

Ein genialer Plan, so wussten Gökhan und seine Freunde jetzt, dass sie die Coffeeshops nicht noch extra im Reiseführer suchen mussten.

»Und wo geht ihr heute hin?«, fragte Hanna unvermittelt, als wir uns nach dem Abendessen in dem schmalen Gang vor unseren Zimmern trafen.

Patrick und ich warfen uns einen ahnungslosen Blick zu, hier galt es jetzt Haltung zu wahren.

»Na ja, wir wollten in einen Coffeeshop und dann mal schauen, was so geht«, jugendsprachte ich erfolgreich an der Wahrheit vorbei. Eigentlich hatten wir geplant, noch mal in den Kroketten-Selbstbedienungsladen zu gehen und dort unser Gewicht zu verdoppeln.

»Oh super! Würdet ihr uns mitnehmen, wenn ihr wisst, wo einer ist?«, fragte sie und grinste.

»Klar«, sagten wir gleichzeitig und voller Selbstvertrauen, als wären wir Graf Koks und Don Bong.

Zurück im Zimmer, schmiss ich mich aufs Bett und gab ein Geräusch von mir, das wie ein Robbenjunges klang. Das Problem am Lügen war eindeutig, dass man die Konsequenzen tragen musste.

»Wo sollen wir denn mit denen hin?«, fragte ich Patrick und wünschte mir, wir hätten besser zugehört, als Herr Wolke und Herr Sommer die verbotenen Stadtbereiche skizziert hatten.

»Ach, nicht schwer, immer der Nase nach«, grinste Patrick, seine Zuversicht war wie immer unerschöpflich.

Graf Koks und Don Bong

Wie immer hatte Patrick recht gehabt, denn als wir mit Hanna und Mona auf die Straße traten und zweimal links abgebogen waren, rochen wir auch schon den süßlichen Dampf eines vollgequalmten Coffeeshops. Nun galt es, ohne zu zögern durch die Tür zu treten, damit es so schien, als wären wir ortskundig. Wir traten ein.

Der »Buddha Coffee Shop« entsprach in allen Kriterien der Horrorvorstellung eines Sittenhüters. Er war dunkel, verwinkelt, und hinter dem Tresen stand ein Mann, der aussah, als wäre er gerade durch ein juristisches Schlupfloch aus der Einzelhaft entkommen.

Dreadlocks, Gesichtstattoo, ein selbst in der Dunkelheit des Ladens funkelnder Goldzahn. Der Tresenheini war sicher niemand, den man zum Paten seines Erstgeborenen machen würde, wahrscheinlich hätte man ihm nicht mal eine *Aldi*-Tüte voller Rettiche anvertraut. Von uns vieren war Patrick eindeutig der Einzige, dem man die Volljährigkeit ohne Zweifel abnahm, sein bereits ausdünnendes Haar, die Bartstoppeln und die harten Gesichtszüge gaben ihm die Erscheinung eines Mittzwanzigers, außerdem lief er im Gegensatz zu mir nicht bei jeder kleinen Notlüge hochrot an.

An der Tafel über dem Tresen waren verschiedene kryptische Namen aufgeführt: »Ganja Ghost«, »Pipers Dream« und »Smokey Robinson« waren die reichlich verniedlichenden Namen für das Pot, das hier verhökert wurde. Anhand der Namen fiel eine Auswahl schwer, besser wäre wohl eine Skala von mild bis würzig gewesen, so wie beim Schärfegrad einer Currywurst. Das hätte dann ungefähr so aussehen können:

Stärke 1 – Robinsons Dream – ein entspannter Sommerspaziergang am Meer
Stärke 5 – Pipers Dream – der Mumienwecker, zieht Oma die Stützstrümpfe stramm
Stärke 10 – Ganja Ghost – schon mal mit Elvis und John Lennon gefrühstückt?

Auf der rechten Seite des Tresens entdeckte ich eine Tortenplatte, auf der sich eine Pyramide aus Hasch-Muffins formierte. Allerdings hatten wir uns schon im Vorfeld darauf geeinigt, dass wir uns lieber den Rauchwaren widmen wollten, da Rauchen bedeutend cooler aussah als das Verspeisen von Buttergebäck. Die anderen Gäste – oder Konsumenten, wie der Terminus eines Polizeihauptkommissars wohl lauten würde – beobachteten uns skeptisch. Die meisten sahen ein wenig wie Abbildungen aus Antidrogenbroschüren aus: Augenringe, über den Kopf gezogene Kapuzen und aschfahle Haut. Entgegen der weitverbreiteten Behauptung, Coffeeshops wären in Holland eine Anlaufstelle aller gesellschaftlichen Schichten, war der »Buddha Coffee Shop« wohl für die Gescheiterten und Verlorenen reserviert, keine Bankiers, Omis und Familienväter in Sicht.

»One Ganja Ghost rolled, please«, bestellte Patrick blind und ohne Gruß, die krumme Gestalt hinter dem Tresen nickte nur kurz und bückte sich dann zu einer Schublade herunter. Ich hörte Mona Bauerfeind neben mir schnaufen. Unsere Anspannung lag in der Luft wie ein Büffelfurz.

Dann lag das weiße Ding plötzlich vor uns, feinstes in OCB-Blättchen gehülltes Haschisch. Wir alle versuchten wohl gleichzeitig den Gedanken zu verdrängen, wie die düstere Gestalt hinterm Tresen das Ding sorgfältig bespeichelt und gedreht hatte, am liebsten hätte ich den Joint erst mal mit einem Feuchttuch und Sagrotan desinfiziert.

Patrick legte wortlos das Geld auf den Tresen, ein einfacher Vorgang, dennoch fühlte es sich verboten an, als würden wir gerade eine Kiste voller Waffen von einer Terroristenvereinigung abkaufen. Der Tresenheini zählte nach und ließ das Geld in seiner Registrierkasse verschwinden, keine Passkontrolle, keine kritische Nachfrage aufgrund des hakeligen Englischs, nur ein Nicken und eine Wendeltreppe, die ins obere Stockwerk führte. Sie mündete in einen Perlenvorhang mit einem stilechten Südseemotiv, hinter dem sich eine klassische Opiumhöhle verbarg, Wandteppiche, Brokatsitzsäcke und dämmriges Halblicht inklusive. Aus einer kleinen Deckenbox nölte indische Instrumentalmusik durch den Raum, es roch nach Zimt, der in altem Qualm badete. Wir passten hier ungefähr so gut hinein wie ein Braunbär in die Herrensauna, was uns auch die anderen Gäste spüren ließen, die belustigt grinsten, als Patrick und ich unsere Köpfe durch den Vorhang streckten.

»Souverän bleiben, Coolness vortäuschen«, dachte ich und konnte in Patricks Augen sehen, dass er sich gerade das gleiche Mantra vorsagte. Wir nahmen in einer Ecke auf den Sitzsäcken Platz, die Situation war so voller flirrender Unsicherheit wie bei einem Sprung vom Zehn-Meter-Turm (hatte ich noch nie gemacht) oder wie beim ersten Kuss (hatte ich gemacht, immerhin). Patrick entzündete den Joint und zog inbrünstig amateurhaft daran. Man sah, wie er den Hustenreiz unterdrücken musste, ein Hüsteln, ein Aufstoßen wären jetzt einer Bankrotterklärung unserer aufgesetzten Coolness gleichgekommen. Beim Einatmen zitterten seine Augenlider wie eine elektrische Jalousie, die klemmte. Langsam blies er den Rauch wie eine Wand zwischen uns, die sofort von seiner Hand durchbrochen wurde, mit der er mir den Joint weiterreichte. Jetzt war ich dran, mit aufgesetzter Routine nahm ich den glimmenden Papiertrichter entgegen, zog daran und schnippte beiläufig die Asche ab. Widerlich. Wie Rucola in Motoröl. Mein Speichel verdickte sich zu einer klebrigen Masse, und der Rauch glitt kalt die Kehle hinab. Auch ich unterdrückte erfolgreich meinen Hustenreiz. Mir fiel auf, dass keiner von uns etwas gesagt hatte, seit wir den Laden betraten hatten. Jedes Wort fühlte sich zu viel an, jeder Ton unserer dünnen Postpubertätsstimmen hätte wie ein Bekenntnis geklungen, dass wir hier nichts zu suchen hatten.

Mona Bauerfeind schluckte den Joint mehr, als sie daran zog, ihre Wangen blähten sich beim Einatmen wie ein Staubsaugerbeutel auf, dann war Hanna dran.

Eigentlich wollte ich ihr ja nach ein wenig Kräuterentspannung endlich meine Liebe gestehen. Doch bisher war ich eher weniger entspannt, es fühlte sich an, als würde mein Augapfel von der Rückseite her jucken, vielleicht brauchte es noch mehr von dem Zeug, bis man relaxen konnte? Hanna zog den Joint fachmännisch durch, die aufglimmende Glut legte einen warmen Schimmer über ihr Gesicht. Sie schaute uns mit großen Augen an, und dann lachte sie schrill auf, ein Feueralarm von einer Stimme, erst ein leises »höhö«, das zu einem Lachanfall anschwoll. An einem Nebentisch hustete einer unserer Mitkonsumenten bedrohlich, wir waren wahrscheinlich kurz davor, mit einem Brokatkissen erschlagen zu werden.

Die Vorstellung, mit einer kompletten Brokatbettstatt aus dem Coffeeshop geprügelt zu werden, brachte uns ebenfalls zum Lachen, woraus sich zusammen mit Hannas Gekicher ein Perpetuum mobile der Albernheit entwickelte.

Plötzlich holte der Mann am Nebentisch, dessen Gesicht fast vollständig von einem Schatten geschluckt wurde, einen silbernen Gegenstand aus seiner Jacke und kratzte damit auf dem Tisch herum. Erst als sich der Rauch ein wenig verzog, sahen wir, dass es ein Messer war. Definitiv nicht das Modell, mit dem man Butterbrote schmierte, eher die Ausführung zum Krokodilhäuten. Das Kratzen legte sich schmerzhaft über das indische Gedudel, und auch unser Lachen verstummte.

»Ich denk, wir gehen dann mal«, schlug Patrick vor, und wir stimmten alle stumm zu. Als ich aufstand, war klar, dass wir mit »Ganja Ghost« wohl den Witwenmacher unter den Joints geraucht hatten. Ich hatte statt Knochen nur noch Pudding in den Hosenbeinen. Unsicher taperten wir durch den Raum, selbst Patrick stützte sich an der Wand ab, während der Blick des Messermanns uns folgte wie ein Laserstrahl. Nur Mona schien das alles nicht viel auszumachen, anders als Hanna, Patrick und ich schlurfte sie eher gemächlich in Richtung Treppe. Spätestens da war dann auch ihr motorisches Limit erreicht, denn beim Versuch, die erste Treppenstufe zu nehmen, sackte sie ab und fiel fast die Wendeltreppe hinunter.

Schlussendlich verließen wir einigermaßen heil den Laden, Hanna hatte sich bei Patrick eingehakt, ich hing huckepack wie ein Koalababy auf dem Rücken von Mona Bauerfeind, deren Kräfte wohl selbst den Tresenheini überraschten, der uns mit einem vielsagenden international verständlichen Lächeln verabschiedete.

»Und was machen wir jetzt?«, fragte Hanna und riss die Arme in die Höhe wie eine Marionette. Weiter als bis hierhin hatten wir den Abend nicht geplant. Die Nacht hatte sich mittlerweile wie ein schwarzes Tuch über Amsterdam gelegt, die Neonlichter der Kneipenmeile spiegelten sich grell im schwarzen Wasser der Grachten, ein einsamer Mond stand am wolkenlosen Himmel. Eigentlich fühlte ich mich hundemüde, und auch Patrick wirkte nicht gerade ganz frisch, seine Schultern hingen ungewöhnlich tief, und sein Gang hatte eine Schwere, als würde er durch Zement waten.

»Hör mal, Hanna, ich glaub, wir sind alle irgendwie

ein bisschen müde … die Fahrt, die Betten, na ja, und das Zeug gerade war ja auch nicht wirklich erfrischend …«, monologisierte ich an meiner nichtsahnenden Jugendliebe vorbei, ihre glasigen Augen fixierten mich, und ihr Lächeln erfror zu einer Eislandschaft, sie schien nicht zu verstehen, was ich sagen wollte.

»Langweiler!«, kreischte sie einfach nur und drehte sich um. Meine Jugendliebe schien ein wenig irre geworden zu sein.

»Dann muss ich die wohl alleine essen!«, sagte sie mit drohender Stimme und holte aus ihrer Tasche zwei der Muffins hervor, die eben noch ein geometrisches Gesamtkunstwerk auf Tresenheinis Anrichte gebildet hatten.

Meine Jugendliebe war nicht nur irre, sie war auch noch eine Diebin, dachte ich und schwieg lieber.

Minutes to Midnight

In gebackener Form schmeckte das Zeug erheblich besser, als wenn man es rauchte, außerdem musste keiner den Hustenreiz unterdrücken.

»Ein bisschen wie Petersilie«, sagte Mona Bauerfeind und mampfte auf einem Stück des Gebäcks herum, als müsste man es erst noch umbringen.

Hanna nestelte mit aufgerissenen Augen an dem Küchlein herum, sie verströmte eine eigenartige Ruhelosigkeit, die sich eindeutig nicht mit unserer kollektiven Bettschwere vertrug.

»Oh, schaut mal, Süßigkeiten!«, brüllte sie und rannte in ein gegenüberliegendes Ladengeschäft, in denen sich geradezu abstruse Berge aus Sahneteilchen,

Puddingbrezeln und glasierten Kirschkalorienbomben auftürmten. Alles beschienen von einer Unzahl an Leuchtstoffröhren, die die Auslegeware mit einem Glühen überzogen, das in starkem Kontrast zu der pakistanischen Bedienung stand, die mit ihren tiefen Augenringen und der ins gelbliche gehenden Hautfarbe eher bedrückend wirkte. Die Stadtplanung von Amsterdam hatte wohl vorgeschrieben, dass gegenüber jedem Coffeeshop mindestens ein pakistanischer Zuckerbäcker postiert werden musste, damit die schmachtenden Konsumenten sich sofort nach dem Rauchen mit kiloweise pappsüßem Krams zu Mondpreisen vollstopfen konnten, um zumindest den ersten Fressanfall zu befriedigen. Hanna nahm einen Staubsaugerbeutel voller Sahne, Patrick eine Puddingbrezel mit Schokoladenkruste und Mona von beidem gleich zwei. Mir wurde fast schlecht, ich winkte ab. Wir setzten uns an einen vollgekrümelten Metalltisch, dessen Oberfläche gerade mit einem alten gelben Lappen halbherzig abgewischt wurde.

»Was machen wir jetzt?«, wiederholte Hanna ihre Frage aufgekratzt. Sie hatte augenscheinlich nicht vor, die von ihrem Vater verordnete Sperrstunde zu befolgen.

Ich wollte gerade wieder mit meiner Litanei übers Nachhausegehen beginnen, da erklang vom Tisch hinter mir ein lang gezogenes »Doitsland?«. Ich drehte mich um und sah zwei Jungs, beide mit kurz rasierten Haaren und nicht von der Sonne, sondern von der Herkunft gebräunter Haut. Der eine lächelte uns mit makellos weißen Zähnen an und fragte erneut: »Doitsland?« Er war sehr gut aussehend, Marke Surfertyp, unter seinem weißen T-Shirt zeichnete sich ein bewundernswert durchtrainierter Oberkörper ab, und er trug trotz der Abendkühle nur Flipflops. Sein Kumpel war noch breiter, etwas schwerfälliger und trug immerhin einen Kapuzenpulli, aus dem er uns recht ausdruckslos aus seinen dunkelbraunen Augen ansah.

Wir nickten alle, und als hätten wir damit eine offizielle Einladung ausgesprochen, sprang der lächelnde Junge auf und reichte uns die Hand. Um seinen Arm schlängelte sich ein Muster aus schwarzen Vierecken, das sich deutlich von seiner glänzenden Haut abhob. Er stellte sich als Mai vor, sein Kollege, der gerade beherzt in einen Donut biss, hieß Dan, mit Betonung auf dem »a«.

»Von wo Doitsland?«, radebrechte Mai und legte seine linke Hand auf unseren Tisch, während der andere fragend in meine Richtung zeigte.

»Gelsenkirchen«, murrte ich etwas ziellos und nahm ein Stück von Patricks Brezel, nur um etwas in der Hand zu haben. Mai schüttelte den Kopf, »Gelsenkirchen, eindeutig noch nie gehört«, sagte sein Gesichtsausdruck, und man konnte es ihm nicht verübeln. Unsere Heimatstadt hatte ungefähr den Attraktivitätsfaktor einer Ziege mit Lippenstift, graue Zechenbauten, notdürftig sanierte Plattenbauten, ein paar Parks wie Spinatflecken auf einem zerfledderten Lätzchen. Mit großen Augen schaute uns Mai erwartungsvoll an, aber viel mehr gab es nicht zu sagen.

»Schalke?«, warf ich noch unsicher in den Raum, und innerhalb weniger Millisekunden ging ein Leuchten über Mais Gesicht.

»Schalke Nuuuuuull Viaaa«, brüllte er und riss die Arme hoch, als wären wir im Stadion und nicht in einer pakistanischen Bäckerei.

Toll, fünfzig Jahre keine Meisterschaft, und trotzdem war das einzige weltweite Aushängeschild meiner Stadt das Wort »Schalke«. Sollte die Menschheit jemals von Außerirdischen besucht werden, müsste man zur Begrüßung vielleicht auch einfach »Schalke« rufen und einen blauweißen Schal hochhalten, dachte ich und sah, dass selbst der schwerfällige Dan seine Hände hochriss und in den »Nuuuuull Viaaaa«-Chor mit einstieg.

So, Völkerverständigung hergestellt, jetzt reichte es aber auch, dachte ich und wollte schon ein wenig hemdsärmelig »Good bye«, sagen, doch dann wandte sich Mai plötzlich von mir ab und schaute Hanna an.

»Do you want to party?«, fragte er, und ein erneutes Leuchten huschte über sein Gesicht.

Seine Frage klang ein wenig rhetorisch, so wie es DJ Bobo seinem Publikum zurufen würde.

»Yeah«, brüllte Hanna laut und ohne zu überlegen, noch bevor ich meinen Kopf wie einen Rührstab hin und her schütteln konnte.

»Pretty«, sagt unser neuer Tourguide und schaute immer noch Hanna an, während Patrick mir mal wieder seinen Ellenbogen in die Seite rammte. Das wurde langsam zu einer Art freundschaftlichem Morsecode, der aber eigentlich immer das Gleiche bedeutete, nämlich: Scheiße! Hanna schaute Mai aus ihren glasigen Augen begeistert an. Auch wenn er freundlich war, gefiel mir die ganze Sache nicht. Erstens kannten wir den Kerl gar nicht, zweitens war der Kontrast zwischen seinem sportlichen Oberkörper und meinem schmerbäuchigen Pennälerleib so groß, dass ich mich spontan unwohl fühlte.

»Ey, Hanna, jetzt hör mal auf, wir können da doch nicht einfach mitgehen, wir kennen die doch gar nicht«, ermahnte ich sie fast schon großväterlich und kam mir dabei selten doof vor.

»Langweiler«, wiederholte Hanna ihre Worte von vorhin, langsam, aber sicher schien ich erheblich in ihrer Gunst zu fallen.

»Hanna, jetzt echt mal, wir können doch nicht einfach mitgehen, was ist, wenn die Typen was Krummes planen?«, rief Mona als eine weitere Stimme der Zurechnungsfähigkeit.

»Ja klar, bestimmt sind das Terroristen, die Terroristen tragen ja mittlerweile alle Flipflops«, lachte Hanna, ignorierte jeden Widerspruch und zog sich trotzig ihre Jacke über.

Mai stand währenddessen weiter mit halb offenem Mund an unserem Tisch und fragte sich wahrscheinlich, worüber wir so lange diskutierten. Dann sagte er nur lächelnd: »Ready?« und zeigte uns wieder sein makelloses Gebiss. Nur Hanna nickte.

Loveboat

Wir trotteten hinter Mai und Dan her wie eine Reihe Gänseküken, nur Hanna lief selbstbewusst neben unseren neuen Bekannten und machte ein bisschen Konversation auf Englisch. Bei uns kamen nur Gesprächsfetzen wie »niiice« und »awsome!« an, die immer wieder von einem schrillen Kichern unterbrochen wurden. Anscheinend tat ihr das Zeug, das wir geraucht hatten, nicht gut. Die Hanna, die da kreischend vor uns herstöckelte, war nicht die Hanna, die ich über die Jahre angeschmachtet hatte. Aus dem blonden Engel war ein überdrehtes, gackerndes Huhn geworden.

»Der Alten fehlt doch eine Latte am Zaun«, fasste Patrick neben mir pragmatisch die Situation zusammen, langsam blätterte Schicht um Schicht der goldenen Patina ab, mit der ich Hanna die letzten Jahre täglich neu überzogen hatte. Die Hanna darunter war überdreht und irgendwie unecht, sie passte bedeutend besser zu einem Bilderbuchschönling, wie Mai einer war, als zu mir, Gottes halb fertigem Lehmklumpen.

Wo wir genau hingingen, hatte Mai nicht gesagt, mittlerweile hatten wir uns auf jeden Fall von der Touristenmeile Amsterdams entfernt, die nächtliche Stadt entspann ein unübersichtliches Geflecht an Straßen, Gassen und Innenhöfen, in denen jeder Ortsunkundige innerhalb weniger Minuten die Übersicht verlor. So auch wir. Mittlerweile hätte ich nicht mehr annähernd sagen können, wie wir ins Hotel Dolores zurückfinden sollten, anscheinend war das aber auch nicht gewünscht. Neben mir atmete Mona Bauerfeind schwer, ihre kleinen Füße tippelten unsicher über das alte Kopfsteinpflaster, sie sackte immer wieder nach links und rechts weg, als müsste sie durch Treibsand waten. In ihrem Gesicht herrschte eine bedrückende Leere, sie war es gewohnt, immer einen Schritt hinter Hanna zu laufen, einen überdimensionalen Schatten zu spielen, der nur kommentierte und in bestimmten Momenten zum Echo ihres Lachens wurde.

Plötzlich hielten Mai, Dan und Hanna an, Mai breitete die Arme aus und sagte: »Welcome to the Party« und lachte. Hinter ihm konnten wir ein mit Lichterketten verziertes Hausboot sehen, dessen Silhouette sich auf dem nachtschwarzen Wasser spiegelte. An der Kopfseite der *MS Loretta*, zuckten ein paar Körper zu ätherisch wirkender Musik, durch die kleinen Bugfenster konnte man unzählige Partygäste sehen, am Heck ließ ein Mädchen die Beine über den Schiffsrumpf baumeln und zupfte gedankenverloren an einer Gitarre.

Innerhalb weniger Minuten wurden wir dem gesamten Partyvolk vorgestellt, der Gastgeber war ein dunkelhäutiger Junge namens Casper, der schon so betrunken war, dass er uns zur Begrüßung an sich drückte, weil er uns wohl mit jemandem verwechselte. Hier war alles laut, hip und modern, kein Vergleich zu den muffigen Partys meiner Heimat in renovierungsbedürftigen Vereinsheimen, von wo aus man sich um 23 Uhr mit Motorrollern zur einzigen Tankstelle aufmachte, um *Kleiner Feigling* zu kaufen.

Mai und Dan präsentierten uns ein wenig wie Trophäen, innerhalb weniger Augenblicke waren wir für alle »se Gärmäns from Schalke«. Auch wenn wir willkommen geheißen wurden, waren Mona, Patrick und ich zu einer Art Blinddarm geworden, Anhängsel, die nur noch zu stören schienen. Ein bisschen überflüssig standen wir an der improvisierten Bar herum und nippten an unseren Bieren. Hanna war eindeutig unsere Eintrittskarte auf diese Party gewesen, und deshalb beschäftigten sich unsere Gastgeber auch nur noch mit ihr.

»Oh, you like music, too? Fantastic!«, dialogisierte man auf banalstem Niveau hin und her. Patrick warf mir einen vielsagenden Blick zu, der mich mehr traf als ein Faustschlag.

»Feigling, wenn du jetzt nicht bald voranmachst, kannst du vielleicht noch Patenonkel von Mais und Hannas Erstgeborenem werden!«, zischte er mir leise zu, damit Mona, deren Finger gelangweilt auf einer Bierflasche Akkordeon spielten, nichts mitbekam.

»Was soll ich denn jetzt machen?«, flüsterte ich hilflos, als hätte Patrick die Geheimnummer von Amor zur Hand. Währenddessen legte Mai mehrmals seinen Arm um Hannas Schulter und lächelte dabei wieder sein Zahnpastalächeln. Wenn er nicht mindestens Orthopäde war, konnte das ganze Getatsche nur einen Zweck verfolgen.

»Du musst endlich rangehen, wenn du noch länger wartest, geht das in die Hose!«, deutete Patrick die Situation ganz richtig, als Mais Hand weiter Hannas Steiß untersuchte.

Ich war müde, die Musik war laut, das Bier schmeckte schal, und meine Beine fühlten sich von dem Haschisch ganz labberig an. Allein von den äußeren Umständen her hätte es in den letzten fünf Jahren sicherlich bessere Situationen gegeben, Hanna Sommer meine Liebe zu gestehen. Doch die Schule war bald Vergangenheit, wir alle würden unsere Wurzeln kappen und uns über die Landkarte verteilen, und wenn ich nicht bald zuschlug, würde ich mit der nasalen Nina zum Abiball gehen müssen. Ich nahm all meinen Mut zusammen und ging auf Hanna zu.

»Kannst du mal mitkommen?«, fragte ich und klang wohl etwas schärfer als beabsichtigt, denn selbst der dauerfröhliche Mai kniff seinen Mund zu einer geraden Linie zusammen. Hanna nickte und sah leicht genervt aus. Ich hätte mir auch einen Eimer Curryketchup in die Hose kippen können, das wäre wahrscheinlich genauso gut angekommen wie mein höflicher Imperativ.

Wir gingen auf das Vorderdeck, und die laute Musik wurde plötzlich durch eine nächtliche Stille ersetzt, am Kopf des Schiffes saß noch immer das Mädchen und versuchte Gitarre zu spielen, sonst hörte man nur ein entferntes Rauschen des Verkehrs.

»Netter Typ, der Mai«, sagte Hanna mehr zu sich selbst als zu mir. Ich nickte nur und senkte den Kopf.

Jetzt hieß es einfach alles auf eine Karte setzen. Fünf Jahre des konsequenten Anhimmelns, fünf Jahre der heimlichen Verehrung sollten nun enden, alles oder nichts. Jetzt würde ich ihr endlich gestehen, was ich so lange fühlte, würde endlich in Worte fassen, wie es war, so lange Zeit verliebt zu sein.

»Ist dir auch so kotzübel von den Muffins?«, hörte ich mich sagen. Hanna schaute mich ausdruckslos an. Verdammter Feigling, dachte ich und biss mir auf die Zunge, dass es fast wehtat.

»Ja, geht so, hör mal, ich würd gern wieder reingehen, hier ist es doch irgendwie recht langweilig, oder?«, sagte sie und zupfte ihr Oberteil über die Schulter, aber ein wenig Neugier auf das, was ich zu sagen hatte, war ihr noch geblieben, das konnte ich an ihren Augen ablesen.

Ich versuchte es noch mal: »Ganz schön kalt ist bestimmt der Ostwind…« Der Ostwind? DER OSTWIND? War ich denn total bescheuert geworden?

Anscheinend hatte mir »Ganja Ghost« die letzten drei Gehirnzellen aus der Fontanelle gebimst, anders war meine Gesprächseröffnung ja wohl nicht zu erklären.

»Ja, ja«, sagte Hanna und nippte an ihrem Bier. Was sollte man auf so einen ausgemachten Schwachsinn auch antworten? Vielleicht »Do you like Music, too«?

Unverkrampfter, lockerer Small Talk, wie ihn der coole Mai mit Bravour beherrschte, war bei mir eine einzige Katastrophe, da hätte ich ihr auch die Börsenkurse vorlesen können.

»Weißt du, damals, äh, das mit meinem Verband … das war gar keine Verletzung von einer Schlägerei«, stotterte ich.

»Ich weiß …«, sagte Hanna und trank noch einen Schluck.

»Hä?«, war das Einzige, was mir dazu einfiel, auch wenn etwas eloquentere Antworten durch meinen Kopf schossen.

»Woher?«, stammelte ich, um meinem Satz zumindest einen Anstrich von Sinnhaftigkeit zu geben.

»Als ob du dich geprügelt hättest …«, sagte Hanna und lächelte spöttisch. »Du bist doch auch ein Lehrerkind – und wir Lehrerkinder machen so etwas nicht.« Tiefe Resignation machte sich in ihren Worten breit. Gut, sie hatte recht, eine Prügelei würde meinen Status als Paria des Schulhofs auch nicht gerade verbessern. Aber ein gut platzierter Schlag – so riet mein Vater damals, als er mir Chuck-Norris-Tipps im Kampf gegen Michael Robencek gegeben hatte – war selten verkehrt.

»Na ja, ich wollte dir damals eigentlich einen Brief schreiben … deshalb hatte ich den Verband!«, versuchte ich erneut, mich zu erklären, mit mäßigem Erfolg, wie ich an Hannas ratlosem Gesicht ablesen konnte.

»Weißt du«, setzte ich erneut an, »bald haben wir die Schule hinter uns, den ganzen Druck, der auf uns lastet, die ganzen Erwartungen, endlich ist das vorbei, und wir werden in alle Richtungen auseinandergehen«, formulierte ich haarscharf an der Grenze zum peinlichen Pathos entlang.

»Vorbei? Keine Erwartungen mehr? Meinst du das ernst?«, lachte Hanna laut auf und sah mich zweifelnd an. »Glaubst du denn, deine Eltern hören plötzlich auf damit, jeden Tag zu Hause Elternsprechtag abzuhalten? Nur weil du gerade mal das Abitur geschafft hast? Und außerdem: Was haben wir denn schon geleistet? Jetzt geht es doch erst richtig los. Wir wollen es später schließlich einmal so gut haben wie unsere Eltern. Und von nichts kommt schließlich nichts.«

Mich schüttelte es. Denn vor mir saß plötzlich nicht mehr die zauberhafte, charmante und schlaue Hanna – sondern eine Zahnarztgattinnen-Anwärterin, die bereits auf die Doppelgarage zu sparen schien.

»Na ja, auf jeden Fall wollte ich dir noch was sagen. Also, der Brief, den ich dir schreiben wollte, äh, da war ein Gedicht für dich drin«, bog ich die deutsche Sprache über Gebühr. Mein Vater hätte sofort »drin« rot angestrichen und danebengeschrieben: »Ein Gedicht kann nirgendwo ›drin‹ sein, Bastian, da es ein literarisches Konstrukt ist!«

»Ein Gedicht?«, fragte sie, und man konnte etwas von der alten Lieblichkeit in ihren Augen aufglimmen sehen.

»Ähm, ja, ich habe es für dich geschrieben, magst du es hören?«

»Du hast es dabei?«

»Äh, ja, zufällig«, war meine ziemlich bescheuerte Antwort. Nebenbei trug ich für den Notfall auch immer eine Brockhausenzyklopädie, einen Autoreifen und ein Zwölfmannzelt mit mir herum.

Plötzlich verstummten selbst das Rauschen der Straße und das ungelenke Zupfen der Gitarre. Ich sammelte mich, mein ganzer Körper schien angespannt, ich konnte meinen Atem hören, und mein Herz schien sich in meiner Brust zu überschlagen. Ich fingerte den Zettel aus meiner Hosentasche, entfaltete ihn und fing an zu lesen, ohne ein weiteres Mal zu Hanna aufzusehen.

»Wie soll ich meine Seele halten, dass
sie nicht an deine rührt? Wie soll ich sie
hinheben über dich zu andern Dingen?
Ach gerne möcht ich sie bei irgendwas
Verlorenem im Dunkel unterbringen
an einer fremden stillen Stelle, die
nicht weiterschwingt, wenn deine Tiefen schwingen.
Doch alles, was uns anrührt, dich und mich,
nimmt uns zusammen wie ein Bog…

»Stopp, stopp, stopp …«, sagte Hanna und winkte ab, als müsste sie meine Worte wie einen Schwarm Schmeißfliegen verscheuchen. »Was meinst du damit?«

»Na ja, jetzt, wo die Schulzeit bald vorüber ist …«, stammelte ich, »und … und, äh, uns nicht mehr so lange Zeit bleibt, wollte ich, also, da wollte ich einfach mal fragen, ob du vielleicht, äh, meine Freundin sein willst.«

So, jetzt war es raus – auch wenn das Gesagte eher wie ein Interview mit Boris Becker klang als nach einer Liebeserklärung.

»Deine Freundin werden? Wem soll das denn nützen? Ich kann so was nicht gebrauchen!«, wehrte Hanna ab und schaute mich vorwurfsvoll an.

»Wie, so was?«, fragte ich und spürte, wie mir die Zunge am Gaumen festklebte.

»Einen Freund, in Gelsenkirchen, Liebe, diesen ganzen Blödsinn eben!«, sagte Hanna nachdrücklich, und da ich anscheinend immer noch recht fragend schaute, ergänzte sie: »Was soll das denn bitte schön bringen?«

»Wie, bringen?«, flüsterte ich mir mehr selbst zu, als zu ihr zu sprechen, die Frage erstickte in meinem Hals.

Anscheinend betrachtete Hanna Gefühle als Kosten-Nutzen-Rechnung, für sie war Liebe etwas, das man mit Aufwand und Leistung zu verrechnen hatte und nur bei einer positiven Bilanz in Erwägung ziehen konnte.

»Aber ich habe gedacht ... na ja, du fändest mich vielleicht auch ... gut ...«, stammelte ich.

»Du bist nett, aber doch nicht mehr!«, stieß der verbale Dolch in meine Ohrmuschel. Nett, die kleine Schwester von Scheiße, das war ich also? Warum konnte sie mich als Antwort nicht einfach mit einem Rasenmäher überfahren?

»Ich werde im Herbst nach Berlin gehen, ich werde ein Stipendium für die Studienstiftung kriegen und dann Jura studieren. Meine eine Schwester studiert schließlich schon Medizin und die andere BWL, da bleibt ja nur noch Jura! Mein Vater hat schon vor Jahren Kontakt zum Dekan der Uni aufgenommen. Weißt du, wie schwer es ist, so ein Stipendium zu bekommen?«, sagte Hanna, und dabei schwoll ihre Stimme fast zu einem Krächzen an.

Natürlich wusste ich nicht, wie schwer das war. Jura zu studieren, kam für mich nie infrage, meine Noten waren für solche Zukunftspläne viel zu mittelmäßig, außerdem fehlte mir einfach grundlegend der innere Antrieb für ein solches Ziel, dem ich jahrelang folgen sollte. Ich war ja schon auf dem 400-Meter-Staffellauf in der dritten Klasse nach der Hälfte der Strecke abgebogen und hatte mir ein Eis gekauft. Außerdem saß bei mir nicht Hannas Vater zu Hause. Welch großes Glück das war, erkannte ich erst jetzt, wo ich in diesen

Abgrund blicken musste. Ich war zwar auch Lehrerkind, doch meine Eltern hatten mir über die Jahre beim konsequenten Versagen in allen möglichen Disziplinen zugesehen und gaben mir trotzdem nie das Gefühl, ein Verlierer zu sein. Und wenn ich nicht Tierarzt, Zahnarzt oder Diplomingenieur wurde, war das meinem Vater nur ein kurzes Grummeln wert, denn irgendwie hatten sie das, was alle Eltern in ihre Kinder haben sollten: Vertrauen.

»Da bleibt ja nur noch Jura? Berlin?«, war das Einzige, was mir noch über die Lippen kam, immerhin hatte sie nicht vor, Auftragskillerin in Nowosibirsk zu werden, aber trotzdem war das alles so weit weg von allem, was ich mir vorstellen konnte, dass die Sache sich erledigt hatte.

»Ja, Berlin. Ich habe ein Ziel, und das verfolge ich, und nichts, wirklich NICHTS wird mir dabei im Weg stehen! Und wenn ich mal richtig einen draufmachen will, dann bestimmt nicht mit dir!«, sagte Hanna und klang mittlerweile wie ein irrer Bond-Bösewicht. Sie hätte auch »Weltherrschaft« brüllen und eine Atomrakete abschießen können, eine größere Verwüstung hätte auch das nicht hinterlassen. Auch in mir nicht.

Hatte ich mich so in Hanna geirrt? Das warmherzige, blonde Mädchen war eine eiskalte Karrieristin? Unreflektiert wie ein Matschtümpel? Je länger sie sprach, desto stärker hörte ich die Stimme ihres Vaters heraus. Über Jahre war ich ihr nachgelaufen, hatte jedes bisschen Aufmerksamkeit, das sie mir schenkte, aufgesogen und wie einen Schatz gehortet, hatte mir ausgemalt, wie es sein würde, wenn dieser Moment einmal käme, aber kein Szenario (selbst das mit dem Rasenmäher) kam dem nahe, was ich gerade erlebte.

»Aber du musst das doch alles gar nicht machen, wenn du nicht willst. Du musst doch dein Leben leben, nicht dein Vater«, sagte ich, und Hannas Gesicht verdunkelte sich.

»Woher weißt du denn, was ich will? Mein Vater geht dich gar nichts an, er hat in seinem Leben auch so entschieden, und schau, wo er jetzt ist!«, schrie sie, riss die Arme hoch und stapfte auf die Tür zu.

Sie hatte recht, ich kannte Hanna nicht, ich hatte mir irgendwann ein Bild von ihr gemacht und so lange daran weitergemalt, bis keine Farbe mehr zur Wirklichkeit passte. Jetzt hatte sie vor meinen Augen den Firnis aus Schönheit abgekratzt, und darunter war nicht viel übrig geblieben. Aber irgendwo musste doch die Hanna sein, in die ich so lange verliebt war?

»Und das Gedicht, das war von Rilke, Rainer Maria Rilke, nicht Bastian Bielendorfer!«, war das Letzte, was Hanna brüllte, bevor sie die Tür hinter sich zuschlug.

Nightswimming

»Und, wie ist es gelaufen?«, fragte Patrick und beantwortete sich die Frage mit einem Blick in mein Gesicht selbst. Er drückte mich wortlos an sich. Er hatte wohl schon geahnt, was mir jetzt erst klar geworden war: Mein ganzes Geständnis war von Anfang an ein Himmelfahrtskommando gewesen.

»Nicht schlimm«, schluchzte ich und sah über Patricks Schulter Hannas Rücken, der wieder mit Mais Hand verziert war, die rhythmisch auf und ab strich.

Jetzt fing ich wieder bei null an, nach der Pleite mit Ashley hatte ich meine ganzen Liebeshoffnungen in

Hanna gesetzt, und auch das war nun innerhalb weniger Augenblicke auseinandergebröckelt. Patrick sagte immer noch nichts, es gab aber auch nichts zu sagen, was meine Enttäuschung gelindert hätte, obwohl …

»Komm, wir besaufen uns«, sagte Patrick und klopfte mir grinsend auf den Rücken. Er hatte wirklich ein Talent, immer das Richtige zu sagen, wenn er sich mal zwang, überhaupt zu sprechen, dachte ich und ließ ein Lächeln über mein gerötetes Gesicht huschen.

Wenige Minuten später hatten wir schon eine halbe Flasche Tequila intus, den wir aber pflichtbewusst mit einer stetigen Zufuhr von Bier verdünnten. Es wurde Limbo getanzt, Patrick und ich versuchten uns mehrmals halbwegs koordiniert unter der Stange durchzuschlängeln und räumten bei jedem Anlauf mindestens einen Tisch voller Getränke ab. Dann führte ich eine peinliche Choreografie zu »Son of a Preacher Man« vor, wobei ich den Text immer durch »Son of a Teacher Man« ersetzte und die anderen Partygäste wahllos mit Salzstangen bewarf, was diese nicht halb so lustig fanden wie ich. Als Hanna und Mai dann noch wild auf der Tanzfläche herumknutschten, warf ich eine ganze Schale voll Salzstangen auf die beiden, bevor mich Patrick aus der Tür an die frische Luft ziehen konnte.

»Alter, hör auf damit, die ist es nicht wert!«, schrie er mich an. »Was willst du eigentlich noch von der? Trau dich doch endlich mal was, bevor du alt und schimmelig bist! Meine Mutter rödelt jeden Tag zwölf Stunden, um uns durchzubringen, die hat das Träumen schon längst verlernt. Hanna ist ein irrer Klon ihres Vaters, und du? Du stehst hier, eine ganze

Welt voller Leben wartet nur auf dich, und du flennst rum?«

Dann entschied er, nachdem er den längsten Redebeitrag unserer ganzen Freundschaft absolviert hatte, dass es angemessen wäre, mich am Arm zu packen, und auf das Geländer der Reling zu steigen.

Die *MS Loretta* wurde innerhalb eines Augenblicks von einem Boot zu einem Berg, die schwarze Wasseroberfläche gab keinen Anhaltspunkt, wie weit unter uns sie lag, ich konnte spüren, wie meine Beine schwach wurden, und diesmal war es eindeutig nicht das Haschisch.

»Komm schon«, sagte Patrick und drückte meine Hand.

»Ich kann nicht«, stotterte ich und starrte stoisch in den Abgrund.

Über Jahre hatte ich mir etwas vorgemacht, hatte mir mit Hanna ein Ziel gesetzt, das ich nie erreichen konnte und das sich dann noch als Sackgasse herausstellte. Alles, worauf ich so lange gehofft hatte, war innerhalb weniger Sekunden in sich zusammengestürzt und hatte mich unter sich begraben.

Und nun stand ich auf diesem verdammten Schiff, und eine Armlänge vor mir lag das Nichts.

Plötzlich sah ich das Transformatorhäuschen vor mir, die Fahnenstange, das lachende Gesicht Gökhan Mutlus, Ashley, Taylor, die Familie Connor, die Lokosimovs. Mein ganzer Lebensweg hatte mich hierhergeführt, auf dieses Geländer. All diese Klassenfahrten waren Reisen zu mir selbst gewesen.

Dann sah ich das Gesicht meines Vaters, doch anders als sonst legte er nicht zweifelnd seine Stirn in Falten, sondern lächelte mich an.

Ich atmete tief ein und sprang.

Patrick hatte recht gehabt. Eine ganze Welt voller Leben wartete auf uns.

Wenn unsere Unterhosen wieder trocken waren.

Bonustrack
Oder: Elternsprechtag vor der ganzen Nation

»Und nun kommen wir zur Achttausend-Euro-Frage«, schnurrte Günther Jauch routiniert. Die Scheinwerfer der Studiolampen kreisten einmal mehr über dem Publikum und beschienen mein angespannt dreinblickendes Gesicht.

Ich schob meinen Scheitel zur Seite und trank einen Schluck Wasser. Eigentlich müsste ich schon die gesamten Mineralwasserreserven von RTL leer gesoffen haben, weil ich vor, bei und nach jeder Frage zum Wasserglas griff. Ich tat das nicht aufgrund meines unstillbaren Dursts, sondern als eine Art Übersprungshandlung, während Jauch mich mit seinen Augen analysierte und überlegte, in welche der Kandidatenkategorien ich wohl einzusortieren war.

Nach vielen Jahren »Wer wird Millionär« mit meinen Eltern vor dem Fernseher wusste ich, dass es drei Kategorien von Kandidaten gab.

Die erste Kategorie: dumm wie eine Tüte Mücken, sitzt nur hier, weil die anderen Kandidaten bei der Auswahlfrage kollektiv niesen mussten.

Die zweite Kategorie war zwar etwas erfolgreicher, aber weniger unterhaltsam: langweiliger Bausparer mit gesundem Grundwissen und ein paar tiefen

Lücken, der spätestens bei der 16 000-Euro-Frage vom Traum eines neuen Autos erzählt.

Erst bei der dritten Kategorie wurde es richtig spannend: der Exot, der selbst noch auffällt, wenn er sich an Karneval als Clown verkleidet. Unberechenbares Potenzial entweder zur totalen Blamage oder zur Million.

Unglaublich, dass ich jetzt wirklich hier saß. So viele Monate hatte ich darauf hingefiebert, war zweimal hoffnungsvoll im Studio erschienen, um kurz darauf wieder deprimiert und unverrichteter Dinge nach Hause zu fahren. Doch jetzt plötzlich war es wirklich passiert, ich saß auf dem Kandidatenstuhl bei »Wer wird Millionär«, und hatte mich immerhin schon auf die 8000-Euro-Frage gerettet, was für mich kellnernden Studenten ungefähr zwanzig Monatsgehälter bedeutete. Schon wieder griff ich zum Wasserglas. Seit ich mich auf den heißen Stuhl gesetzt hatte, befand ich mich in einer Art Wurmloch, einer Zeitkapsel, einem Vakuum jenseits der Realität. Mein Gehirn schien in Alarmstellung zu sein und nur seinen Arbeitsspeicher zu benutzen. Ich konnte mich nicht mehr erinnern, wie ich Günther Jauch begrüßt hatte, wie ich meine Freundin als Begleitung vorgestellt hatte und wie die bisherigen Fragen lauteten – alles weg.

»Die Renaissance ist die Wiedergeburt …?«, sah ich auf dem Bildschirm vor mir aufblitzen. Noch bevor Deutschlands beliebtester Quizmaster die Frage überhaupt vorlesen konnte oder die Antwortmöglichkeiten eingeblendet wurden, hatte ich mich schon auf eine Antwort eingeschossen.

»Barock«, natürlich »Barock«, dachte ich, ohne es zu hinterfragen – mir hätte aber genauso gut »Kentucky Fried Chicken« oder »Dispersionsfarbe« durch den Kopf schießen können, und ich hätte mich darauf festgelegt. Gründlich nachzudenken, war in diesem Moment absolut unmöglich.

Trotz der Scheinwerfer war mir gnadenlos kalt in meinem spinatfarbenen Übergrößenhemd, das meine Freundin mir mit Verweis auf Millionen Zuschauer empfohlen hatte. Im Spiegelbild des Touchscreens konnte ich mein Gesicht erkennen, das unter einer Lkw-Ladung Schminke verborgen lag, und auch meine Frisur sah aus wie ein Fall für den europäischen Gerichtshof für Menschenrechte. Mein Scheitel war von der Maske mit einer kompletten Dose Haarspray auf meine Stirn gestanzt worden und so hart, dass man ihn als Dosenöffner benutzen konnte.

Plötzlich blinkten die Antwortalternativen auf. »... des Barock«, lautete Antwort A, jawohl, hatte ich's doch gewusst, jubilierte ich. Die anderen Möglichkeiten nahm ich schon gar nicht mehr wahr.

»Des Barock«, erwiderte ich selbstsicher und fixierte Günther Jauch dabei. Ich erwartete ein zustimmendes Nicken, vielleicht sogar einen leisen Hauch von Bewunderung aufgrund meines profunden Wissens. Sollte es sich hier vielleicht um einen Teilnehmer der dritten Kategorie handeln?

Doch nichts dergleichen war zu erkennen, nur ein zusammengepresster Mund, ein zur Brust gezogenes Kinn und ein Nicken, das mehr nach Entsetzen als nach Begeisterung aussah.

Jetzt blieb mir nur noch die Flucht nach vorn. »Renaissance ist die Wiedergeburt von ... Barock, Antike, Gotik oder Mittelalter?«, wiederholte ich und bemerkte dabei, dass »Renaissance« für jemanden wie mich mit einem schlimmen S-Fehler ein ähnlich fatales Wort war wie »Slawische Sahnesoße«. Zum Glück saß Jauch drei Meter von mir entfernt, sonst hätte man ihn jetzt trockenföhnen müssen.

»Ich habe sofort an Barock gedacht«, rechtfertigte ich mich, doch Jauch entgegnete nur nüchtern: »Das muss ja dann nicht richtig sein.«

Alarmstufe Rot, das war das Maximum an subtilen Warnsignalen, die man von Günther Jauch bekam, wer jetzt weiterspielte, ging in der Regel heulend nach Hause. Das kapierten selbst die fünf Gramm Hirnmasse, die warm unter meinem abstrusen Scheitel schlummerten.

Mein Körper reagierte vor meinem Geist, ich verhaspelte mich und versuchte zu lächeln, während sich mein Magen in einen brodelnden Vulkan verwandelte. Meine Hände rieben sich fast durch meine Jeans, und ich spürte, wie jede Schweißpore an meinem Körper geflutet wurde.

»Was jetzt?«, fragte ich laut, woraufhin Jauch mitleidig einschob: »Wir haben hier Fachpersonal für so was.«

»Gut, ich rufe meinen Vater an«, sagte ich und ahnte schon, dass das ein ziemlich peinliches Erlebnis würde. Eine Frage im 8000-Euro-Bereich konnte in seinen Augen auch ein Sack Kartoffeln richtig beantworten, sie war es nicht würdig, ihm gestellt zu werden. Meistens schaltete er den Fernseher bis zur 32 000-Euro-Frage stumm, um das hilflose Raten mancher Kandidaten nicht mitanhören zu müssen.

Und jetzt sein eigener Sohn. Bei 8000 Euro und einer Geschichtsfrage! Mehr Schande konnte ich nicht über unsere Familie bringen, selbst wenn ich mich morgen mit einem Tintenfisch verloben und eine Karriere als Schlagermusiker namens Ronny Rubin antreten würde.

Wochenlang hatte er mich vorbereitet, abgefragt, hatte meine Freundin beschworen, die seitdem ein wandelndes Lager an Trivial-Pursuit-Fragekarten war.

Das Telefon tutete und tutete. Es fühlte sich wie eine Unendlichkeit an. Bestimmt saß mein Vater zu Hause in seinem Arbeitszimmer und starrte auf das Telefon. So war es zumindest verabredet worden, und seinem angeborenen preußischen Pflichtbewusstsein verpflichtet, würde er das auch befolgen.

Doch das hohle Tuten setzte sich einfach fort, war das nun schon das vierte Klingeln? Wo war er? Unvorstellbar, dass mein Vater in so einer Situation auf die Toilette gegangen war, er hatte, wie ich ihn kannte, bestimmt jedes körperliche Bedürfnis eingestellt. War er vor Aufregung ohnmächtig geworden? Ich sah schon meine Mutter mit Riechsalz vor ihm und dem schellenden Telefon knien.

»Der angerufene Teilnehmer antwortet nicht, falls Sie eine Rückrufbitte per SMS senden wollen …«, sprach die mechanische Stimme seiner Mailbox. Die Mailbox? Das war eine Premiere in zehn Jahren »Wer wird Millionär«, noch nie war ein Telefonjoker nicht ans Telefon gegangen. War das jetzt die Rache für dreizehn Jahre, in denen er mich im Pädagogen-Passat zur Schule fahren musste? Für mein versiebtes Lehramtsstudium? Oder einfach nur ein böser Scherz?

Mein Gesichtsausdruck zerbröckelte, und ich spürte, wie mein Gesicht unter der Schminke rot anlief. Wahrscheinlich glühte ich schlimmer als E.T.s Finger. Jauch versuchte es noch einmal, mittlerweile verging die Zeit zäh wie Honig, jede Sekunde donnerte in meinem Kopf, und als das Tuten erneut einsetzte, war ich mir sicher, wieder den Anrufbeantworter seinen Monolog aufsagen zu hören.

»Bielendorfer?«, war mein Vater dann doch nasal über die Lautsprecher des Studios zu hören, und mir entfuhr eine Mischung aus Seufzen und verzweifeltem Lachen. Er klang verschnupft, auf Günther Jauchs Aussage hin, man hätte ihn vor einer Minute gut gebrauchen können, fragte er nur trocken: »Warum?«, was den Zuschauern erheblich mehr Spaß machte als mir, da ich gerade dabei war, mich körperlich zu zersetzen.

»WO WARST DU?«, wollte ich brüllen, doch eine familiäre Fehde in einer Samstagabendshow vom Zaun zu brechen war sicher keine gute Idee.

Nach der Show erklärte mir mein Vater, warum er mir die zwei härtesten Minuten meines Lebens beschert hatte. Um die Spannung zu steigern, sei er darum gebeten worden, im Falle eines Anrufs erst nach dem dritten Schellen das Gespräch anzunehmen. Als das Handy dann allerdings wahrhaftig klingelte, geriet mein Vater in Panik und rannte mit dem klingelnden Ding hektisch durch unser Haus. Das Handy hatte einen durchgehenden Klingelton, und weil das Geräusch nicht unterbrochen wurde, wusste er auch nicht, wann genau es ein drittes Mal geklingelt haben sollte, und ging deshalb stoisch einfach nicht ran.

Höflichkeiten wurden ausgetauscht, Jauch führte in die Situation ein, was mein Vater alles mit einem Grummeln und einem weiterhin genervt klingenden »Aha« kommentierte. Gesprächig wie ein Büschel Wüstengras. Es war so schlimm, dass ich nach der Ausstrahlung Pflegeelternschaften von Zuschauern angeboten bekam, die Mitleid mit mir gehabt hatten.

Im Gegensatz zum Publikum wusste ich, dass mein Vater weder ein verbohrter spaßfreier Stoffel noch ein unfreundlicher Arsch war, er befand sich nur in heller

Aufregung, und das äußerte sich leider in massiver Einsilbigkeit.

Als ich dann die Frage vorlas, konnte ich schon an seinem verzweifelten Stöhnen hören, dass er gerade stark an meiner Zurechnungsfähigkeit zweifelte. Für so etwas hatte ich angerufen? Für eine Frage, die man auch problemlos einer dritten Klasse der Sonderschule stellen konnte, bereitete ich ihm so einen Stress?

»Antike«, sagte er kurz angebunden, ohne eine Sekunde zu zögern.

Trotzdem fragte ich ungläubig nach, Antike war das Erste, was ich ausgeschlossen hatte.

»A-N-T-I-K-E«, wiederholte er brüsk, die Diskussion schien hiermit für ihn beendet zu sein. Das Publikum lachte. Ich nicht.

»So, viel Glück noch«, sagte mein Vater und legte auf. Sieben Sekunden bevor die Zeit verstrichen war. Eine weitere Premiere, sonst verschwendeten die Leute noch ein paar Sekunden an Small Talk und Glückwünsche, mein Vater nicht, alles war gesagt, die Situation war korrigiert und abgehakt. Lehrer eben.

Jauch konnte sich ein Grinsen nicht verkneifen, ein so schräges Duo wie uns hatte er wohl noch nicht erlebt, früher hätten mein Vater und ich bestimmt im Kuriositätenkabinett übers Land tingeln können.

Meine Anspannung löste sich auf, als Jauch bestätigte, dass mein Vater recht hatte. Antike stimmte, und eine Runde später erlöste mich die unsäglich schrille Schlusströte. Erlöst fiel die Anspannung von mir ab. Auch wenn mein Vater mich gerade vor Millionen von Zuschauern wie einen kleinen Jungen behandelt hatte, war ich ihm dankbar, denn ich wusste, was für eine Überwindung ihn diese wenigen Sekunden Spotlight gekostet hatten. Es war auch der Abschluss eines gemeinsamen Weges, wochenlang hatten wir darauf hingefiebert, dass ich es auf den Stuhl schaffen könnte, und nun war es vorbei. Im Nachhinein betrachtet, war mein ganzes Dasein als Lehrerkind ein Testparcours für diese Fernsehshow gewesen. Die Korrekturen meiner Kindheitsbriefe, die täglich abgehaltenen Elternsprechtage, alles hatte auf diesen Moment hingeführt, war auf diese finale Korrektur hinausgelaufen.

»Da können Sie jetzt aber wirklich ein Buch drüber schreiben«, sagte Jauch hinter den Kulissen und klopfte mir keck auf die Schulter, als die Show vorbei war.

»Mal sehen«, murmelte ich und ging in die Garderobe.

Ich danke:

Meiner Frau Nadine, für ihre Hilfe, ihre Geduld und ihren Glauben an mich.

Patrick, für seine Erlaubnis, eine Figur zu werden und seinen Mut, zu springen.

Nina, für das Wissen, dass sie weit mehr ist als Schall und Rauch.

Martin, für seine Bereitschaft, Visionen zu teilen.

Ralf, für das Privileg.

Angela, für ihre ungeahnte Schöpfungshöhe und Leidensfähigkeit.

Dem Mina-Team, für seine Arbeit.

Dem Piper Verlag, für die Möglichkeit, ein Autor zu sein.

Hans und Ursula, für den Stolz und die Tabellen.

Konrad, meinem Deutschlehrer, der Urgewalt. Du fehlst!

Meiner Mutter, für die Größe, all das zu ertragen.

Meinem Vater, dass er doch noch ans Telefon gegangen ist.

Außerdem, weil sie ein Teil des Ganzen sind: Chris, Dick, Phil, Anna-Rosa, Widura, Hannes, Nik, Thorsten, Helen, Andrea, Marie und Hendrik.

Bastian Bielendorfer

Lehrerkind

Lebenslänglich Pausenhof.
304 Seiten. Piper Taschenbuch

Was wird aus einem Menschen, wenn Mama und Papa Lehrer an der eigenen Schule sind – und somit an jedem Tag im Jahr Elternsprechtag ist, die Mitschüler einen zum Daueropfer ernennen und es bei den Bundesjugendspielen nicht einmal für eine Teilnehmerurkunde reicht? Genau: Er wird selbst Lehrer! Mit gnadenloser Selbstironie schildert Bastian Bielendorfer, wie er der pädagogischen Sippenhaft zu entrinnen versucht, und verrät dabei, welch zarte Seele sich unter so manchem grob gehäkelten Mathelehrerpullunder verbirgt.

05/2698/01/L

Gabriele Frydrych

Von Schülern, Eltern und anderen Besserwissern

Aberwitz im Schulalltag.
224 Seiten. Piper Taschenbuch

Neues von der Schulfront.

Gabriele Frydrych, erprobt durch viele Jahre hinter dem Pult, liefert augenzwinkernd und mit bissigem Humor Einblicke in den aberwitzigen Alltag im Klassenzimmer. Die handelnden Personen: pubertierende Ungeheuer, hauptberufliche Mütter, notorische Erziehungsverweigerer, besserwisserische Kollegen und überforderte Schulleiter. Frydrychs scharfem Blick entgeht nichts; ihre spitze Feder zeichnet den ganz normalen Wahnsinn »Schule« auf.

»Wer hier zu lesen beginnt, liest auch zu Ende. Ich garantiere ein Riesenvergnügen.«
Vito von Eichborn

05/2653/01/R

Remo H. Largo und Martin Beglinger

Schülerjahre

Wie Kinder besser lernen. 336 Seiten. Piper Taschenbuch

Remo H. Largo, der Entwicklungsspezialist und »Anwalt der Kinder« (FAZ), stellt in der Bildungsdebatte endlich das Kind selbst in den Mittelpunkt und fragt, was für eine Schule unsere Kinder brauchen. Wie lernen sie lieber und deshalb besser? Wie kann die Schule der Vielfalt unter den Kindern gerecht werden? Was tun, damit die Jungen nicht ins Abseits geraten?

»Ein neuer Blick auf gute Schule.«
Welt am Sonntag

»Remo H. Largo ist eine Institution. Wenn einer etwas darüber weiß, wie Kinder sich entwickeln, dann er.«
Die Zeit

»Anwalt der Kinder.«
Frankfurter Allgemeine

05/2652/01/L

Martina Rellin

Kinder und andere Katastrophen

Vierzehn Mütter und ein Vater erzählen. 240 Seiten. Piper Taschenbuch

Alle Eltern kennen die ganz normalen Selbstzweifel: Habe ich zu wenig Zeit für die Kinder? Arbeite ich zu viel? Essen meine Kinder genügend Obst und Gemüse? In Martina Rellins Buch erzählen 14 Frauen und ein Mann aus dem richtigen Leben: herzerfrischend ungeschminkt, authentisch und nachvollziehbar.

05/2596/01/R

Ewald F. Weiden

Folienkrieg und Bullshitbingo

Handbuch für Unternehmensberater, Opfer und Angehörige. 240 Seiten. Piper Taschenbuch

Sie sind die eigentlichen Erfinder der Guttenberg-Gelfrisur, sammeln Vielfliegermeilen wie andere Payback-Punkte und erkennen sich an ihren Manschettenknöpfen: die Unternehmensberater. Was die Könige der Businessclass aber wirklich bewegt, wer ihnen morgens das Taxi ruft und welche I-Phone-Apps ihre Augen zum Leuchten bringen, das erklärt der Insider Ewald F. Weiden. – Ein Buch für alle, die mit Unternehmensberatern leben, unter ihnen leiden – oder einfach über sich selbst lachen wollen.

05/2664/01/L

Rebecca Niazi-Shahabi

Nett ist die kleine Schwester von Scheiße

Danebenbenehmen und trotzdem gut ankommen. 288 Seiten. Piper Taschenbuch

»Weniger ist mehr« gilt vielleicht für die Farbwahl der Abendgarderobe – nicht aber für das anschließende Geschäftsessen. Wer sich immer brav im Hintergrund hält und verbindlich lächelt, hinterlässt außer einem lauwarmen Händedruck bestimmt keine weiteren Spuren. »Nett ist die kleine Schwester von Scheiße« zeigt, dass Charisma erlernbar ist, wie Charme perfekte Manieren ersetzt, und verrät die Geheimnisse prominenter Provokateure. Eine Kulturgeschichte des schlechten Benehmens, die Eindruck macht!

05/2663/01/R